Impressum:
© *MatrixMedia* GmbH Verlag – Göttingen im September 2005
Internet: www.matrixmedia.info / www.kaesepapst.de

Gestaltung und Layout: *MatrixMedia*, Göttingen
Umschlagabbildungen:
Grain d´Orge, Normandie
Käsefest in Alkmaar 2004
Affidelice, Epoisses
Cantal Reifetunnel, Auvergne

Druck: druckhaus köthen, Köthen
ISBN 3-932313-14-3

Dank

Johannes Münnich,
Ehrenpräsident
der Guilde des
Fromagers Conf-
rérier de St. Uguzon,
Sektion Deutschland

An erster Stelle möchte ich hier meiner Frau Angelika danken, sie ist seit 39 Jahren an meiner Seite und hat mich auf meinen vielen Reisen in die Käseherstellungsgebiete, zu Käsekongressen und Käsemärkten stets begleitete. Sie war als Übersetzerin und bei der Abfassung vieler Texte beteiligt.

Pierre Androuet, der im Februar des Jahres 2005 verstorben ist, hatte mich schon 1987 gebeten, sein Buch »Le Livre d'Or du Fromage« als Vorlage für eine deutsche Ausgabe heranzuziehen. Er hat mir das Verständnis für die Feinheiten der französischen Käse beigebracht und ihm werde ich stets ein ehrendes Andenken bewahren.

Danken möchte ich Heinrich Prinz von Hannover, der mich nicht nur als Verleger und Herausgeber zu diesem Buch ermutigt hatte, sondern auch intensiv und kritisch an der Überarbeitung der Texte beteiligt war.

Weiter gilt der Dank meinem Freund Heinz Hochleitner für seine Käsezeichnungen bzw. Karrikaturen und Anton Schmutz von Fromarte-Bern, der dafür gesorgt hat, dass Schweizer Hersteller und weitere Konsortien mich mit Fotos und Informationen versorgt haben sowie

Herrn Anton Ess, Geschäftsführer der Firma Gebr. Baldauf GmbH & Co. Lindenberg im Allgäu, der dies für die Allgäuer Sorten getan hat, sowie allen ungenannten Freunden und Kollegen, die mit Anregungen und Hinweisen das Entstehen dieses Buches gefördert haben.

Die Fotos entstammen aus meinem Fotoarchiv sowie von Fotoagenturen. Bildrechte-Inhaber, die vom Verlag nicht zu ermitteln waren, können ihren Anspruch bei Nachweis beim Verlag geltend machen.

Frankfurt am Main im September 2005
Johannes Münnich

Inhaltsverzeichnis

Vorwort des Herausgebers 10

Grußwort 13

Pläydoyer für den traditionsreichen Käse
Käse als Quell des Genusses 16
Käse als Leidenschaft – Die Käsebruderschaften 21
Garantie für Qualität und Ursprünglichkeit – Die AOC Käse 32
Ursprung und Entwicklung der Käseherstellung 36
Wichtige Faktoren für die Herstellung von Käse 40
Meine »Zehn Gebote« für die Herstellung von Rohmilchkäse 47
Die wichtigsten Erzeugungsgebiete für Traditionskäse 56
Was Sie schon immer über Käse und ihre Fette wissen wollten 62
Fachausdrücke für Käsesorten und Geschmacksrichtungen 69
Die Kunst guten Käse zu kaufen ist die Kunst des Genusses 71

Reise zu den wichtigsten Käsesorten Europas
Käsesorten und ihre Gruppen 79
Frischkäse 81
Weichkäse mit weißer Schimmelrinde oder natur gereift 94
Weichkäse mit gewaschener Rinde 122
Halbfeste Schnittkäse 150
Schnittkäse 166
Hartkäse 204
Ziegenkäse 245
Schafkäse 269
Blauschimmelkäse 279

Anhang – Bezugsquellen

Allgemeine Bezugsquellen 302

Corpus Culinario Bezugsquellen 311

Guilde des Fromagers Bezugsquellen 315

Taste-Fromage Bezugsquellen 317

Quellen – Literatur

Ausgewählte Literatur 319

Register

Die Käsesorten 321

Vorwort des Herausgebers

In den Jahren von 1962 bis 1965 hat Johannes Münnich sehr eng mit Pierre Androuet aus Paris, der zu dieser Zeit eines der berühmtesten Restaurants der Welt betrieb, zusammengearbeitet. Pierre Androuet, der bekannteste Käsefachmann Frankreichs, erhielt sehr bald von der internationalen Presse den Ehrentitel »Käsepapst«.

Schon im Jahre 1965 wurde Johannes Münnich als »Chevalier« in die Käsebruderschaft Confrérie du Taste Fromage de France von Pierre Androuet persönlich aufgenommen und später von dessen Nachfolger, André Ducoup, zum »Grand Officier« befördert. Auch die »Inthronisation« von Johannes Münnich in die Käsebruderschaft »Guilde des Fromagers – Confrérie de St. Uguzon« als Prud'homme wurde in Paris noch zu Anfang der 80er Jahre des 20. Jahrhunderts von Pierre Androuet vorgenommen. Münnich arbeitete zu dieser Zeit bereits über 20 Jahre für die wichtigsten traditionellen französischen Käsereien auf dem deutschen Markt als Marketing- und Vertriebsfachmann. Er kennt persönlich alle französischen Herstellungsbetriebe von der Normandie bis ins Baskenland und von der Vendée bis zur Schweizer Grenze.

Johannes Münnich unterrichtete ab 1975 in ganz Deutschland unzählige Außendienstmitarbeiter des Groß- und Einzelhandels, sowie Fachverkäufer der großen Kaufhäuser, die oft Wegbereiter für die bis dahin in Deutschland unbekannten Käsespezialitäten waren. Schon zu jener Zeit wurde er als der »Spezialist der Spezialitäten« in Fachkreisen bekannt. Als Kenner der Qualitätsbestimmungen innerhalb der Käseerzeugung konnte Johannes Münnich auch den Konsumenten die gravierenden Unterschiede der traditionell hergestellten Rohmilchkäse im Gegensatz zu pasteurisiertem Käse der Großindustrie bei seinen Seminaren und Vorlesungen darlegen. Die Konzentration im Lebensmittelhandel auf Industrieprodukte bewirkte eine ständige Verarmung hochwertiger Käsesortimente. Gegen diesen Trend engagierte sich Münnich auf vielfältige Weise. So war es auch seiner Initiative zu verdanken, dass 1988 eine Gesetzesvorlage im Bundestag zur Zwangspasteurisierung von Käse gestoppt werden konnte und nicht pasteurisierte Käsespezialitäten aus Rohmilch für die Verbraucher und Gourmets erhalten bleiben konnten.

Ausführlich erklärte er, was ein »Reblochon«, ein »Coulommiers«, ein »Triple-Crème« oder ein »Chaource« ist. Johannes Münnich hat die bekannten Marken wie »Grièges«, »ALPINE«, »Boursin«, »Lescure«, »Rouzaire«, »Lanquetot«, »Bleu aus der Bresse« und die großen »Brie-Torten« in ganz Deutschland eingeführt. Von Flensburg bis Garmisch und von Aachen bis Berlin hat er den Verbrauchern demonstriert, dass ein »Epoisses« mit Marc de Bourgogne gewaschen wird, wie er fließen und duften muss, was ein »Raclette« ist und wie ein »Vacherin Mont d'Or« zubereitet werden kann, damit eine Mahlzeit mit diesem Käse zu einem Genuss wird.

Zahlreiche Käseliebhaber aus ganz Deutschland reisten zu seinen Veranstaltungen. Bei einem dieser Seminare war ein Journalist anwesend, der nach Abschluss des Abends aufstand und Folgendes sagte:

»Ich habe schon viele vorzügliche Veranstaltungen als Journalist erlebt; dass aber jemand einen ganzen Abend so spannend und anregend über Käse erzählen kann, ist einmalig und beweist großes Fachwissen des Referenten. Das hat in mir den Wunsch geweckt, diesen Mann als 'Deutschen Käsepapst' zu titulieren«.

Als einige Tage später eine renommierte Tageszeitung mit der Headline »Deutscher Käsepapst begeistert seine Zuhörer« erschien, und da die Medien Schlagzeilen lieben und mit diesen auch gerne spielen, wurde Johannes Münnich als »Deutscher Käsepapst« bekannt.

Göttingen im September 2005
Heinrich Prinz von Hannover

Grußwort
von Roland Barthélemy

Prévôt de la Guilde des Fromagers Confrérie de Saint Uguzon.
Président Fondateur des »Meilleurs Ouvriers de France«.
Du Métier de Fromager Conférencier à Sciences Politiques Paris.

Seit Urzeiten

Als der Mensch sich der verborgenen Kräfte bewusst wurde, die ihn seit Urzeiten umgeben, vergöttlichte er zunächst die strahlende Energie, die sich ihm in der Pracht der Sonne täglich zeigte. Es folgte dann die Verehrung der biologischen Energie in der Frau als Mutter, der er den Bereich der Nacht zuschrieb. Er weihte die königliche Straße des Firmaments dem, den er für den Träger des Lebens hielt, und nannte sie – geheimnisvoll bis heute, was die Quelle angeht, aber in unfaßbarer Weise vollendet – »Die Milchstraße«.

Roland Barthélemy leitet bereits seit vielen Jahren die Käsebruderschaft »Guilde des Fromagers« in Paris

Schließlich, als er begann die Vielzahl der Monde und Sterne wahrzunehmen, nannte er – als höchste Auszeichnung sein Universum »Galaxie«. Wenn wir also den Kosmos unserer Ahnen buchstäblich nehmen, leben wir in der Milch.

In der Jungsteinzeit vollzieht sich eine regelrechte Revolution der Ernährungsgewohnheiten. Unsere frühen Vorfahren, die bis dahin ausschließlich Jäger und Sammler waren, beginnen Ziegen und Schafe zu domestizieren und konsumieren die Milch der weiblichen Tiere. Erst diese

Einführung der Milch in die menschliche Ernährung ermöglichte das Überleben der Kinder, das Wachsen der Jugendlichen und das immer länger werdende Leben der Erwachsenen. Damit beginnt die Zeit der unglaublichen demographischen Entwicklung der Spezies »Mensch« auf dieser Erde, und es ist der Beginn der großen Zivilisation durch Ackerbau und Weidewirtschaft.

Es ist meine tiefste Überzeugung, dass sowohl das geographische und klimatische Umfeld als auch die Beschaffenheit des Bodens, die Gewohnheiten und Traditionen aller Handgriffe und die menschlichen Qualitäten der Käser die notwendigen vier Elemente sind, um einen Käse mit der kontrollieren Herkunftsbezeichnung AOC oder wie es jetzt auf europäischer Ebene neu heißt mit der geschützten Herkunftsbezeichnung AOP zu produzieren, wie auch die Bauernkäse (Fermiers), die auf vielen Höfen hergestellt werden.

Der Milchproduzent spielt eine entscheidende Rolle durch die Auswahl seiner Tiere, des Futters für seine Kühe und der angewandten Hygiene beim Melkvorgang. Der Molkereimeister, die Mitarbeiter bei den vielen notwendigen Handgriffen vor und während der weiteren Verarbeitung der Milch bedingen ein hohes Verantwortungsgefühl und bilden die Grundlage, um dem Reifer die Chance zu geben ein Meisterwerk zu schaffen.

Nicht zuletzt tragen diese Verantwortung auch diejenigen, die diese Käse verkaufen und sie in einer perfekten Qualität bis zum Verbraucher bringen.

Aber was ist Qualität? Laut Brockhaus Wörterbuch: »Güte, Wertstufe, Beschaffenheit, besondere Eigenschaft«. Für die Fachwelt sind die wichtigsten Kriterien das Aussehen, der Geruch, die Beschaffenheit des Teigs (Konsistenz). Selbstverständlich sind die bakteriologischen und hygienischen Aspekte genau so wichtig.

Wir als Verbraucher täuschen uns da nicht. Es ist die Herkunft der Käse, die letztendlich den Geschmack und die Qualität bestimmt. So ist es auch bei Johannes Münnich. Ich freue mich darüber, dass ein Mann wie er in seiner Muttersprache auch diese Thesen vertritt und seit Jahren in seiner Heimat dafür kämpft. Ich werde vollkommen zufrieden sein an dem Tag, an dem seine Arbeit und seine Verdienste für den Erhalt der traditionellen Käse Früchte tragen, und die Qualitätskäse wieder den Stellenwert erreicht haben, den sie von der Natur her und im Kreislauf des Lebens verdienen.

Brillat Savarin sagte: »Sage mir was Du ißt, und ich sage Dir wer Du bist!« In diesem Sinne wünsche ich dem Werk »Käsepapst – Käse aus Leidenschaft« einen vollen Erfolg.

Paris im September 2005
Roland Barthélemy

Käse als Quell des Genusses

Seien Sie beglückwünscht zu Ihrem kulturellen Selbstverständnis! Zu Ihrer Bildung über das gute Leben und Ihrer Kunst des Genusses. Sie gehören – und das sei Ihnen hier gleich zu Beginn gesagt – zu einer kleinen Minderheit, einer eigenen Spezies in gewisser Weise, die entgegen dem Mainstream und der sich globalisierenden Massenkultur das feine Zusammenspiel geistiger und sinnlicher Werte noch zu schätzen vermag. Für Sie ist Ästhetik nicht eine antike und bloß museale Form. Nein, sie ist lebendiges Ziel, Zustand, Handlung Ihres Lebens und mit dem Bewusstsein getragen, dass die Fähigkeit zu genießen auch einen Dank an all die Momente der Schöpfung darstellt, die den Genuss allererst möglich machten.

Doch in unserer heutigen schnelllebigen Zeit finden sich ebenso wenig Gemüter, die das Genießen noch als ein Akt der Huldigung und Erkenntnis begreifen, wie es andererseits auch recht wenig noch vorhandene hochwertige Produkte gibt, die überhaupt noch entsprechend zum Genießen einladen können. Wenn wir an die mediale Präsenz über die Güte unserer Lebensmittel denken, fallen uns schnell Begriffe wie BSE, Dioxin und Nitrofen oder Bakterien, Salmonellen und Listerien ein; dass aber unsere Lebensmittel auch ein kulturelles Gut unserer Historie und unseres Selbstverständnisses sind, wird kaum in der Öffentlichkeit diskutiert. Und infolgedessen werden die Stoffe und Güter des Lebens in unseren Handhabungen auch nicht adäquat gepflegt.

Die Weisheit des Trinkspruches »in vino ver-
itas« bezieht sich nicht entgegen landläufiger
Meinung bloß auf die Wirkungen übermächtigen
Alkoholkonsums, sondern auf die Kultur der
Herstellung von Wein und seines Genusses. Die
Bedeutung des Kulturgutes Wein offenbart stets
auch das Bildnis über uns, wie wir mit den Gaben
des Lebens umzugehen verstehen. Und darin,
meine Damen und Herren, liegt eben auch ein
Teil an Wahrheit und Erkenntnis über uns selbst.

Was für die Kultur des Weines und des
Trinkens Gültigkeit beansprucht, ist auch auf die
Kultur der Nahrungszubereitung und der Sitten
des Essens anzuwenden. Im Laufe der Jahrtausende haben sich Techniken und Erkenntnisse
über die Verarbeitung und Herstellung von
Lebensmitteln entwickelt, die neue Produkte und
auch deren unterschiedliche Variationen und

Auf 700-1000 m Höhe liegen die Bauernhöfe, die die Milch für die Baldauf Alpkäse liefern. Baldauf lässt im Herzen des Allgäus die aus silagefreien Ställen stammende Milch lediglich mit dem Zusatz von Lab, selbstgezogenen Milchsäurekulturen und Kochsalz verarbeiten.
Foto: Baldauf Alpkäse

17

Verfeinerungen hervorbrachten. Seit den Anfängen der Industrialisierung allerdings wurden Maßstäbe in der Herstellung und in den Produktionsverfahren entwickelt, die dem Bedarf des Bevölkerungswachstums gerecht werden mussten und auch den Ansprüchen der Unternehmensprofitablilität. Dabei sind Rezepturen zur Herstellung unserer Lebensmittel in Vergessenheit geraten, die über Jahrtausende hinweg erfolgreich entwickelt und tradiert worden sind. Im Verlauf dieser kulinarischen Geschichtsreise wird zu entdecken sein, dass moderne Industrien der Lebensmittelproduktion sich nicht in derselben angemessenen Ausgangssituation zur Qualitätssicherung und Erhaltung von originären Lebensgütern befinden wie kleine Traditionsbetriebe.

Vor alles Schöne haben Götter auch die Muße gesetzt

Das herausragende Lebens- und Genussmittel, das die Menschheit seit Urzeiten schon begleitet von den ersten Anfängen bewusster Nahrungsmittelzubereitung zu den Kulturen des Orients, der Antike, des Mittelalters bis in die Neuzeit und unsere moderne Industriezeit, ist: der Käse. Mit genau der Selbstverständlichkeit, mit der eine Mutter ihr Liebstes saugt, ist Milch und ihre Verarbeitung zum Käse schlechterdings das natürlichste und ursprünglichste Nahrungsmittel.

Dass aus diesem Quell des Lebensrohstoffes

sich eine imposante Ernährungs-, Genuss- und Kulturgeschichte entwickelt hat, mag nicht verwunderlich sein in Ansehung der Menschheitsentwicklung und ihrer zivilisatorischen Leistungen.

So ist dieses Buch, das sich der Geschichte, der kulinarischen und kulturellen Bedeutung der Käse zuwenden will, natürlich nicht eine Beschreibung darüber, »wie einst der Käse vom Himmel fiel«, sondern ist eine Darstellung darüber, welche natürlichen und auch kulturellen Grundlagen es vermochten, dieses gaumenfreundliche Stück kulinarischen Genusses in die »Himmel der Gourmets« zu tragen. Es ist der Zweck dieses Buches die ursprüngliche Wertgewinnung und Kulturentwicklung der Käse aufzuzeigen, um sich auch in unserer heutigen Zeit zurückerinnern zu können. Selbstverständlich kann dieses Buch mit dieser Intention nicht alle Lexika über die fröhliche Wissenschaft der Käse ersetzen oder gar diesen nacheifern; wohl aber kann es die Zusammenhänge von Ursprung, Kultur, Genuss und seinen Raffinessen deutlich machen. Und so ist dieses Buch für die Liebhaber der Esskultur genauso gedacht wie für diejenigen, die neugierig sind ob der Vielfalt und der Geschichte der Käse und / oder sich nur ein paar delikate Anregungen für ihre Küche besorgen möchten.

Bevor ich Ihnen aber von archäologischen Entdeckungen berichte, von mythischen Milchkulten oder französischen Höhlen, in denen seit 2000 Jahren Käse zur Reife gebracht wird, oder gar von Käsefesten in Deutschland, Frankreich,

Italien, Spanien und der Slowakei und den kleinen Geheimkäsereien mit ihren Delikatessen, erlauben Sie mir bitte, ein wenig von der Leidenschaft zum Käse zu berichten.

Käse als Leidenschaft – Die Käsebruderschaften

Confrérie des Chevaliers du Taste-Fromage de France

»Honni soit, qui sans fromage« so lautet der Wahlspruch der ältesten Käsebruderschaft Frankreichs, der »Confrérie du Taste Fromage de France«, und so sagen sich die Franzosen zuzwinkernd diesen Satz, der ins Deutsche übersetzt in etwa lautet: »Ein Schelm, wer ohne Käse ist«.

Siegel der Käsebruderschaft Taste-Fromage de France

Im Jahre 1950 wurde unter dem Vorsitz des damaligen französischen Wirtschaftsministers ein Comité zum Erhalt der traditionellen französischen Käse gegründet. Die 40 Mitglieder dieses Comités waren sich der Notwendigkeit des Erhalts und der Verbreiterung des Käseangebotes in der Gastronomie bewusst und wollten deshalb eine Vereinigung entsprechend dem Gesetz von 1901 gründen mit Menschen aus allen Berufszweigen, die irgendwie mit Käse zu tun hatten. Am 18. März 1954 war es dann soweit, dass die Confrérie ins Vereinsregister eingetragen wurde.

In diese Gesellschaft bin ich von Pierre Androuet, dem einstigen unbestrittenen Käsepapst in Frankreich, schon Ende der sechziger Jahre des vorigen Jahrhunderts aufgenommen worden. Im Laufe der Jahre wurde ich dann von André Ducoup, dem damaligen Grand Mâitre, zum Grand Officier ernannt.

Die Kleidung und die Orden sind unterschiedlich entsprechend der Rangordnung und wurden

Johannes Münnich und André Ducoup tragen die Kleidung und das Ordensband mit dem Siegel der Confrérie Taste de Fromage de France

von der Kleidung der Hirten im 17. und 18. Jahrhundert inspiriert. Die Würdenträger entscheiden über die Aufnahme und Beförderung neuer Mitglieder, die als Voraussetzung zwei Paten beibringen müssen. Die höchste Auszeichnung ist für die Mitglieder »Professionel Fromager Affineur« zu deutsch der »professionelle Käsereifer«.

Diese Auszeichnung wird nur sehr selten vergeben und setzt voraus, dass der Träger dieses Titels mindestens 70 verschiedene Traditionskäse in seinem Sortiment zu führen hat und auch selber verfeinert und entsprechend den Wünschen seiner Kunden zu Ende reift.

Diese Käsebruderschaft konnte im März 2004 ihr 50-jähriges Bestehen feiern und dabei auf 800 Kapitelsitzungen mit mehr als 15.000 inthronisierten Mitgliedern aus der ganzen Welt zurückblicken. Zum neuen Grand Mâitre wurde am 18. März des Jahres 2004 Christian Room ernannt.

Anschrift der Käsebruderschaft:
Confrérie des Chevaliers
du Taste-Fromage de France
Le Grand Mâitre Christian Room
2 rue des Pressales
Frankreich 50270 Barneville

Guilde des Fromagers – Confrérie de Saint Uguzon

»*Konkurrenz ist gut für das Geschäft*« so müssen sich andere Freunde aus allen Sparten der Molkereibranche Frankreichs gesagt haben, die sich alljährlich in Dijon zur damals bedeutendsten Gastronomiemesse Frankreichs trafen. Dort sprachen sie immer wieder über das für sie so bedeutende Thema »Käse«. Für sie war eben auch der Käse ein wichtiger und herausragender Bestandteil der Gastronomie und folglich auch ihres Lebens. Es war zu konstatieren, dass dem Käse, dem Käseerzeuger und Käsehändler immer noch ein ihnen adäquates Image in der Öffentlichkeit fehlte vor allem außerhalb Frankreichs. Man wusste auch, dass das in Deutschland verwendete Sprichwort »Alles Käse« nicht gut tauglich sein konnte für den dortigen Verkauf von Käsedelikatessen. Was denn auch als äußerst bedauerlich zu bezeichnen war, zumal Deutschland als Importeur von Qualitätsprodukten natürlich in geschätzter Aufmerksamkeit der französischen Produzenten liegt.

Also dachte man sich, einen neuen gemeinnützigen Verein für alle Käsekenner und Käseliebhaber zu gründen, um auf diese Weise das Produkt Käse als Kulturgut neu bewerten zu können und ihm seine verdiente Ehre in Europas Öffentlichkeit zu verschaffen. Dies war auch hinsichtlich der seit den 60er Jahren stark anwachsenden Industrialisierung der Land- und Molkereiwirtschaft weise vorausgedacht. Wieder waren viele Konferenzen

Das Siegel der Guilde des Fromagers

notwendig, um das Vorhaben im Detail zu konkretisieren. Endlich war es soweit. Im November 1969 wurde im Rahmen der Gastronomiemesse in Dijon der Presse und der breiten Öffentlichkeit die »Guilde des Fromagers – Confrérie de Saint Uguzon« vorgestellt. Die neue gemeinnützige Bruderschaft unter der Federführung des zu dieser Bruderschaft konvertierten französischen Käsepapstes, Pierre Androuet, wurde Anfang April 1970 in das Register der Préfecture de la Côte-d'Or eingetragen. Zwei Wochen später wurde die Gründung im Journal Officiel bekannt gegeben.

Da eine Guilde (Vereinigung) nach französischer Tradition einen Schutzpatron benötigt, fiel die Wahl der Ordensgründer auf »Saint Uguzon« (ital.: San Lucio, zu deutsch: Heiliger Luzius). Der Legende nach war Luzius ein junger Hirte aus einem Tal der nördlichen Lombardei, dem heutigen Tessin (Schweiz). Er beschenkte die Armen, obgleich er selbst kaum einen Besitz hatte. Das schien seinem Meister irgendwie recht suspekt zu sein und er entließ den jungen Mann. Luzius fand eine neue Stelle und auf wundersame Weise vermehrte sich das Vermögen seines neuen Arbeitgebers, während das des ehemaligen sich stetig minderte. Das erzürnte seinen ehemaligen Arbeitgeber so sehr, dass er den armen Luzius erstach. Am Orte seines Todes entsprang eine Quelle, aus der sich nach einiger Zeit ein kleiner See bildete. Das Wasser dieses Sees besitzt der Sage nach Heilkräfte. So kam es, dass viele Menschen zu diesem See pilgerten und darauf vertrauten, dass der heilige Luzius (Saint Uguzon) ihre Not linderte.

Soviel zur Geschichte des Schutzpatrons der Käse Guilde Saint Uguzon.

Inzwischen stellt diese Vereinigung die größte Käsebruderschaft der Welt mit über 37.000 inthronisierten Mitgliedern dar. Seit 1982 bin ich Mitglied auch dieser Guilde des Fromagers-Confrérie de St. Uguzon und wurde späterer Mâitre Fromager. Heute wird sie von Prévôt Roland Barthelemy geleitet. Die Intention dieses Ordens lautet:

»Défendre les lettres de noblesse des fromages de France et d'ailleurs et assurer leur pérénnité« »Verteidigung des hohen Ansehens der alten Käsekunst in Frankreich und überall auf der Welt, sowie Erhalt der Unverfälschtheit (Reinheitsgebot) dieses alten Kulturgutes«

Die Guilde des Fromagers nimmt nur professionelle Mitglieder auf, die selbst innerhalb der Milcherzeugung, Käseherstellung, Verarbeitung, Reifung und Vertriebs arbeiten und die sich in der Ausübung ihres Berufes in einer besonderen Weise hervorgehoben haben. Die Guilde wird ganz ähnlich gepflegt wie vor langer Zeit die Zünfte und Gilden. Es gibt drei Stufen der Inthronisation: »Garde et Juré«, »Prud'homme« und »Mâitre-Fromager«.

Die »Confrérie de St. Uguzon« empfängt als Ordensbruder und -schwester alle Menschen, die Käsekenner (Gourmets) sind oder es werden möchten. Selbstverständlich auch die Weinliebhaber, Gastronomen, Köche, Hoteliers, Journalisten und Persönlichkeiten des öffentlichen Lebens, die edle und unverfälschte Käsesorten als einen schützenswerten Bestandteil unserer Kultur ansehen. Ohne sie würde man kaum die entsprechende Öffentlichkeit für das Kulturgut Käse gewinnen können.

Die Bruderschaft soll auch Verbindungen schaffen zwischen den französischen und ausländischen Fachverbänden der Gastronomie und der Milchwirtschaft und soll dem Erhalt der Esskultur im Besonderen dienen. Je weiter sich die »Fast Food Kultur« ausbreitet und uniformer die Masse der industriell hergestellten Käse wird, desto mehr muss man dieser Entwicklung durch gesellschaftliches und kulturelles Engagement entgegensteuern.

Das Festgewand der »Prévôts« (Gildemeister) wurde von dem Amtskleid der Prévôts der Kaufleute Frankreichs aus dem 14. Jahrhundert abgeleitet. Das Gewand besteht aus einer braunen Robe mit Fellkragen und Ärmelaufschlägen, einer braunen Kopfbedeckung mit langem Schal, weißen Handschuhen und der ordensbruderschaftlichen Kette und Medaille. Bei der feierlichen Einführung in den Orden erhält jedes Mitglied ein Diplom, ein Ordensband und eine Medaille. Die Musik von Edward Elgar: Marsch Nr. 10, Opus 39, erklingt beim Einmarsch der Ordensoberen bei jeder Kapitelsitzung und die Fahne des Ordens wird beim Einzug voraus getragen. Das Ordensband ist dreifarbig in grün, weiß und ocker gehalten. Grün symbolisiert die Weiden und die Edelpilzkäse. Weiß stellt die Milch und die Käse mit weißblühender Rinde dar. Ocker erinnert an die Erde und die Käse mit gewaschener Rinde wie den Munster und den Epoisses. Eine blaue Krawatte und das Button am Revers mit dem Emblem der Ordensbruderschaft ist das Erkennungszeichen der Ordensmitglieder bei Messen oder gemeinsamen Veranstaltungen. Durch ihre jährlichen

Johannes Münnich, Ehrenpräsident der Deutschen Sektion der Guilde des Fromagers – Confrérie de St. Uguzon und sein Nachfolger Siegfried Maurer, Prokurator für Deutschland

Beiträge finanzieren die Mitglieder den Erhalt ihrer Ordensbruderschaft. Die festlichen Aufnahmen in den Orden finden mehrmals jährlich bei Kapitelsitzungen in und außerhalb Frankreichs im Rahmen von beruflichen Veranstaltungen, landwirtschaftlichen Prämierungen oder während einer durch einen Procureur-Syndic (Prokurator) speziell dafür konzipierten Veranstaltung statt.

Auch in Deutschland haben schon einige bedeutende Kapitelsitzungen stattgefunden. Ich selbst habe 1995 in Wernigerode im Harz die erste Kapitelsitzung dieser Guilde im wiedervereinigten Deutschland abgehalten und wurde am 27.08. 2000 in Gstaad in den Bergen des Berner Oberlandes zum verantwortlichen Prokurator für Deutschland gewählt mit dem Auftrag eine deutsche Sektion zu gründen; sie hat inzwischen 60 Mitglieder. Die bisher größte Veranstaltung in Deutschland war am 25. August 2001 in Lindenberg im Allgäu unter der Schirmherrschaft des dortigen Bürgermeisters, Johann Zeh, die verbunden war mit der Gründung dieser eigenständigen deutschen Sektion. Die letzte Kapitelsitzung in Deutschland fand am 4. Juni 2005 in Kiel statt, auf der 16 neue Mitglieder begrüßt werden konnten.

Anschrift der Käsebruderschaft:
*Confrérie de Saint Uguzon – Sektion
Deutschland e.V.
Prokurator Siegfried Maurer
Dilbornstr. 15
47804 Krefeld
Telefon 02151-711905
Fax 02151-714756
eMail: smaurer@guilde-saint-uguzon.de
Internet: www.guilde-saint-uguzon.de*

Caseus Montanus – Käse im Glanz der Medaillen – Internationale Vereinigung für den Schutz und die Werthaltung von Bergkäse

Am 4. September 2002 gründeten Vertreter der Käsekultur Italiens, Frankreichs und der Schweiz die internationale Vereinigung zum Schutz und zur Werthaltung der Bergkäse. Ich war als Beobachter geladen und wurde ebenfalls spontan Mitglied dieser Organisation. Zweck der Vereinigung ist die Förderung der Wirtschaft in den Bergregionen, insbesondere die Förderung von Aktivitäten, die mit der Herstellung von Käse in Gebieten, die in einer Höhenlage von mehr als 600m über N/N arbeiten, im Zusammenhang stehen. Der Sitz der Vereinigung wurde Saint Christophe im Aostatal.

Die Initiative zur Gründung von Caseus Montanus basierte auf der Erkenntnis, dass die zunehmende Globalisierung für die Landwirt-

Das Siegel
Caseus Montanus

schaft in den Bergregionen zur Existenzfrage wird. Nur mit gemeinsamen Anstrengungen der Betroffenen wird es möglich sein, die unter erschwerten Bedingungen produzierten Lebensmittel aus den Bergregionen ihrem Wert entsprechend zu vermarkten. Lebensmittel aus den Bergregionen verfügen über einzigartige Qualitätsargumente und genießen den Goodwill der Konsumenten.

Caseus Montanus arbeitet an Projekten, um die Konsumenten und die Produzenten einander näher zu bringen und das gegenseitige Vertrauen zu stärken.

Die weiteren Ziele sind:

- Die Förderung der Qualität der Produkte sowie deren Bekanntheitsgrades.
- Die Organisation von Wettbewerben zur Aufwertung der Käsesorten, dazu wurden die Veranstaltungen »Olympiaden der Bergkäse« geschaffen, deren erste folgerich tig vom 21.11. bis zum 23.11.2002 in St. Vincent im Aostatal stattfand.
- Die Organisation von Forschung und Ausbildung.
- Die Förderung der Anerkennung einer Marke, die der Identifikation von Bergkäsesorten dient.

Als Mitglieder der Vereinigung können natürliche Personen oder Einrichtungen jeglicher Nationalität aufgenommen werden, deren Tätigkeiten im Bezug stehen zum Schutz, der Herstellung, der Vermarktung und der Förderung von Bergkäse.

Der Vize-Präsident dieser internationalen Organisation Caseus Montanus und Präsident des Olympischen Komitees der Olympiaden der Bergkäse, Anton Schmutz, im Hauptberuf Direktor von FROMARTE in Bern, ist ein außerordentlicher befähigter Fachmann, der sich seit vielen Jahren um die Organisation dieser Veranstaltungen sorgt. Die Vorzeichen der III. Olympiade der Bergkäse, die im Oktober 2004 von der Swiss Cheese Awards in Appenzell ausgerichtet wurde, standen bereits im Vorfeld gut, wurden dann aber weit übertroffen. Aus insgesamt 430 zum Wettbewerb eingereichten Käseproben konnten von der strengen Jury unter der Leitung des seit Jahren erfolgreichen Jury-Präsidenten Alfred Hofer insgesamt 16 Goldmedaillen und 28 sonstige Auszeichnungen verliehen werden. Die Jury war sehr kompetent mit genau 100 Käseprüfern aus zehn Nationen zusammengesetzt. Dank einer höchst professionellen Simultanübersetzung in vier Sprachen (deutsch, französisch, italienisch und englisch) konnten Hunderte von interessierten Zuhörer aus allen teilnehmenden Ländern ungestört auch den zahlreichen Fachvorträgen folgen. Auf diesem Weg muss weitergemacht werden, um den kleinen und mittleren Betrieben der Bergregionen eine Überlebenschance zu bieten. Dabei ist auch die Mithilfe der Politik und der Medien gefragt. Hoffentlich können wir im Jahre 2007 die Olympiade in Deutschland ausrichten.

Anschrift der Käsebruderschaft:
Caseus Montanus
c/o Fromarte
Schwarztorstrasse 26
Schweiz 3001 Bern
Telefon 0041 (0)31-3903333
Fax 0041 (0)31-3903335
eMail: info@caseusmontanus.ch
Internet: www.fromarte.ch

Garantie für Qualität und Ursprünglichkeit – Die AOC Käse

Siegel für die französischen AOC Produkte. In der EU werden die neuen Kennzeichnungen AOP (Appellation Origine Protegé) für Frankreich, DOP für Italien und GUB (Geschützte ursprungsbezeichnung) für Deutschland demnächst eingeführt.

Die Buchstaben »AOC« stehen als Abkürzung für die etwas kompliziert klingende Bezeichnung: »Appellation d'Origine Contrôlée«. In Deutsch: »Geschützte Ursprungsbezeichnung (GUB)«. Sie ist eine Garantie für die Echtheit der Herkunft des Rohstoffes Milch, die nur aus einer ganz bestimmten geographischen Region kommen darf. Und: Sie ist die Voraussetzung für die Einhaltung der vorgeschriebenen Produktions- und Reifungsmethoden. Und das bedeutet, dass AOC als das Qualitätszeichen für den französischen Käse-Adel bezeichnet werden muss.

Geschützte Herkunftsbezeichnungen sind recht alt. Schon bei Homer wird der Wein von Samos als geschützt bezeichnet und der Roquefort ist schon seit dem 13. Jahrhundert als Original geschützt. Die Bezeichnungen und die dazugehörigen Rezepturen wurden in frühen Zeiten nur mündlich überliefert. Da sich jedoch in unserem Jahrhundert die Industrie recht oft dieser alten Bezeichnungen bemächtigte – wie z.B. bei Brie, Camembert oder Emmentaler, diese Produkte heute aber überall hergestellt werden und die industriell produzierten Artikel nur noch eine recht entfernte Ähnlichkeit mit den Originalen besitzen, wurde es zwingend notwendig, die Originale als solche zu schützen. Durch das Rahmengesetz vom 6. Juli 1966 wurde in Frankreich die Grundlage für die AOC Produkte geschaffen. Jedes einzelne Produkt muss durch ein eigenes

Gesetzgebungsverfahren in diese Rahmengesetzgebung aufgenommen werden.

Diese Gesetze bestimmen detailliert:

Den Rohstoff:

Milch ist nicht gleich Milch. Wenn man Spitzenprodukte herstellen will, muss man auswählen, wo genau die Milch herkommen darf. Die Verortung des Futters bestimmt die Qualität der Milch und somit auch den Käse.

Das Verarbeitungsprozedere:

Es gibt manche AOC Produkte, die ausschließlich aus Rohmilch produziert werden dürfen und andere, bei denen die Milch roh, aber auch thermisiert und sogar pasteurisiert verarbeitet werden darf. Man muss also z.B aufpassen, ob man einen Munster AOC aus pasteurisierter Milch oder aus Rohmilch (Lait Cru) wählt. Der Qualitätsunterschied kann gravierend sein.

Die Art und Dauer der Reifung:

Nur solche Produkte, die diesen strengen Anforderungen genügen, bekommen dann das Siegel, welches auf dem Etikett oder auf der Verpackung zu finden ist. Bei vielen größeren Laiben gibt es dann zusätzlich noch eine Käsemarke aus Kasein, die in die Formen eingelegt wird und in der Rinde nachweisbar ist oder entsprechende Stempel, die jederzeit Auskunft geben über den Produktionstag und den Produktionsort. Zurzeit gibt es 45 Käse- zwei Buttersorten und eine Crème, die diese Auszeichnung tragen. Es ist die Elite der französischen Milch- und Käseproduktion. Bei fünf Sorten läuft noch das Gesetzgebungsverfahren für ihre Aufnahme. Im Rahmen der Europäischen Union wurde dieser Schutz durch das Gesetz vom 14. Juli 1992 auf die ganze Gemeinschaft ausgedehnt und neben Wein, Butter und Käse auch auf bestimmte Spirituosen erweitert. Langfristig soll das französische AOC zur allgemeinen Gesetzgebung in der EU werden und soll dann die Kennzeichnung AOP (Appellation Origine Protegé) für Frankreich, DOP für Italien und GUB für Deutschland erhalten.

Wenn es jedoch gelingen sollte, den von bestimmten Kreisen im Zuge der Globalisierung über die WHO* und WTO* durch den »Codex Alimentarius«* angestrebten Pasteurisierungszwang für Weichkäse unter dem angeblichen Wunsch des Verbraucherschutzes durch die Hintertür einzuführen, dann wären alle traditionellen Köstlichkeiten, die in diesem Buch beschrieben werden, verboten. Denn diese Delikatessen werden zumeist von Hand aus Rohmilch hergestellt und eben nicht pasteurisiert. Die UN Mitgliedsstaaten wären dann auch gehalten, diese Vorschriften in ihre nationalen Gesetzgebungen einzufügen. Das wäre freilich das Ende für dieses Kulturgut. Denn die Beispiele in den Vereinigten Staaten, Canada und Australien haben gezeigt, dass die Lobby der Großindustrie den Pasteurisierungszwang durchsetzen konnte, was zur Folge hatte, dass die Rohmilchkäse plötzlich nicht produziert und auch nicht mehr importiert werden durften.

Im § 1 der Deutschen Käseverordnung heißt es:

»Käse ist ein Produkt aus Milch in verschiedenen Graden der Reifung«.

Würde der Gesetzestext lauten, dass Käse nur ein Produkt aus pasteurisierter Milch sei, so gäbe es fortan in Deutschland auch keine Gesetzesgrundlage mehr für diese Delikatessen aus Rohmilchkäse.

Wird eine andere Milch als Kuhmilch für die Herstellung verwendet z.B. Ziegen-, Schaf- oder Büffelmilch, so muss dies deutlich gekennzeichnet werden.

* WTO ist die World Trade Organisation (Welthandelsorganisation)

* WHO ist die World Health Organisation (Weltgesundheitsorganisation). Beides sind Sonderorganisationen der UNO. Die eine ist für den freien Welthandel und die andere für die Weltgesundheit verantwortlich.

* Codex Alimentarius ist der gemeinsame Entwurf dieser beiden Organisationen für ein internationales Gesetzbuch des freien Verkehrs von Nahrungsmitteln aller Art einschließlich der immer komplizierter werdenden Kennzeichnungsvorschriften. Dieses umfangreiche Abkommen, über das seit 17 Jahren beraten wird, soll weltweite Anwendung und Gültigkeit erlangen.

Ursprung und Entwicklung der Käseherstellung

Die zivilisationsgeschichtlichen Ursprünge der Käseherstellung lassen sich auf mehr als 6000 Jahre zurückdatieren. Dies weiß man aufgrund von archäologischen Entdeckungen von Käsesieben aus dem heutigen Irak. Die Menschen lernten im Laufe der Zeit, Tiere nicht nur zu jagen, sondern auch zu domestizieren und sie zu melken. In manchen Kulturen wurde Milch als Opfergabe an die Götter gereicht. Wenn man Milch beobachtet, kann man sehen, dass Milch sich nach einiger Zeit verdickt. In den Wohnhöhlen, in der Nähe des Feuers und bei heißen Außentemperaturen entwickelte sich der Verdickungsprozess auffallend schneller als in kühlerer Umgebung. Diese naturhafte Eigenschaft der Milch bildet die Grundzüge der sich im Weiteren entwickelnden Käsetechnik.

Die sich verdickenden Milchinhaltsstoffe – heute die Gallerte bzw. Käsebruch genannt – mussten nun von den flüssigen Bestandteilen – die Molke genannt – getrennt werden. Die Dickmilch schöpfte man durch Körbe oder Keramikgefäße mit Löchern ab. Aus diesen Formen konnte die Molke ablaufen und eine feste Masse blieb zurück. So entstanden die ersten milchsaueren Käse und die lactische Produktion war erfunden. Auch heute noch werden einige Käse nach genau diesem Verfahren hergestellt.

In einem weiteren Schritt entdeckten die Menschen die gerinnende Wirkung des Labs. Wenn Milch in dem Magen eines geschlachteten Tieres aufbewahrt wird, bemerkten unsere Ahnen, dass die Milch durch die Schleimhäute des Magens schneller als normal gerinnt. So kam es, dass die Magenwände der geschlachteten Kälber zu einem sehr wertvollen Teil für die Käseproduktion wurden. Man trocknete sorgfältig die Mageninnenwände, zerstieß sie zu einem staubförmigen Pulver, welches man als »Lab« bezeichnete. Auch heute noch verwendet man vorwiegend dieses Gerinnungsmittel neben dem in jüngster Zeit auch angebotenen Pflanzenlab, das aus Disteln oder Feigen gewonnen wird.

Die Dickmilch wird durch Körbe oder Keramikgefäße mit Löchern abgeschöpft. Aus diesen Formen kann die Molke ablaufen und eine feste Masse bleibt zurück. Auch heute noch werden einige Käse nach diesem Verfahren hergestellt. Grafik von Heinz Hochleitner

Eine gute halbe Stunde nach der Labzugabe ist bereits eine dicke und weiße Käsemasse entstanden. Die durch das Gerinnen abgetrennten festen Bestandteile, die Gallerte, schneidet man mittels Käseharfen in kleinere Stücke. Käseharfen sind Metallbügel, die mit feinen Drähten bespannt sind, gleich den Saiten eines Instrumentes. Die geschnittenen Käsestücke nennt man dann Käsebruch. Der noch flüssige Bestandteil des Käsebruchs ist die Molke, die sehr gesund und nahrhaft ist. Die Verwendung der Molke findet man nicht nur bei den so genannten Wellnessgetränken, sondern auch als Molkenpulver in der Backwaren- und Kosmetikindustrie.

Der unter Feinschmeckern oft benutzte Terminus »Lukullische Genüsse« bezieht sich auf

Roquefort durchsetzt mit seinen typischen blauen und grünen Edelpilzen, so wie ihn bereits die Römer vor 2000 Jahren kennen gelernt haben.

Lukullus, den Leibkoch des römischen Kaisers Tiberius (Regentschaft von 14 bis 37 nach Christus). Lukullus nämlich entdeckte in der römischen Provinz Gallien eine ganz besondere Käseköstlichkeit, die mit blauem und grünem Edelpilz durchsetzt war. Sein Name: Roquefort. Diese Spezialität ließ nun Lukullus an den Hof des Tiberius bringen und servierte diesen kräftigen Käse in Verbindung eines besonders süßen Weines zum Dessert. Auf vielfältige Weise verwendete Lukullus diesen Käse auch für Salate und Gebäck. Manchmal dachte ich schon, wie interessant es gewesen wäre, wenn man diesem Lukullus einmal über die Schulter hätte schauen dürfen, wenn er seine Kreationen aus diesem besonderen Käse anfertigte.

Nun: Auch aus dem Mittelalter lässt sich diesbezüglich einiges Interessante berichten. In den Klöstern Frankreichs wurden vor mehr als 1000 Jahren die ersten Käserezepte in schriftlicher Weise verfasst. Durch eine vermutlich glückliche Fügung – in Beziehung zu den Klöstern – erfuhren Bäuerinnen dieses Know-How über die Herstellung von Käse und konnten zu seiner ländlichen Verbreitung beitragen.

In der Pariser Nationalbibliothek lassen sich einige tausend Bände über Käse und die Kunst seiner Erzeugung nachlesen. Es ist an dieser Stelle zu erwähnen, dass François Mitterand Dank zu sagen ist. Er ließ die Nationalbibliothek im östlichen Stadtteil von Paris wunderbar neu errichten. In historischen Bänden dieser Bibliothek finden sich alte Rezepturen, die wie geheime Anweisungen im Verborgenen lebender Alchimisten erscheinen. Und natürlich kann man in ihnen auch die Entdeckungen des Louis Pasteur nachlesen, dem berühmten Chemiker und Biologen, durch dessen Forschungen das Verfahren der Pasteurisierung von Milch erst zu Beginn des 20. Jahrhunderts möglich wurde.

Wichtige Faktoren für die Herstellung von Käse

Die Kuh (Rasse)

Ein wichtiges Bestimmungsmerkmal für die unterschiedliche Qualität der Milch ist natürlich die Kuh selbst. Für eine angemessene Qualitätssicherung der Milch als Rohstoff für die Käseherstellung ist es etabliert, nur Rassekühe zu verwenden und nicht etwa solche Kühe, die in den Medien als »Turbokühe« bekannt wurden. Eine renommierte Tageszeitung berichtete kürzlich:

»Weltrekord – 112,4kg Milch-Tagesleistung einer Holstein Kuh!«

Das sind hochgezüchtete so genannte »Turbokühe«, und deren Milchleistung wird heute bedauerlicherweise noch als Weltrekord gefeiert! Zum Vergleich: Eine gesunde, gute Rasse-Milchkuh gibt ca. 25 bis 28kg Milch am Tag. Diese Tiere müssen

Karikatur über die hochgezüchteten »Turbokühe« von Heinz Hochleitner

aber in einer für sie angemessenen und natürlichen Weise gehalten werden.

Die Weide und das Futter

Wenn Sie daran denken, wie sehr sich die Güte und der Geschmackston eines Weines nach dem Erdboden seiner Rebe richtet, erahnen Sie, wie relevant die Bodenbeschaffenheit und das Mikroklima der Weiden für die Qualitätsbestimmungen der Milch sind. In den Bergen gibt es über 14.000 verschiedene Grasarten und Tausende von Kräutern. Das Gras, das einer Kuh aus dem Jura zukommt, ist wesentlich anders als das aus der Brie oder der Auvergne. So unterschiedlich wie der Boden, seine mineralogische Zusammensetzung, und das Klima der Alpen, der Mittelgebirge und der Tiefebene sind, so different sind auch die Geschmacksnuancen der Milch. Und das heißt natürlich auch, dass man auf manipulierendes und künstliches Kraftfutter verzichten muss, ja bei den allermeisten Rohmilchkäsen muss man sogar auf

Kühe auf
saftigen Weiden
der Auvergne

Silage verzichten. Wenn man aber aus Gier die Kühe zu Kannibalen macht und sie mit Tiermehl zur Steigerung der Milchleistung füttert, darf man sich nicht über BSE wundern. Diese Perversion wurde – Gott sei es gedankt – inzwischen nach dem großen BSE-Skandalen gesetzlich untersagt.

Der Frischegrad der Milch

Nachdem die Kühe gemolken sind, muss die Milch in kürzester Zeit in die Verarbeitung gelangen. Ihr Frischegrad ist für die Qualität der Käse maßgeblich. In der Industrie kann es passieren, dass die Verarbeitung der Rohmilch erst nach 5-7 Tagen erfolgt, weil ja auch die Abholung von den Bauernhöfen, so rationell wie möglich, in vielen Fällen nur noch zweimal wöchentlich erfolgt.

Labzufuhr beschleunigt die Gerinnung der Milch, wie hier bei der Käseherstellung des Fourme d´Ambert

Die Verarbeitungsweisen der Milch

Es gibt unterschiedliche Verarbeitungsweisen der Milch. Man kann die Milch von den Kühen, Ziegen oder Schafen roh belassen. Für einige Sorten wird die Milch bis 42° C thermisiert. Bei großindustriellen Verfahren wird die Milch pasteurisiert oder kurzzeitig sogar bis auf 110° C erhitzt.

Die Fettstufen

Der natürliche Fettgehalt unterliegt jahreszeitlichen Schwankungen.

Käse mit einem Fettgehalt von mindestens 45% i.Tr. werden in die Vollfettstufe eingruppiert. Die Käse können auch entrahmt oder mit Rahm angereichert werden. Den Begriff »Auffettung« verwendet man für Rahm-, Doppelrahm- oder Triple-Crème-Käse.

Die Art der Gerinnung

Belässt man die Rohmilch in kleinen und mittleren Gefäßen, transformieren sich die Milchzucker in Milchsäure und deren Salze schon bei normaler Temperatur. Diese lactische Produktion der Dicklegung von Milch geschieht auf natürliche Weise allein durch die Milchsäurebakterien und bedarf einer Reifezeit von 48 bis 60 Stunden. Man kann die Milch auch mit Naturlab, flüssigem Lab und seinen Enzymen oder mit Pflanzenlab im Käsefertiger dicklegen. Dieser Vorgang der Milchverdickung dauert nur 35 bis 45 Minuten. Bei vielen industriell hergestellten Weichkäseprodukten entzieht man heute der Milch durch Ultrafiltration ihre festen Bestandteile. Selbst kleinste Inhaltsstoffe wie Milchzucker, die Salze der Milchsäure, die Proteine und die Fettröpfchen werden durch die Membrane einer Apparatur separat getrennt. Es entsteht hierbei ein glatter und speckig aussehender Teig. Die Produktionsausbeute erhöht sich

Die Gefäße sind zylindrisch geformt, oben und unten offen und besitzen rundum Öffnungen, durch welche die Molke des Käsebruchs leicht abfließen kann, wie hier bei der Käseherstellung des Fourme d´Ambert

durch dieses Verfahren um etwa 20% im Vergleich zu der traditionellen Produktion.

Die Verarbeitung des Käsebruchs

Die Seitenlänge der Käsewürfel im Bruch sowie die Größe des Korns bei den Käsen, bei denen der Bruch nacherhitzt wird, sind für die Konsistenz des Endproduktes maßgeblich. Je kleiner der Bruch geschnitten wird, je fester das Korn des Käsebruchs wird, desto fester (härter) wird der Käse. Man kann den Käsebruch unter Rühren und weiterer Erwärmung in den Kesseln so behandeln, dass durch die mechanische Zerteilung des Bruchs kleine Körner entstehen, die sich dann durch die fortschreitende Säuerung zusammenziehen.

Bei manchen Käsesorten wird ein weiteres Zusammenziehen bzw. Schrumpfen der Bruchkörner durch das Übergießen mit heißem Wasser erreicht. Dies geschieht in der Regel nach dem ersten Molkeabzug. Bei den Hartkäsen erfolgt dann noch ein Nachwärmen oder Nachbrennen (Die Franzosen sagen: Cuit) um 20 bis 25° C über der normalen Labtemperatur, um noch mehr Molke aus dem Bruch abzusondern. Danach hebt man den Bruch mit feinmaschigen Tüchern oder einer großen Kelle ganz behutsam aus dem Kessel und legt ihn in die vorbereiteten

In der traditionellen Käserei wird der Käse, insbesondere bei der Erzeugung der empfindlichen Rohmilchkäse, mit trockenem Salz sehr zeit- und arbeitsintensiv von Hand bestreut, wie hier bei der Käseherstellung des Fourme d´Ambert.

Käseformen. Diese Gefäße sind zylindrisch, quadratisch oder elliptisch geformt, oben und unten offen und besitzen rundum Öffnungen, durch welche die Molke leicht abfließen kann. In der modernen Industrie hingegen wird der noch weiche Bruch durch Rohrleitungen in die Formen gepumpt, wodurch sich die Qualität des Bruchs verändern kann.

Die Salzung

Für die Rindenbildung und Geschmacksentwicklung ist das Salzen der Käse erforderlich. In der traditionellen Käserei wird der Käse, insbesondere bei der Erzeugung der empfindlichen Rohmilchkäse, mit trockenem Salz sehr zeit- und arbeitsintensiv von Hand bestreut. In der modernen Käseindustrie werden die Käse auf große Horden gelegt, dann auf etwa zwei Meter hohe Paletten gestapelt und anschließend mittels eines Flaschenzuges in ein Salzbad getaucht. Die Hartkäse werden immer einzeln in das Salzbad gelegt. Sie verbleiben dort unterschiedlich lange, je nach Größe und Form.

Gleich einer seltenen Pflanze benötigt das Reifen der Käse ein bestimmtes Klima, eine Atmosphäre, um den Reifeprozess ungestört vollziehen lassen zu können, wie hier bei der Käseherstellung des Fourme d'Ambert.

Die Zeit der Reife

Die Bedingungen, unter denen eine Käsespezialität zu reifen hat, bilden ein filigranes Geflecht aus verschiedenen Komponenten. Gleich einer seltenen Pflanze

Die ständige Reifeprüfung gehört vor allem bei einem Rohmilchkäse zu einem wichtigen Arbeitsvorgang, wie hier bei der Prüfung des Fourme d´Ambert.

benötigt das Reifen der Käse ein bestimmtes Klima, eine Atmosphäre, um die Reifeprozesse ungestört vollziehen lassen zu können. Wird der Käselaib möglichst schnell versandfertig gemacht oder wird er mit Liebe in der passenden Temperatur gereift und dann, wenn eine lange Reifezeit notwendig ist, noch an den Affineur (Käsepfleger) weitergereicht. Die Lufttemperatur in den Reiferäumen, Reifekellern und Höhlen schwankt zwischen 2 und 26° C und die Luftfeuchtigkeit zwischen 85 und 98%. Infolge der Reifeausdünstungen von Ammoniak und Kohlendioxyd ist eine Zufuhr von Sauerstoff notwendig.

Das stete Wenden und andere Pflegevorgänge sind dabei notwendig. Früher war das bei den großen Käselaiben körperliche Schwerstarbeit. Heute gibt es dafür bereits Roboter, die wie wahre Wunderwerke der Technik die großen Laibe aus den Regalen holen, sie abbürsten, wenden und wieder ins Regal legen.

Meine »Zehn Gebote« für den Erhalt und Genuss von Rohmilchkäse

Die hier vorgestellten Gebote sollen Sie an die Weisheit und Kultur der Rohmilchkäseerzeugung erinnern. Natürlich beziehen sich die Gebote dabei auf die Qualitätsbestimmungen dieses Käseproduktes, wie auch auf die daraus begründbare und erhellende Empfehlung, solche Erzeugnisse bei Ihren Einkäufen zu berücksichtigen. Die Aufklärung und Erinnerung von Kulturgütern erreicht dann ihr Ziel, wenn sie in unserer Realität lebendig bleibt und gepflegt wird.

1. Ein erfolgreiches Ernährungsgut

Über Jahrtausende hinweg haben Menschen sich von Rohmilchkäse ernährt und erhalten. Wären sie gesundheitsschädlich, wäre die Menschheit längst ausgestorben. Es wurden Verfahren entwickelt, wie die wertvollen Bestandteile dieses kostbaren und empfindlichen Stoffes »Milch« im Verlaufe seiner Verarbeitung schonend und unter strengsten hygienischen Bedingungen behandelt werden können und dadurch der gesunden Ernährung dienlich bleiben. Dies wurde vom Institut Pasteur in Paris aufgezeigt.

2. Die Reinheit der Milch

Die kleinen Traditionsbetriebe müssen ihre Milchlieferanten kennen und sie vertraglich verpflichten, dass die Tiere nur das beste und natürliche Futter aus der Region bekommen. Nur sie vermögen mit Zeit und täglichem Arbeitseinsatz (dort gibt es keine 5-Tage-Woche) die allergrößte Sorgfalt und Sortiertheit des so wichtigen Rohstoffes Milch gewährleisten. Nur so kann die Güte der traditionell hergestellten Rohmilchkäse sichergestellt werden. Es darf kein Kraftfutter zur Erhöhung der Milchleistung zugefüttert werden, so wie man es in Großbetrieben als weit verbreitet wahrnehmen kann.

3. Die frühe Verarbeitungszeit

Die Verarbeitung der Rohmilch muss in den Produktionsstätten unmittelbar zeitnah erfolgen. Sie darf nicht über lange Entfernungen transportiert werden. Das bedeutet, dass es in diesen Betrieben keine Feiertage geben kann und die Betriebe hochgradig flexibel reagieren müssen.

4. Die Muße und die Rezepte

Wo anders als in den kleinen Familienbetrieben

Karikatur
von Heinz
Hochleitner

rühren die Käser oder Bäuerinnen noch selbst die Milch in den Gefäßen, achten auf die Temperatur und die Konsistenz, auf Atmosphäre und bewahren der alten Rezepturen? Hier verbinden sich Erfahrung mit Muße.

5. Die Entstehung von Individualität

Was in den industriellen Großbetrieben an Käse produziert werden kann, ähnelt sich im Aussehen, der Haltbarkeit, den Gerüchen und Aromen. Selbst Fachleute haben bei einer Blindverkostung enorme Probleme, die in Massen hergestellten Käse zweifelsfrei zu identifizieren. Das ganze Potenzial der Käseindividualität geht so verloren. Konzentriert man sich aber auf die vielen einzelnen Bausteine einer Käseerzeugung, wie sie in den Traditionsbetrieben noch gepflegt wird, so kann man einzigartige Delikatessen finden, die in Verbindung mit ausgesuchten Weinen und pas-

Karikatur
von Heinz
Hochleitner

49

sendem Obst neue Menükreationen möglich machen.

6. Die Erhaltung der einzelnen Käsereien

Würde sich niemand mehr um den anmutigen Geschmack einer Rohmilchkäseköstlichkeit kümmern, würden die kleinen mittelständischen Betriebe letztlich zugrunde gehen. Mit ihnen würden auch die Fachleute, Ausbilder, Lehrer, sowie das geschulte Personal in den Spezialitätenläden ebenfalls aussterben.

7. Die Erhaltung differenzierten Geschmackes

Die Natur hat uns Menschen nicht umsonst mit einer solchen Vielzahl von Geschmacksknospen ausgestattet und einem Denkorgan, das wis-

Karikatur
von Heinz
Hochleitner

send, planend und kreierend mit den Details eines Geschmackes umzugehen versteht. Ob man etwas cremig, süß oder salzig, prickelnd und bitter, sandig, nussig, pikant oder mürbe und körnig schmeckt: immer machen wir eine Erfahrung, die wir in uns selbst tragen. Hier ist der Käsereifer gefragt, der entsprechend den unterschiedlichen Geschmackserwartungen seiner Kunden, die produzierten Käse punktgenau reift (à Point – wie die Franzosen sagen) unter Umständen mehrere Jahre.

8. Geschmackserfahrung und Kulturerfahrung

Würden wir den Reichtum und das Potenzial unserer Geschmacksfähigkeiten verleugnen oder nicht mehr pflegen, würden wir ebenso unser kulturelles Selbstverständnis in der Gegenwart nicht mehr achten und pflegen. Mit bewusster Freude

Karikatur
von Heinz
Hochleitner

seinen geschmacklichen Neigungen nachzugehen, ist denn auch als ein Stück Lebensqualität zu achten. Unsere Verbraucher haben nur noch die Chance, diese Köstlichkeiten kennen zu lernen, wenn sie sie auf Reisen oder durch einen sonstigen Zufall kennen und schätzen lernen. Sie müssen heute schon Glück haben, an ihrem Wohnort noch einen guten Lebensmittelmarkt, einen noch selbständigen Facheinzelhändler oder einen Markthändler, der sich um diese Köstlichkeiten kümmert, zu finden. (siehe Anhang)

9. Kulturverantwortung

Eine Kultur des Geschmackes, der Qualitätsanmutung und deren Erzeugung sind Identifikationsmerkmale unserer selbst. Wir selbst gehören zu einer Geschmackskultur, die in Jahrtausenden Delikatessen und Kreationen hervorgebracht hat. Sie dokumentieren den Grad unserer Reife, mit welcher Raffinesse wir mit den Stoffen des Lebens umzugehen verstehen.

10. Selbstverantwortung

Letztlich stromen unsere Handlungen immer wieder auf uns selbst zurück. Denn stets werden es Körper und Geist sein, die zufrieden mit den Gaben sein werden, die wir ihnen zufügen. Alle AOC/AOP, DOP und GUB Käse, die mühsam in den letzten Jahrzehnten ihren Schutz vor Nachahmung durch Schutz ihres Namens erlangt haben, würden in den industriell hergestellten Massenprodukten untergehen.

***

Alle genannten Faktoren und Bedingungen zur Käseproduktion haben im Zusammenspiel einen grundlegenden Einfluss auf die Qualität des Produktes. Je spezifischer und eigentümlicher der Käse in seiner Spezifikation werden soll, desto sensibler und sorgfältiger muss mit ihm bezüglich seiner grundlegenden Faktoren und seiner Reifungsprozesse umgegangen werden. Von daher müssen Rohmilchkäse auch eine ganz besondere Pflege und ja: Erziehung genießen, bis sie als hochwertige Käseprodukte auf ihre Geschmackssinne treffen dürfen.

Sie sehen, das Schmecken und Genießen Können eines hochwertigen Käseproduktes setzt immer eine fein sortierte Technik im Umgang seiner Entwicklung voraus. Und es kann von daher auch nicht verwundern, dass der Begriff der »Kultur« im Lateinischen die Bedeutung von Bebauen, Pflegen und Sorgen hat.

Lassen Sie sich also nicht hinter das Licht führen von modernen Marketingstrategen, Imagedesignern und Produktstylisten, die Ihnen zu soufflieren versuchen, dass die durch Werbung vorverkauften Industrieprodukte hohe Qualitätsstandards und geschmacklich exzellente Produkte gewährleisten können. Zu oft schon sind historisch entwickelte Essenzen der Käserei, spezifische Rezepturen in den modernen auf Ergebniseffizienz ausgerichteten Produktionsmethoden unversehens verloren gegangen. Vor allem aber Zeit, die Liebe und Sorgfalt zum Detail konnte in den modernen automatisierten Produktionsverfahren für besondere Käse nicht gepflegt werden.

Einen exzellenten Käse zu verfertigen, bedarf des Ansehens und Anfühlens, nicht nur des Messens und Kontrollierens seiner chemo-physischen Verfasstheit.

Kleine Familienbetriebe und Käsereien, die ihr Wissen und ihre Erfahrung von Generation zu Generation weiter tradieren, sind letztlich die Garanten für die Erhaltung des Kulturgutes Käse. Ihrer Arbeit und ihrem Mut, sich gegen die Tendenzen der Zeit zur Wehr zu setzen, ist hier zu danken. Und so ist dies Buch auch den Traditionsbetrieben gewidmet, in der Hoffnung, dass ihnen und ihren Produkten Anerkennung und Öffentlichkeit widerfährt.

Vielleicht möchten Sie, meine sehr verehrten Damen und Herren, ja einmal bei nächster Gelegenheit den genussreichen Gefilden Europas einen Besuch abstatten. Bedenken Sie, wie sehr Boden und Klima die Milchqualität bestimmen und wie sehr die Historie, die Nation, die Menschen, Sitten und Gebräuche zur Kultur der Käse beitragen. Man denke an die großen Käsefeste in Crema und Baar in Italien, Melun und Seichamps in Frankreich, Alkmaar in den Niederlanden, Lindenberg im Allgäu und Nieheim an der Weser. Solche Feste lohnen immer einen Besuch. Und seien Sie gewiss, dass Sie dort jedes Mal mit einer neuen Spezialität überrascht werden. Treten Sie ein in die Kulturheimaten der Käse, lassen Sie sich verzaubern; gerne werden die Traditionsunternehmen Sie als Gast empfangen. Deshalb habe ich Ihnen bei der Beschreibung der einzelnen Käse auch viele Adressen genannt, und wenn genügend Interesse besteht, würde ich auch in den kommenden Jahren gerne Käsereisen in kleinen Gruppen in die besten Käseregionen Europas organisieren.

Die wichtigsten Erzeugungsgebiete für Traditionskäse

»Wie soll man ein Land regieren, das mehr Käsesorten besitzt als das Kalenderjahr Tage zählt«, sagte einmal Charles de Gaulle. In der Tat ist die Beziehung der Franzosen zu ihrer Käsetradition als herausragend zu bezeichnen.

Frankreich ist das Hauptproduktionsland der Käse und stellt weit über 600 Käsesorten in über 1.000 Variationen her. Beginnen wir nun mit den einzelnen Anbaugebieten, ausgehend vom Norden Frankreichs:

Flandern, die **Thiérache** und die **Normandie** mit den Produkten:
- Camembert de Normandie
- Pont l'Evêque
- Livarot
- Maroilles
- Neufchâtel
- Die Butter und die Crème von Isigny
und vielleicht bald mit seinem Mimolette

Die **Champagne** und **Burgund**
- Chaource
- Epoisses
- Langres

Ile-de-France (südlich und östlich von Paris) mit der berühmten Landschaft Brie
- Brie de Meaux
- Brie de Melun
- Brillat Savarin (Triplecremkäse)
- Coulommiers

Im Osten kommen wir dann ins **Elsass**, das den berühmten
- Munster (Gerôme)
aufweisen kann.

Die **Franche-Comté** etwas weiter südwestlich hat schon vier Adelstitel zu vergeben:
- Bleu de Gex
- Comté
- Mont d'Or
- Morbier

Weiter im Westen folgt dann südlich der Loire das **Berry-Tourraine-Sologne**, mit den
- Crottin de Chavignol
- Valencay
- Selles-sur-Cher
- Pouligny-St. Pierre
- St. Maure de Touraine

Poitou-Charente ist das größte Ziegenmilchgewinnungsgebiet der Welt
- Chabichou du Poitou und unzähligen anderen Ziegenkäsen
- die Butter Charentes-Poitou (Lescure)

Die **Auvergne**. Dieses Gebiet mit seinen erloschenen Vulkanen und dem fruchtbaren Lavaboden hat die meisten AOC/AOP Produkte hervorgebracht
- Bleu d'Auvergne
- Cantal
- Fourme d'Ambert
- Fourme de Montbrison
- Salers
- Saint-Nectaire

Jenseits der Rhône, weiter östlich folgt dann das

Hochgebirge der französischen Westalpen, der französische Teil von **Savoyen** (**Savoie**) und die **Dauphiné**
- Abondance
- Beaufort
- Bleu du Vercors – oder Bleu de Sassenage
- Chevrotin
- Reblochon
- Tome des Bauges
- und bald folgend der St. Marcellin und der Tomme de Savoie

Im Süden die **Rouergue** und **Causses** mit den Sorten:
- Bleu des Causses
- Laguiole
- Rocamadour
- Roquefort und viele andere Schafkäse

Den **Pays Basque** mit seinem
- Ossau-Iraty (Pyrenäenkäsc)

Méditerranée mit seinen Sorten:
- Banon
- Brocciu
- Pélardon
- Picodon

Innerhalb Europas sind immer weniger traditionsreiche Käseerzeugungsgebiete zu finden, zumal eben die Käseproduktionen zunehmend von der Großindustrie ausgeführt werden.

Kommen wir zu **Großbritannien** und **Irland**.

Der Cheddar ist weltweit von der Menge her gesehen die Nummer 1. Auch brillieren der Stilton, der Cheshire, der Red Leicester, der Double Gloucester und der Lancashire und noch so einige andere Sorten, die die Briten und Iren pflegen. Irland mit seinen Farmhousekäse.

Die **Niederlande** sind ein großer Käsehersteller und Exporteur; allerdings sind die Käse zu annähernd 92% industriell hergestellte Massenprodukte. Aus Nordholland und Friesland indes kommen noch alte, gut gereifte Bauerngouda, die ein Jahr oder älter sind und auch gute gereifte Kugeledamer.

In **Belgien** halten noch einige Klöster und die Region um die Stadt Hervé die Traditionen hoch.

In **Deutschland** kann man in letzter Zeit eine Zunahme von aktiven Bauernhofkäsereien registrieren; im Wesentlichen im Allgäu, in Oberbayern, in Nordhessen, in Schleswig-Holstein und in Niedersachsen. Vor allem im Allgäu gibt es noch die traditionelle Emmentaler- und Bergkäseherstellung auf den Alpen und es haben sich einige Famlienbetriebe erhalten, die zum Teil köstliche Neuheiten geschaffen haben. Der Altenburger Ziegenkäse aus Thüringen wurde nach der Wiedervereinigung Deutschlands als Original wieder erhältlich. Leider ist es jedoch ein Industrieprodukt und dies mit einem deklarierten Anteil von nur 15% Ziegenmilch.

Die **Schweiz** hat eine Fülle von bekannten Käsenamen aufzuweisen, auf die ich in eigenen Kapiteln eingehen werde. Die Schweiz hat auch eine Reihe von AOC/AOP Produkten, wie den

Appenzeller, Alpentilsiter, Tête de Moine, Emmentaler Switzerland, Gstaader Hobelkäse und La Gruyère kreiert, daneben gibt es eine Fülle von Bergkäsen, deren wichtigste ich beschreiben werde. Diese Käse sind bald auch innerhalb der EU zu erschwinglicheren Preisen erhältlich.

Österreich verfügt als Bergland ebenfalls über eine große Tradition in der Herstellung von Käse, vor allem in Vorarlberg, in Tirol und im Salzburger Land.

In der **Slowakei** wird in der Region von Liptovský Mikulas der früher so berühmte Bremsenkäse, die Grundlage für den »Liptauer« aus Schafsmilch hergestellt.

Griechenland mit seinen Schaf- und Ziegenkäsekreationen.

Spanien mit seinem Manchego, Roncal, Mahon, Idiazabal. In Spanien werden vorwiegend Schaf- und Ziegenkäse hergestellt.

In **Portugal** dominieren ebenfalls Ziegen- und Schafkäse.

Italien hat eine große Tradition mit seinen Käsen aus Savoyen (Fontina), dem Friaul (Montasio und Asiago), der Po-Ebene (Grana-Padano, Provolone, Taleggio, Gorgonzola), der Region Reggio Emilia (dem echten Parmigiano-Reggiano) und seiner Büffel-Mozarella aus Campanien und Latium.

Die **USA**, **Australien** und **Neuseeland** sind zwar große Milcherzeugerländer, allerdings gibt es dort keine Produktion von Rohmilchkäsen.

Was Sie schon immer über Käse und ihre Fette wissen wollten

Gehen wir einmal entgegen den Tendenzen des Fitnesszeitalters davon aus, dass Fett in allen Speisen nicht bloß den Genuss erhöhen kann, sondern auch für unseren Körper willkommen ist. Fett bedeutet Reichtum, Überfluss und erst Fett vermag viele Vitamine aus der Nahrung zu lösen und verwertbar zu machen. Fett ist der Körperspeicher für Energie und in den Speisen der Sammelpunkt der Aromen.

Wenn wir zum Beispiel an die Olivenfrucht denken, so wissen wir, dass sie im rohen und unbehandelten Zustand eigentlich recht uninteressant ist. Wenn sie jedoch behutsam gepflückt und schonend kalt gepresst wird, kann das feinste Öl entstehen. Wenn sich der Rahm von der Milch absetzt oder in der Zentrifuge separiert wird, muss der Rahm geschlagen werden, bis sich daraus Schlagrahm oder Butter bilden.

Olivenöl, Rahm und Butter heben den Geschmack der Speisen, denen sie als Zutat beigefügt werden und machen sie geschmeidig und saftig. Diese drei Fette genießen zu Recht ein hohes Ansehen. Sie sind nicht nur nobel, sondern auch vollkommen natürlich.

Niemand in unserer

Dieser Rohmilch-Käse, Camemebert, hat ein Fettgehalt von 45% in der Trockenmasse (Fett i.Tr.).
Sein absoluter Fettgehalt entspricht also 22g auf 100g Käse

Zeit ist mehr so ganz sicher vor den stereotypen Ikonen aus Hollywood und den Körperkulten der Mode-, Film- und Beautyindustrie. Gesellschaftliche Ideale wirken stets auch auf das eigene Selbstverhältnis. Doch meinen Sie nicht auch, dass unser Gesundheits- und Fitnesskult nicht ein bisschen zu weit geht, wenn er schon unsere Kinder in seinen Bann zieht und noch Heranwachsende seinen Gestaltungsvorgaben unterwirft? Wozu eigentlich soll man denn gesund und fit sein, wenn nicht auch zum Genuss?

Wolfram Siebeck, der bekannte Gourmet, Koch und Esskritiker schrieb vor einiger Zeit:

»In den Augen vieler von den vom 'Gesundessen Besessenen' ist ein Nahrungsmittel entweder Medizin oder Gift. Jede Ähnlichkeit mit einem Genussmittel ist rein zufällig und nicht beabsichtigt. Unterstützt werden diese armen Menschen von 'vermeintlichen', oft selbst ernannten oder 'gekauften' Ernährungsfachleuten und Diätberatern, die die neuen 'Ersatzreligionen' verkünden und das ewige Leben versprechen, wenn man sich nur an ihre Gebote hält. Es ist erschreckend, dass sich in den USA bereits 6-jährige mit Diäten quälen und Erwachsene artig ihre Kalorien zählen und mit der Badezimmerwaage täglich die Standhaftigkeit ihres Glaubens messen. Sie handhaben die Kalorientabellen wie einen Katechismus und beten jeden Blödsinn der mehrfach ungesättigten Spekulationen der Experten nach.«

In einer aufgeklärten Haltung zur eigenen

Gesundheit und der Kultur des Genusses geht es um die Verträglichkeit und die Verfeinerungspotenziale der Speisen auch durch die Fette, nicht um deren Auslöschung.

Betrachten wir doch einmal die Bestimmung des Fettgehaltes der Käse:

Zieht man vom Gesamtgewicht eines Käses den Wasseranteil ab, so erhält man die Trockenmasse. Der Begriff Fett i.Tr. (Trockenmasse) wurde nach dem Jahr 1880 eingeführt und erst später in die gesetzlichen Regelungen fast aller Länder übernommen. (In England: Fat in Dry Matter oder in Frankreich: Matière gras in matière sec).

Diese Trockenmasse ist eine unveränderliche Konstante, die sich im Gegensatz zum Wassergehalt, der sich je nach Dauer der Lagerung verändert, immer gleich bleibt und daher die beste Basis für die Berechnung des absoluten Fettanteils ist. Der absolute Fettgehalt ist folglich der prozentuale Fettanteil an der verbliebenen Käse- oder Trockenmasse ohne den Wassergehalt. Man kann sich den absoluten Fettgehalt überschlägig auch selbst berechnen, wenn man den angegebenen prozentualen Fettgehalt mit der Trockenmasse der jeweiligen Käsegruppe multipliziert.

Faustregel:
mit 0,3 bei Frischkäse
mit 0,5 bei Weichkäse
mit 0,6 bei Schnittkäse
mit 0,7 bei Hartkäse

Es kommt also darauf an, die Höhe der Trockenmasse zu kennen, um dann errechnen zu können, dass ein Frischkäse der Doppelrahmstufe weniger Fett haben kann als ein Hartkäse der Dreiviertel Fettstufe. Käse der Rahm-, Doppelrahm- und Triplecrèmestufe gibt es nur in den beiden Gruppen mit dem höchsten Wassergehalt, nämlich als Frisch- und Weichkäse. Vergessen Sie daher alles, was Sie je über zu hohen Fettgehalt im Käse gehört oder gelesen haben. Käse mit 60, 70 oder gar 75% Fett i.Tr. gibt es nur in den Gruppen der Frisch- und Weichkäse, das heißt, mit ganz niedriger Trockenmasse und mit einem niedrigen absoluten Fettgehalt.

Absoluter Fettgehalt im Käse (Beispiele)

Käse	Fett i.Tr.:	Fett pro 100g
Edamer	30%	16g
Brie	45%	21g
Camembert	45%	22g
Roquefort	50%	23g
Gorgonzola	50%	23g
Appenzeller	45%	25g
Parmigiano	32%	26g
Tilsiter	45%	28g
Butterkäse	50%	28g
Emmentaler	45%	29g
Mozzarella	52%	20g
Gouda	48%	30g
Triple Crême	70%	24g

Wenn man die Käsereimilch nicht durch Rahm

oder Crème Frâiche auffettet, bekommt man immer Käse der »Vollfettstufe« d.h. mit mindestens 45% Fett in der Trockenmasse (i.Tr.). Der i.Tr. kann allerdings je nach Jahreszeit und Wetter ein wenig schwanken.

Wird der Käsereimilch oder dem Käsebruch Rahm (Milchfett) zugefügt, entstehen die Käse der Rahm- und der Doppelrahmstufe. In Frankreich gibt es darüber hinaus die »Triplecrème-Sorten« (Dreifachrahm-Sorten), die bis zu 75% Fett i.Tr., oftmals jedoch nur 16%-18% absoluten Fettgehalt haben und exzellent schmecken. Lassen Sie die Butter weg bei diesen Käsen und Sie haben weniger Fett zu sich genommen, als wenn Sie einen mageren Käse auf einem Butter- oder Margarinebrot essen.

Wird die Milch durch Abschöpfen oder im Separator entrahmt, entstehen die uns vertrauten Käse der Fett-, Halb-, Viertelfett- oder Magerstufe. Inzwischen gibt es einige wenige Käseverpackungen, in denen auch der absolute Fettgehalt vermerkt wird. Das war bis vor einigen Jahren tatsächlich noch verboten.

Die folgenden Definitionen der deutschen Käseverordnung teilen die verschiedenen Gruppen nach dem Wassergehalt in der fettfreien Käsemasse in folgende Käsegruppen ein. Bei allen anderen Sorten handelt es sich nicht im eigentlichen Sinne um Käse, sondern um Schmelzkäsezubereitungen (Fromage Fondu) oder Sauermilchkäsezubereitungen, wie der Harzer, Mainzer oder Handkäse oder andere Käsezubereitungen.

Bei *Frischkäse* (Pâte Frais) muss der Wassergehalt höher als 73% sein. Es gibt seit Jahrzehnten in Frankreich großartige Frischkäse (Fromage Battu) mit einem Wassergehalt von mehr als 82%, deren Zulassung in Deutschland immerhin ab 1985 durchgesetzt werden konnte.

Der *Weichkäse* mit weißblühender Rinde (Pâte Molle, Croûte Fleurie). Der Wassergehalt liegt höher als 67%. Bei Käse mit mehr als 60% Fett i.Tr. konnte der Wassergehalt in Verhandlungen mit den deutschen Behörden (Lex Boursault) nach oben erweitert werden (teils bis zu 80%).

Der *Weichkäse* mit gewaschener Rinde (Pâte Molle, Croûte Lavée); auch hier muss der Wassergehalt höher als 67% sein.

Halbfeste Schnittkäse (Pâte Demi Pressée); der Wassergehalt liegt zwischen 61% und 69%.

Schnittkäse (Pâte Pressée); der Wassergehalt muss mindestens zwischen 54% und 63% liegen.

Hartkäse (Fromage dur, Longue Affinage); Wassergehalt weniger als 56%.

Beim Verzehr der Käse kommt es entscheidend auch auf die richtige Reihenfolge an. Wenn Sie mit dem schärfsten Käse beginnen, schmecken Ihnen die milderen Sorten natürlich zu gleichgültig. Gute Rohmilchkäse sind eine Delikatesse für den Gaumen, mild oder pikant, kombiniert mit Obst und Nüssen, die perfekt mit vielen Käsesorten harmonieren. Man sollte immer mindestens fünf verschiedene Sorten von mild bis pikant auf einer Käseplatte vorrätig haben.

Käse und Wein. In caseo et in vino veritas – im Käse und im Wein liegt die Wahrheit. Was da zusammenpasst, macht erst den Genuss in Perfektion aus. Doch wie soll die Kombination aussehen? In der Regel passt der Wein am besten zu demjenigen Käse, der derselben Region wie die Milch des Käses entstammt. Ich habe mir große Mühe gegeben, Ihnen bei den meisten Käsesorten eine oder zwei Weinempfehlungen zu geben. Doch will ich diese Frage nicht endgültig beantworten. Die Kombination von Wein und Käse bleibt immer eine ganz persönliche Geschmackssache. Und das muss sie auch sein. Denn wie anders könnte man sich voller Neugier und Experimentierlust auf eine Geschmacksreise begeben? Eine Richtlinie jedoch gilt immer: Wenn Sie eine Käseplatte servieren, achten Sie darauf, dass die Wahl des dazu passenden Weines sich immer nach der Käsesorte mit dem kräftigsten Geschmack richtet.

Im Übrigen müssen sich Biertrinker hier nicht missachtet fühlen. Gerade ein Bier passt zu manchen Käsesorten sehr gut. Das ist manchmal auch ein bisschen wetter- und klimaabhängig.

Fachausdrücke für Käsesorten und Geschmacksrichtungen

Angenehm – Aromatisch – Ausgewogen –
Cremig – Delikat – Einfach lecker
Ein Genuss – Finessenreich – Frisch – Fruchtig
– Gesellig – Großzügige Note
Hat Charakter – Köstlich – Kräftig –
Leidenschaftlich – Mild – Mild aromatisch
Mittelstark – Mittlere Würzigkeit – Nussig –
Pikant – Ein Prestige Käse – Qualität zum klei-
nen Preis – Rein – Reif – Salzig – Wie Samt
und Seide – Sauber – Säuerlich
– Schmilzt unterm Gaumen – Für jeden Tag –
Verführerisch – Vollmundig Vollreif – Würzig
– Zergeht auf der Zunge.

Beimischungen werden zusätzlich beschrieben:

Nach Pfeffer – Nach Knoblauch – Nach
Kräutern – Nach Kürbis – Nach Kümmel –
Nach Kräutern der Provence – Nach Rosmarin
– Nach Tomaten – Nach Tomaten und
Basilikum – Nach verschiedenen Gewürzen –
Nach verschiedenen Kräutern – Zutaten gut
sichtbar – Zutaten gleichmäßig verteilt.

Teig und Konsistenz:

Cremig – Cremig fest – Elfenbeinfarbig – Fein
– Fest – Fließend – Fest schneidend Gelb –
Geschmeidig – Gut gereift –
Halbfest – Hart gereift – Hellgelb – Kernig

Körnig – Kräftig – Lang – Leichtfest – Rot (gefärbt mit Annato – aus Baumwurzeln) Rötlich (mit Zusatz von Carotin) – Schnittig – Schnittfähig – Speckig – Weich – Weichschnittig.

Für die Edelpilzsorten

Blau – Blauschimmel gut verteilt – Einstichkanäle sichtbar – Grau – Grün – Gute Maserung – Leicht blaugrau – Leicht grünlich – Weiß mit blau.

Die Kunst guten Käse zu kaufen ist die Kunst des Genusses

Die Kunst guten Käse zu kaufen, fängt nicht erst dann an, wenn man bereits großes Wissen über die vielen verschiedenen Sorten, ihre unterschiedlichen Regionen und auch ihre Produktionsweisen kennt. Es ist auch die Lust und der Wille zum Guten und der Qualität, die den Anfang setzen in der Kunst des Käsekaufs. Vornehmlich geht es um uns selbst und das Verwöhnen in guter Gesellschaft. Wer das Bewusstsein des Genusses sich gerne selbst zuschreibt, ist schon auf dem besten Weg, sich die Kunst des Käsekaufs anzueignen.

Wenn Sie jedoch an diese kühlen Sphären der Käsetheken in den Supermärkten denken, an das Neonlicht und die vielen steril in Plastik verpackten Käse, werden Sie sich auch fragen, wie ein Kauf nach Qualitätsbestimmungen in eben diesen Märkten möglich sein soll. Und wenn Sie tatsächlich auf Personal stossen und vielleicht fragen möchten, ob man Ihnen einen Käse mit einem Wein aus derselben Region empfehlen könnte, – einen Rohmilchkäse wohlgemerkt, werden Sie erleben, dass Ihre Ansprechpartner mit dieser Frage oft überfordert sind.

Vielleicht wird man Ihnen mit großen Augen Käsesorten präsentieren, die eine glatte und weiße Oberfläche haben, so, als wären sie bemalt. Beliebteste Auskünfte sind: »Der wird viel gekauft«, oder »Den ess ich selber auch gern« und man wird Ihnen andere Sorten, die keine braunen, roten oder gar grünen Schimmelstippen aufweisen, empfehlen. Man wird Ihnen vielleicht erklären wollen, dass dieser Käse im Angebot ist (günstiger Preis) und trotzdem noch lange haltbar ist; und er als »Forschungsprodukt der Raumfahrt« auch weder riecht und auch nicht – bei eingeschränkter Gravitationskraft jedenfalls – fließt oder läuft. Was ich Ihnen hier vortrage, mag leicht polemisch klingen; jedoch in Anbetracht des sicherlich schon als Kollektiverfahrung beklagten Geschmacksausnahmezustandes über den vermeintlichen Unterschied einer Tomate bzw. Gurke (et vice versa), darf man hier etwas lauter klingeln. Denn eine Gesellschaft, die vorwiegend den Werbebotschaften vertraut, ist in Wahrnehmungsmechanismen befangen, in denen der schöne Schein über alles geht. Und wenn die Industrie dann ein bestimmtes Produkt nicht schnell genug vertreiben kann, fügt man ihm nur etwas Paprika hinzu und verkauft es mit einem neuen Image, einem neuen Schein eben. Oder man nimmt es, wenn es nicht bestimmte Umsatzgrößen erreicht, ganz aus dem Sortiment. Dies ist der Horizont, unter dem die Großindustrie ihre Profitabilität betrachtet (betrachten muss) und diese im Umfang auch auszuweiten trachtet. So wäre beispielsweise Ende 2004 beinahe der größte Milchverarbeitungskonzern Skandinaviens, die dänisch-schwedische Arla Gruppe, mit dem größten niederländischen-deutschen Milchkonzern, der »Campina-Melkunie« (in Deutschland sind dies Südmilch, Landliebe, Tuffi, Emzett Berlin, Strothmann usw.), fusioniert, wenn dies nicht in letzter Minute an den persönlichen Interessen einiger Funktionäre, die um ihre gut bezahlten Positionen fürchteten, gescheitert wäre. Jetzt aber baut »Campina« allein um, fusioniert unter »Consumer Products Europe (CPE) und löst ihre deutsche Zentrale auf (Quelle: Lebensmittel Zeitung vom 15. Juli 2005). Und dies beschleunigt den Zug zur Massenindustrie und Monopolisierung innerhalb der Milchverarbeitung in ganz Europa.

Wie sehr die Kultur und das Wissen bezüglich der eigenen Nahrungsmittel mit den

Käsemarkt im 18. Jahrhundert. Der Anblick von Käse erstaunte schon immer Jung und Alt. Kolorierte Druckgrafik aus dem 18. Jhdt.

Entwicklungen der Ökonomisierung und Globalisierung zusammenhängen, lässt sich am Beispiel der Käseerzeugung im Detail studieren. Natürlich soll hier nicht gesagt werden, dass die industrielle Herstellung von Käse in irgendeiner Hinsicht verwerflich wäre. Oder gar ein elitärer Kreis sich bilden sollte, der sich gegenüber den finanziellen Nöten der Menschen in der Wahl der billigeren Käse blasiert verhalten sollte. Es soll allerdings aufgezeigt sein, welch großartige Kultur in der Käseerzeugung sich entwickelt hat und dass diese auch in unserer Moderne weiter für uns bestehen soll.

Erinnern Sie sich bitte: Guter Käse darf runzlig sein, braune und grüne Stippen aufweisen und er darf laufen. Als Liebhaber der kulinarischen Künste und Vertreter des »Slow Food« und in Zukunft auch »Slow Buy« werden Sie den selten gewordenen Fachhandel aufsuchen müssen, mühsam nach mutigen, dynamischen Einzelhändlern und Markthändlern Ausschau halten und entdecken, dass es reiche Oasen auch an unvermuteten Plätzen gibt. Deshalb habe ich Ihnen im Anhang die Adressen zahlreicher Kaufleute aufgeführt und sie nach Alphabet und nach den Städten sortiert, damit Sie es leichter haben, Ihre Bezugsquelle zu finden. Zum Beispiel haben sich einige noch selbstständige Mitglieder der Edeka-Kette ein Sortiment guter Käse bewahrt. Das KaDeWe Berlin und die Filialen der Galeria Kaufhof führen ein außergewöhnlich gepflegtes Sortiment dieser Spitzenprodukte. In der Gastronomie werden Sie allerdings nur sehr vereinzelt solche Qualitätsprodukte finden.

Während meiner vielen Seminare über Käse und seine vielfältigen Betrachtungsweisen konnte ich erleben, wie neugierig und freudig das Publikum meine Informationen aufgenommen hat. Es entstand ein Staunen darüber, wie geradezu blind man vorher eingekauft hat und wie man in Zukunft selbst sich an die Kunst des Käsegenießens und Käsekaufens herantasten könnte. doucement! doucement! Langsam, meine Damen und Herren, nehmen Sie sich Zeit, achten Sie auf die AOC/AOP, DOP und GUB Gütesiegel.

Probieren Sie auch zu Hause die Käse einzeln,

bieten Sie immer mindestens fünf verschiedene Sorten aus den verschiedenen Käsegruppen an und nehmen Sie das Brot nur als Neutralisierungsmittel Ihres Gaumens – als »La virginite palatine«. Betrachten Sie den Käse als eigenständiges Nahrungsmittel und essen Sie ihn deshalb mit dazu passendem Besteck. Bei den Sorten mit gereifter, weißblühender Rinde sollten Sie diese vorsichtig vom Käse-Corpus trennen. Erspüren Sie an Ihrem Gaumen die Konsistenz und ahnen Sie die Kräuter der Weiden, von denen die Milch des Käses ihren Ursprung hatte. Probieren Sie den »Brie de Melun«, den »Epoisses Berthaut« oder den »Coulommiers aus der Brie«, den alten gereiften »Comté«, den »Lindenberger Weinkäse«, den »Allgäuer Bergkäse von Baldauf« oder den Käse aus den Sennereien. Gehen Sie bedachtsam mit den einzelnen Sorten um und Sie werden sehen, dass Sie nach einiger Zeit genau wissen, welchen Käse Sie bei welchem Anlass und mit welcher Menükomposition verwenden möchten.

Mehr als 250 Käsesorten aus ganz Europa führt Käse-Boucoiran in Göttingen. An der großen Käsetheke wird die Wahl zur köstlichen Qual. Foto von Käse-Boucoiran, Göttingen

Es ist Erfahrung und Freude. Über 40 Jahre habe ich die besten Käse Europas in allen deutschsprachigen Ländern vertrieben mit der Vorstellung von höchster Qualität und anspruchsvollem Geschmack. Und es war und ist mir immer eine Ehre gewesen, den Menschen unverwechselbare Geschmackserlebnisse aufzeigen zu können.

Die Künste indes fallen wie die Meister und auch die Delikatesse Käse nicht vom Himmel.

Nicht direkt jedenfalls. Denn immer schon bedurfte es der Erkenntnis und Entdeckung der Zeit und Muße des Schmeckens. Aus ihr erst konnte sich Geschmack bilden und im Laufe der Zeit kultivieren. Dies gilt für den Umgang des Rohstoffes Milch wie für die Veredelungsarten des Käses innerhalb seiner beeindruckenden Historie. Auch gilt dies für den Kenner wie für den Anfänger im Reich des Geschmackes. Die Kunst ein hochqualitatives Produkt herzustellen und über die Zeit erfolgreich entwickeln zu können, bedarf nicht nur derjenigen, die diese Kunst herzustellen vermögen, sondern auch derjenigen, die sie zu erkennen, zu vermarkten und auch zu genießen verstehen. Folglich stellt die Kunst Käse zu kaufen und zu verkaufen immer auch die Kunst des Genießens dar. So ist die Kulturentwicklung der Käseerzeugung auch eine Kulturentwicklung des Geschmackes und der Ästhetik, an deren Historie wir uns erinnern sollten.

»Liebe – Leidenschaft – Arbeit und Vergnügen«! Diese vier Voraussetzungen müssen erfüllt sein, wenn man sich mit dem Thema Käse befassen will und vor allem wenn man Käse herstellen oder handeln will und darauf hofft, auch damit Erfolg zu haben.

Ein Warenhaus oder ein Supermarkt, der für seine »Käsefachabteilung« einen »Affineur« einstellt oder zumindest in die Ausbildung seiner Abteilungsleiter und Erstverkäufer wirklich investiert, der »Maître Fromager«, der in zweiter oder dritter Generation ein alteingesessenes Käsefachgeschäft oder einen Markthandel führt, der Gastronom, der für sein Restaurant den Ruf seines Hauses aufrecht erhalten oder verbessern möchte, der Affineur, der sich einen solchen Namen macht, dass er den französischen Staatspräsidenten beliefert – sie alle haben eines gemeinsam: Sie lieben den Rohmilchweichkäse und die gut ausgereiften Bergkäse. Sie alle haben eine Leidenschaft für diese Produktgruppe entwickelt, und sie arbeiten hart und viel und haben dennoch Vergnügen an ihrer Arbeit, die sie tief befriedigt.

Wir alle haben nichts gegen Industriekäse, wissen aber auch, daß Liebe allein nicht ausreicht, um angesichts

Große Auswahl im Geschäft von Roland Barthelemy in der Rue de Grenelle in Paris. Hier wird der Kunde über eine Vielzahl von Käsespezialitäten bestens beraten. Foto von Roland Barthelemy, Paris

der großen Handelsketten, der Discounter und der Riesen-Verbrauchermärkte zu überleben. Das einzige Rezept dafür ist, Leidenschaft für diese Produktgruppe zu entwickeln, Spezialist durch Weiterbildung und harte Arbeit zu werden, um dann seine Kunden gut beraten zu können.

Jedes Produkt aus den verschiedenen Regionen der Welt ist eine andere Persönlichkeit, das ist der große Unterschied zu den Industriekäsen, die stets gleichförmig aussehen und gleich schmecken müssen, denn das sind die typischen Kennzeichen von Industie-Markenartikeln. Beide Gruppen wollen sich verkaufen und für beide ist Platz. Aber nur die Rohmilchkäse strahlen die notwendige Magie aus.

Ich frage meine Freunde oft: »Wie wär's bald einmal wieder mit einer Käseparty«? Ein Abend, mit dem Sie mehr Aufmerksamkeit erregen und nachhaltigere Erinnerung hervorrufen, als sonst mit einem Drei- oder gar Viergang-Menü oder einem aufwändigen Büfett.

Käsesorten und ihre Gruppen

Früher wurden die Käse vorwiegend nur im Lande verkauft, sie blieben also regionale Spezialitäten. Die Hartkäse hingegen konnten aber aufgrund ihrer langen Lagerfähigkeit auch über weite Entfernungen transportiert und gehandelt werden.

Bei der Fülle des heutigen Angebots zeigt sich oft eine Hilflosigkeit der Verbraucher, nicht nur den Qualitätsmaßstäben und der richtigen Aussprache gegenüber, sondern auch im richtigen Verzehr. Die nachstehenden Beschreibungen der wichtigsten Sorten sollen Ihnen einen guten Überblick verschaffen. Durch die richtige Aussprache bezeugen Sie schon beim Einkauf Ihre Kompetenz. (Häufig nenne ich Ihnen die richtige Aussprache).

Die beste Methode Ihr neu erworbenes Wissen auszuprobieren, ist ein festliches Käsemenü zu dem Sie Ihre Freunde oder Ihre Familie einladen. Kaufen Sie dazu aus jeder der nachstehenden Käsegruppen eine oder zwei Sorten (insgesamt kalkulieren Sie mit etwa 300g Käse pro Teilnehmer), besorgen Sie sich frisches Brot (eine Baguette 60cm pro Person) und zwei bis drei Weine sowie Weintrauben. Diesen Abend sollten Sie wie eine Weinprobe zelebrieren. Dabei kommt es natürlich auch auf die richtige Reihenfolge des Verzehrs an, das heißt, man sollte mit den mildesten Sorten beginnen und sich dann zu den kräftigsten steigern und Sie sollten die Ziegen- und Schafkäse in einem gesonderten Gang servieren.

Die Blauschimmelkäse bilden den traditionellen Abschluss eines solchen Abends und mit dem Roquefort beenden Sie das Essen. Bitte merken Sie sich Folgendes: Wenn Sie bei einer Weinprobe mit einer Trockenbeerenauslese beginnen, dann schmecken die anderen Weine fad. Deshalb haben wir die Käse nach ihrer Geschmacksstärke (Käsegrupppen) gegliedert. Dies kann natürlich nur eine grobe Einteilung sein und soll nur zur Orientierung dienen. Ein alphabetisches Inhaltsverzeichnis finden Sie im Register, welches Ihnen erlaubt, schnell die Seite zu finden, auf der die jeweilige Käsesorte beschrieben bzw. mindestens erwähnt wird. Erfreuen Sie sich am Genuss und denken Sie an folgendes Sprichwort:

»Die meisten Deutschen essen um zu leben, der überwiegende Teil der Franzosen lebt um zu essen!«.

Ohne sichtbare Rinde oder Schimmelbildung. Käse, die alle noch einen hohen Wassergehalt und damit die niedrigste Trockenmasse aufweisen.

Boursin

ausgesprochen: Buhrßäng

Der Einzigartige Frischkäse !

Monsieur François Asperti Boursin, Sohn eines Pariser Käsehändlers, ist ein außergewöhnlicher Mann, ein begnadeter Unternehmer und Milliardär. Er lernte seinen Beruf von der Pike auf, studierte Milchwirtschaft, machte seinen Käsemeister auf einer Milchwirtschaftlichen Hochschule in Frankreich und sah sich in der Milchwirtschaft in Europa um. Nach seiner Rückkehr aus Schweden, wo er nicht nur gearbeitet hatte, sondern auch von dort seine Ehefrau mitbrachte, war ihm das väterliche Geschäft zu klein und zu eng geworden. So begann er Ende der 50er Jahre des vorigen Jahrhunderts seinen eigenen Frischkäse aus der besten Milch und Sahne der Normandie zu produzieren, dem er selbstbewusst seinen Namen »Boursin« gab.

Es gelang ihm mit einer eigenen Serie – mit einer bis heute einmaligen Rezeptur, die ohne Erhitzung, wie sonst alle anderen Frischkäse, auskommt – einen so herausragenden Frischkäse, auch mit einer von ihm selbst zusammengestellten

Kräuter- und Knoblauchmischung zu kreieren, dass dieser Käse zu der Erfolgsstory schlechthin wurde. Dieser Käse wurde in einem einzigartigen Verfahren kalt (moulé à froid) geformt und damit besonders aromaschonend mit einem unvergleichlichen Geschmack mit 70% Fett i.Tr. hergestellt. Es wurden ausschließlich natürliche Rohstoffe, ohne jegliche Zusätze von Verdickungsmitteln oder Konservierungsstoffen verwendet. Die kleinen runden 150g schweren Käse wurden zu Beginn nur nackt, mit einer umlaufenden Papiermanschette und einem oben liegenden Etikett »Boursin« versehen, in kleinen Holzkistchen ausgeliefert. Bald schwärmte ganz Paris von diesem herrlichen neuen Käse.

Sein Ruhm verbreitete sich schnell auch über Paris hinaus und M. Boursin war ein hervorragender Marketingstratege, der als erster der Branche die gerade aufgekommene Fernsehwerbung nutzte und seine Produkte immer als Premium Produkte und bald in ganz Europa und in den USA und Canada und selbst bis ins ferne Japan vertrieb. Die etwas bröcklige Konsistenz des Boursin und der wirklich einmalige Geschmack unterscheiden ihn von allen anderen Frischkäsen.

Im Laufe der Zeit bekam der Käse eine schützende Alu-Frischhalte-Manschette und wurde zusätzlich in eine hervorragend graphisch gestaltete Faltschachtel verpackt, damit er seinen Weg auch in die Selbstbedienungsregale des Handels finden konnte. Später kam eine Kleinpackung mit 80g und eine Faltschachtel mit 6 Portionen, die zusammen 100g schwer waren, dazu.

Bald folgte neben der Sorte »Natur« eine dritte Version, die mit einem Mantel aus grob gemahlenem frischen braunem Pfeffer umgeben wurde, der Pfeffer-Boursin. Alle Tests bescheinigten Boursin seine Spitzenposition: einen exzellenten Geschmack und eine Top-Qualität.

Der Autor kennt als einer der wenigen Mitarbeiter den menschenscheuen Monsieur Boursin noch persönlich und hat über 20 Jahre dessen Produkte auf dem deutschen Markt exclusiv vertrieben und zu einem Markenartikel gemacht. Nach über 40 Jahren des erfolgreichen Aufbaues seines Betriebes verkaufte François Boursin seine Firma zu Beginn der 90er Jahre an den Großkonzern, die französische Unilever-Tochter Astra Calvé, die die Zusammenarbeit mit mir beendete, den Vertrieb der konzerneigenen deutschen Tochtergesellschaft übergab, die jedoch weit mehr Interesse an ihrem »Me tooprodukt« Bressot hatte. Es reichte allerdings sowohl geschmacklich als auch qualitativ niemals an das Original heran. Den Boursin ließ man damit auf dem deutschen Markt weit gehend einschlafen.

Der Käse jedoch ist einfach lecker! Mit einem Glas Rotwein und einer frischen Baguette ein voller Genuss. In Frankreich gilt das Wort: »Du Vin, du Pain, du Boursin!« Leider sind diese Käse inzwischen in Deutschland zu einer Rarität geworden. Es ist eine Kunst sie zu finden.

Brillat Savarin und Boursault

Der Brillat Savarin umgeben von weiteren französchen Käseköslichkeiten

Auch diese zwei Käse sind nach Männern benannt worden. Brillat-Savarin galt als einer der bedeutendsten Feinschmecker in der französischen Geschichte. Der Vater von Pierre Androuet, Henri Androuet, hat sich anheischig gemacht, eine von ihm forcierte Käsesorte in den 30er Jahren des vorigen Jahrhunderts nach diesem Brillat-Savarin zu betiteln. Er wollte den Verbrauchern einen Käse bieten, der dem höchsten gastronomischen Niveau gerecht werden konnte und der die Verwendung von Butter zur Käseplatte überflüssig machen konnte. Verschiedene Namen waren für diese Käsegruppe in Umlauf, bis sich schließlich der Name Brillat Savarin als Gruppenbegriff

durchsetzte. Heute werden Kreationen, die in der Triplecremestufe ganz frisch oder mit weißblühender Rinde produziert werden, überwiegend nach diesem Mann benannt.

Es gab in den 50er Jahren einen Mann, namens M. Boursault, der in Perreux-sur-Marne in ganz kleinem Stil ebenfalls diesen Käse mit einem Gewicht von 200g produzierte, ihn aber selbstbewusst nach seinem eigenen Namen benannte. Er hatte einen so großen Erfolg damit, dass er bald eine neue Molkerei in Saint-Cyr-sur-Morin bauen konnte. Als M. Boursault verstarb, konnte Monsieur Boursin (siehe Boursin) – der ja genauso gehandelt hatte – den Betrieb kaufen und machte dann aus dem »Boursault« einen großen Markenartikel. Ich durfte als Generalvertreter von Boursin diese Spezialität lange Jahre erfolgreich in Deutschland verkaufen.

Diese Käse, die wegen ihres hohen Wassergehaltes meistens der Gruppe der Frischkäse zugeordnet werden, waren lange Zeit in Deutschland verboten, wenn sie mit Weißschimmel hergestellt wurden. Denn Frischkäse mit Schimmelbildung galt lange Zeit als verdorbenes Lebensmittel. Inzwischen hat der Gesetzgeber die Käseverodnung für die Gruppe der Weichkäse verändert (Lex Boursault genannt). Der Wassergehalt ist für die Käse mit mehr als 60% Fett i.Tr. noch oben nicht mehr begrenzt, so dass diese Käse heute als Weichkäse deklariert werden dürfen. Damit war das Problem gelöst. Leider wurde auch diese Marke an den Konzern UNILEVER verkauft, der diese Marke – weil der Umsatz für einen solchen

Großkonzern zu gering und das Produkt zu diffizil war – dann wieder verkauft. Heute gehört diese Marke der Bongrain Gruppe.

Die Käse werden – bis auf die mir bekannte Ausnahme Jean de Brie (siehe dort) – aus pasteurisierter Milch hergestellt und meistens an den Käsetheken lose verkauft. Die Käse werden nur 10-14 Tage gereift und meistens in runder Form mit 13cm Durchmesser und ca, 3,5-4cm Höhe und einem Gewicht von ca. 500g hergestellt. Als Einstiegskäse bei jeder Käseparty sind diese Käse hervorragend geeignet. Die Käse schmelzen wie Butter unterm Gaumen und haben einen fantastisch milden Geschmack. Keine Angst vor dem deklarierten Fettgehalt, denn der absolute Fettgehalt beträgt in der Regel nur um die 20%. Wenn die Käse mit der weißblühenden Rinde weiter gereift sind und die Rinde eine leicht bräunliche Farbe angenommen hat, sollten Sie die Rinde abschaben.

Weinempfehlung: Ein ganz leichter Rot- oder Roséwein, aber auch Champagner oder Sekt passen gut dazu.

Fromage Battu

Der deutsche Quark war vom Wassergehalt her so trocken, dass er von meiner Mutter immer erst durch Zugabe von Milch cremig gerührt werden musste. Vielleicht wird es Ihnen ja ähnlich ergangen sein. Die Franzosen jedenfalls stellen ihren Frischkäse mit Hilfe von Maschinen her, die durch

die hohen Geschwin-
digkeiten im Innern
der runden Kessel die
festen Bestandteile der
Milch nach Außen
schleudern, wodurch
ein Frischkäse entsteht,
der von Anfang an so
cremig wie Sahne ist.

Formage Battu
ist ein leicht
bekömmlicher
Frischkäse

Als ich vor 35 Jah-
ren zum ersten Mal mit
einigen Einkäufern und Kunden, mit einem Bus
vom SIAL in Paris kommend, das Werk von UCA-
LYN in Moneteau, das in der Nähe von Auxerre
liegt, besuchte, bekamen die Gäste nach einem
reichlichen Mittagsmahl diesen »Fromage Battu«
zum Kosten vorgesetzt. Erst lehnten fast alle ab,
weil sie so gesättigt waren. Da sie aber dem
Gastgeber gegenüber nicht unhöflich erscheinen
wollten, naschten sie doch vereinzelt an den vor-
gesetzten Proben. Plötzlich veränderten sich die
Gesichter, alle bekamen große Augen, langten
ordentlich zu und nach einer Weile musste tatsächlich noch Nachschub besorgt werden. Alle
drei Fettstufen 0%, 20% und 40% schmeckten den
Gästen hervorragend. So etwas Köstliches hatte
man noch nie gegessen und man wollte sofort
diese Quarkcreme bei mir bestellen. Das Problem
war jedoch, diese Quarkceme hatte mehr als 82%
Wassergehalt und das war in Deutschland verboten. Der Wassergehalt für Frischkäse war damals
nämlich bis maximal 80% begrenzt.

Mehr als 12 Jahre lang kämpfte ich gegen die

Bürokratie in Deutschland, ließ mehrfache teuere Gutachten und Untersuchungen erstellen, bis endlich das Gesetz geändert wurde. Dieses Produkt wurde dann auf dem deutschen Markt zugelassen mit der Verpackungsdeklaration »Wassergehalt mehr als 82%«. Inzwischen wurde meine Herstellerfirma an einen Großkonzern verkauft, was bedeutete, dass ich sehen musste, wer diesen Käse nun nach meinen Vorstellungen produzieren würde. Tatsächlich fand ich einen neuen Hersteller in der Normandie, der dieses Produkt in absoluter Spitzenqualität mit den Namen »Montebourg« herstellte, wobei zu erwähnen ist, dass die gute Milch der Halbinsel Cotentin natürlich eine große Rolle spielte. Sehr schnell schaltete die deutsche Industrie, stellte sich schnellstens auf diesen Käse ein und produzierte ihn nun vor Ort. So profitierte man von meiner Vorarbeit und heute ist das Produkt »Quarkcreme« ein wesentlicher Umsatzträger für eine Reihe von deutschen Milchverarbeitungsbetrieben.

Nach wie vor gibt es qualitätsbewusste Verbraucher, die allein wegen der qualitativ besten Milch der Normandie die noch auf dem deutschen Markt erhältlichen Marken »Montebourg« und »Isigny« zu schätzen wissen.

Jean de Brie aus Rohmilch
aus dem Hause Fromagère de la Brie
St. Siméon

Innerhalb der deutschen Käseverordnung beendet die Doppelrahmstufe die Fettskala. Die Käsesorten in Frankreich hingegen haben noch die »Triple-Creme-Stufe«. Diese Käse werden nach dem berühmten Schriftsteller und kulinarischen Experten »Brillat Savarin« produziert und erfreuen sich zunehmender Beliebtheit. Eine solche Spezialität ist auch der »Jean de Brie« aus dem Hause Fromagère de la Brie, das alle seine Produkte nach alter handwerklicher Tradition und ausschließlich aus Rohmilch herstellt.

Der linienbewusste Kunde muss nicht auf diesen Hochgenuss verzichten: Ein Hartkäse kann gehaltvoller sein als der Jean de Brie mit seinen 75% Fett in der Trockenmasse, denn dieser junge Weichkäse beinhaltet noch sehr viel Feuchtigkeit, so dass der absolute Fettgehalt nur 28% beträgt.

Der Jean de Brie – kleine runde Laibe mit ca. 250g Gewicht – ist mit leichtem und flaumigem Weißschimmel bedeckt und hat einen butterweichen Teig. Er riecht säuerlich frisch und schmeckt angenehm rahmig und vollmundig. Bei fortgeschrittener Reifung dunkelt die Rinde nach.

Einen sehr reifen Jean de Brie serviert man an Käseliebhaber zum Auslöffeln als Dessert

Der Jean de Brie harmoniert besonders gut mit Trauben und kann sowohl zum Aperitif, als auch nach der Mahlzeit auf der Käseplatte gereicht werden. Gebacken und zu einem frischen Blattsalat gereicht, ist er ebenfalls eine leckere Delikatesse. Einen sehr reifen Jean de Brie serviert man an Käseliebhaber zum Auslöffeln als Dessert.

St. Florentin und **Villebarou**

ausgespochen: Säng Floräntäng und Willbaruh

Bei einem Frischkäse meint man doch, man könne als Verbraucher eigentlich ganz wortwörtlich davon ausgehen, dass es sich bei Frischkäse auch um ein frisches Produkt handeln muss und ein solches Produkt auch eine entsprechend kurze Haltbarkeit besitzt. Oder bin ich da zu konservativ? Schauen Sie bitte einmal bei Ihrem nächsten Einkauf in die SB-Regale des Handels und suchen Sie einen Frischkäse, der weniger als 2 Monate Haltbarkeitsdatum aufweist. Die meisten Frischkäse werden eine längere Haltbarkeit aufweisen und man fragt sich hier zu Recht, was an einer solchen Konserve noch frisch sein soll.

Wie kann man ein solches Paradoxon erklären? Nun. In der deutschen Gesetzgebung ist die Gruppe der »Frischkäse« ausschließlich nach dem Wassergehalt in der fettfreien Käsemasse bestimmt. Darüber hinaus ist bei dieser Käsegruppe bereits gesetzlich durchgesetzt worden, dass sie ausschließlich aus pasteurisierter Milch hergestellt werden darf.

Alle Frischkäse werden heute »heiß« in zumeist rechteckige Plastikbecher abgefüllt. Sie werden sofort steril und hermetisch mit einer Deckelfolie und einem Klarsichtdeckel verschlossen. Die Haltbarkeitsdaten liegen entsprechend der Forderungen der Handelsketten bei 10 bis 12 Wochen.

Was waren das noch für Zeiten, als es auch in Deutschland noch einen wirklich frischen »St. Florentin« aus Burgund in den Läden zu kaufen gab. Da konnte man noch die frische Säure der Milch wirklich schmecken. Es war ein Genuss mit einem solchen Käse die Käseplatte zu eröffnen, oder aus diesem Käse einen Käsekuchen zu backen, ihn mit Roquefort zu vermischen und eine herrliche Käsecreme daraus zu machen. Noch bis 1975 war dieses Produkt in runden Bechern mit einem Gewicht von 250g auch in Deutschland im Handel. Heute müssen Sie in sein Ursprungsland, die Yonne, reisen, um in der Gegend von Auxerre diesen Käse kaufen zu können.

So ähnlich erging es dem »Villebarou«, einem ebenso guten handgeschöpften Frischkäse aus Kuhmilch, der ursprünglich aus dem Loiretal bei Olivet kam, dann aber in den Alpen bei der Fromagerie Alpine hergestellt wurde. Inzwischen verschwand auch er vom deutschen Markt. Weil die Geschichte dieser beiden Sorten so symptomatisch für die Entwicklung und leider auch die Degeneration von Käse und des Umganges mit ihm ist, möchte ich ihnen mit diesem Buch ein Andenken setzen.

Das Bedauerliche an dieser Entwicklung ist, dass sehr viele Verbraucher irrtümlich glauben, dass lang haltbare Käse frischer seien als die mit nur kurzer Haltbarkeit. Gleichsam so, als wäre derjenige »Frischkäse«, der 60 Tage haltbar ist, auch noch am 59. Tag frisch. Das ist falsch. Wie oben erwähnt, bezieht sich der Begriff »Frischkäse« auf den Wassergehalt in der fettfreien Käsemasse und eben nicht auf seine wirkliche Frische und Unbehandeltheit. Leider gibt es nur noch wenige echte Frischkäse in Deutschland.

Büffelmozzarella Mozzarella di Bufala

Bei diesen Filata Käsen – auch Brüh- und Knetkäse genannt – wird der Käsebruch zunächst zu Bruchkuchen zusammengepackt, um ihn säuern zu lassen. Dann wird der gesäuerte Bruchkuchen wieder zerkleinert und mit heißem Wasser gebrüht, geknetet und zu Strängen auseinandergezogen. In Italien, der Heimat dieser Käse, heißt das »filare«. Von diesem Verfahren hat diese Käsefamilie ihren Namen. Der Käseteig wird durch diese Behandlung formbar wie Gummi und seine Textur wird faserig bis geschichtet, bei zunehmender Reifung verliert sich das wieder und der Teig wird feinkörnig.

Der Büffelmozzarella ist ein solcher Filata Käse, der noch aus 100% reiner Büffelmilch in Süd- und Mittelitalien in den Provinzen

Kampanien und Latium hergestellt wird und durch die Büffelmilch (siehe meine Beschreibung beim Sovrano aus Crema) sein besonderes starkes ausgeprägtes Aroma hat. Der Frischkäse hat 50% Fett i.Tr. und ist selbst bei kühler Lagerung und in Salzlake eingelegt zum schnellen Verbrauch bestimmt und nur kurzfristig haltbar. Trotz des hohen Preises übersteigt die Nachfrage das Angebot und so ist dieser Käse immer noch eine Rarität.

Als Wein kann ich Ihnen dazu einen Barbaresco empfehlen, aber auch alle anderen fruchtigen italienischen Rotweine eignen sich sehr gut.

Weichkäse mit weißer Schimmelrinde oder natur gereift

Weichkäse mit einer weißen, oft samtigen oder fasrigen Edelschimmelrinde, (penicillium candidum oder Penicillium Camemberti) die man bei den traditionellen Käsesorten, die ja weiterreifen, wegschaben oder abschneiden sollte, um sich den reinen Geschmack zu bewahren. Mit diesen Sorten sollte man, wenn man keine Frischkäse vorab serviert, bei einem Käsemenü beginnen, oder sie eben an die zweite Stelle rücken.

Brie de Meaux (AOC/AOP)
und ein Blick in die Geschichte Europas

Kaiser Karl der Große ist bei unseren französischen Nachbarn als »Charlemagne« und bei uns Deutschen als einer der großen Männer der Geschichte im Gedächtnis. Er residierte in Aachen, das die Franzosen Aix-la-Chapelle nennen. Er hatte bereits ein vereintes Europa unter seiner Herrschaft geschaffen. Wir benötigten nach der endgültigen Aufteilung dieses Reiches durch den Vertrag von Verdun im Jahre 843 mehr als 1100 Jahre, um dann zu dem friedlich zurückkehren zu wollen, was schon einmal war: Europa.

Was aber kann eine Geschichtsbetrachtung mit dem Brie zu tun haben? Dank der schriftlichen Überlieferung des Biografen Einhard, die er in seinem Kloster Seligenstadt schrieb, verfügen wir über den schriftlichen Nachweis, dass aus der Grafschaft Brie regelmäßig große, herrlich schmeckende Käse an den kaiserlichen Hof nach Aachen geliefert wurden. Ein Zeugnis über die 1200-jährige Geschichte dieses Produktes.

Aufzeichnungen des am Hofe in Versailles lebenden Aristokraten Louis de Rouvroy, Duc de Saint-Simon (1675-1755) beschreiben detailliert die kulinarischen Köstlichkeiten der Gastmähler am Hofe Ludwig XIV. Natürlich auch, was der »Sonnenkönig« sich so alles hat schmecken lassen und wer mit ihm speisen durfte. Zu diesen Gelagen gehörte der vorzügliche Weichkäse aus der Landschaft Brie, deren wirtschaftlicher Mittelpunkt schon damals die Stadt Meaux war.

Etwa 150 Jahre später machte der Brie erneut Geschichte. Diesmal im Wien des Jahres 1815, als nach den napoleonischen Kriegen, in deren Verlauf das erste Deutsche Reich im Jahre 1806 untergegangen war, der Friedenskongress in Wien tagte. Der Kongress sollte über die Neuordnung Europas beraten. Verhandlungsführer auf der Seite der siegreichen Alliierten Österreichs, Preußens und Russlands war der Staatskanzler Fürst Metternich. Auf der Seite Frankreichs stand als Botschafter Ludwigs XVIII. der Außenminister Charles Maurice von Périgord, Herzog von Talleyrand und Fürst von Benevent, besser bekannt als Fürst Talleyrand.

Der Graf von Viel-

Der Brie de Meaux war einst der Lieblingkäse des Fürsten Talleyrand

castel, Generalsekretär Frankreichs auf diesem Kongress, beschreibt in seinen Memoiren ein Gespräch zwischen dem Fürsten Metternich und Talleyrand, der in den höchsten Tönen die französische Küche und vor allem den Brie pries. Er behauptete, kein anderer Käse auf der Welt käme dem Brie de Meaux gleich. Verletzt in seinem Vaterlandsstolz und angestachelt von den übrigen Diplomaten, die dieser Szene beiwohnten, entschied Metternich, dass jede Delegation zum Abschlussbankett ihre bevorzugten Käse mitzubringen habe und dann solle doch bitte der Kongress entscheiden.

Als der Tag der Entscheidung gekommen war, saßen alle Diplomaten rund um den Tisch und warteten gespannt auf diese Käseprobe, die aus mehr als 60 verschiedenen Käse-Spezialitäten aus allen Ländern Europas bestand. Nach der Probe dieser wohl einmaligen Jury erfolgte eine Diskussion. Die Jury betitelte dann einstimmig – selbst mit der Stimme Metternichs – der sich nicht der Parteilichkeit bezichtigen lassen wollte – den Brie de Meaux zum »König der Käse« !

Die Statistik vom Beginn des 20. Jahrhunderts meldet: Auf dem Marktplatz von Meaux werden jeden Samstag ca. 20.000 Brie Torten für mehr als 100.000 Goldfranc verkauft, was einem heutigen Preis von ca. 13 Euro je kg entspricht.

Mit der Einführung des Pasteurisierungsverfahrens verlagerte sich die Produktion des Bries von den Bauernhöfen der Brie in die Milchindustrie Frankreichs und Deutschlands. Es wurde leider versäumt, den Namen Brie schützen zu lassen, sodass im Laufe der letzten 100 Jahre alle möglichen Weichkäse mit weißem Schimmel unter diesem Namen auf den Markt kamen, die aber mit dem König der Käse nun nichts mehr gemein hatten.

Erst durch das Gesetz vom 18. August 1980 wurde dann der echte Brie, der nach wie vor in kleinen Betrieben nach bäuerlicher Tradition naturbelassen aus Rohmilch hergestellt und gereift wird, unter den Schutz des Gesetzes der Appellation d'Origine (AOC/AOP) gestellt. Seitdem trägt er den Adelsnamen »Brie de Meaux«.

Die Milch für den echten Brie darf nur aus einem streng begrenzten Gebiet nach genau festgelegten Kriterien hergestellt werden. Für seine Erzeugung darf nur naturbelassene Rohmilch verwendet werden. Dieser Brie kann daher auch niemals 50% oder gar 60% Fett i.Tr. haben, sondern hat nur einen absoluten Fettgehalt von 20-22%, was bei der Käsegruppe der Weichkäse, zu der der Brie gehört, einer offiziellen Kennzeichnung von 45% Fett i.Tr. entspricht. Der Brie wird ganzjährig produziert. Er hat einen Durchmesser von 36cm, ca. 3cm Höhe und ein Gewicht – je nach Reifegrad von 2,8 bis 3,2kg. Jung ist er mit einem weißen Oberflächenschimmel, dem penicillium blancum, bedeckt. Nach mehr als drei Wochen beginnt die Oberfläche gelblich, dann hellbraun und dunkler zu werden und je nach weiterer Reifezeit von bis zu zwei Monaten bekommt sie eine unregelmäßige Oberfläche, die manche Verbraucher, die von Käse nichts verstehen, schon ziemlich irritieren kann. Diese dunkle und unregelmäßige Oberfläche beweist erst seine Echtheit. Wenn der Teig weich und durchgereift ist, entfernen Sie die Rinde. Genießen Sie nur den Teig des Brie de Meaux, am besten als Dessert. Er ist kein Brotbelag und seine Rinde dient nur zum Schutz während der Reifung und des Transports. Eine der besten Sorten ist der Brie de Meaux St. Simeon von der Fromagèr de la Brie.

Gönnen Sie sich dazu ein gutes Glas Rotwein aus Burgund – ich empfehle Ihnen einen Pommard, Volnay oder einen Savigny. Ein frisches Baguette dazu und der Genuss ist perfekt.

Brie de Melun (AOC/AOP)

Nur 55 Kilometer südöstlich von Paris – auf dem Wege nach Fontainebleau – liegt an den Ufern der Seine die Stadt Melun in der Landschaft Brie. Wie in Paris die Ile de Cité, so liegt auch hier der alte Kern der Stadt auf einer Insel in der Seine. Diese traditionsreiche Stadt wurde bereits im Jahre 52 vor Christus von den Römern urkundlich erwähnt. Schon im 6. Jahrhundert unserer Zeitrechnung wurde das Christentum von dem Missionar Aspais übernommen. Die ganze Gegend um Melun verehrt noch heute den Heiligen Aspais, nach dem auch die herrliche gotische Kathedrale mitten im Herzen der Stadt benannt worden ist.

Wer weiß noch, dass diese Stadt Melun, lange bevor Paris diese Funktion übernommen hat, über 300 Jahre französische Hauptstadt war. Die Capetinger – als Nachfolger der Karolinger –

regierten von hier aus das Land vom 10. bis zum 13. Jahrhundert. Aus dem Jahre 999 existieren Aufzeichnungen, aus denen hervorgeht, dass der in Melun regierende König Robert bereits den hervorragenden Käse dieser Stadt und dieser Region unter

Die Milch des Brie de Melun lässt man noch wie zu Urgroßmutters Zeiten bei Zimmertemperatur natürlich säuern

seinen Schutz stellte und ihn regelmäßig an seinen Hof liefern ließ. Es gibt nicht viele Käsesorten, die auf eine auf eine so lange Tradition zurückblicken können.

Der Brie de Melun hat nur 27cm im Durchmesser und wiegt ca. 1,5kg. Er ist im Gegensatz zum Brie de Meaux – der bei uns inzwischen weitaus bekannter ist – laktisch hergestellt. Das bedeutet, dass die Rohmilch nicht sofort mit Lab dick gelegt wird, sondern man die Milch, wie zu Urgroßmutters Zeiten, bei Zimmertemperatur natürlich säuern lässt, bis die milcheigenen Säurebakterien die Milch zum Gerinnen bringen und die Dickmilch entsteht, die dann sorgfältig in die Formen gefüllt wird. Der ausgeformte Brie hat eine Höhe von 3cm und wird ca. 6 bis 12 Wochen gereift. Durch die Produktionsmethode ist der Teig cremig, meistens geschlossen und speckig und nur im noch nicht ganzen reifen Zustand weist er ganz kleine Poren auf. Durch seine kleinere Form lässt er sich an der Theke besser handhaben als der große Brie. Die Oberfläche ist uneben

und weist große braune Stippen auf. Der Geschmack ist ebenfalls bedeutend kräftiger als der
des Brie de Meaux. Ein echtes Rohmilchprodukt –
ein Käse der unter dem Schutz der AOC-Gesetze
steht. Leider fehlt es ihm bisher noch in Deutschland an Reputation. Daher hat er es schwer, sich in
den Käsetheken des Handels zu behaupten, und
ist nur in denjenigen Geschäften zu finden, die für
ihre Kunden ein wirklich exquisites Sortiment vorbereiten.

Melun ist heute eine moderne und attraktive
Großstadt, die mit ihren Vororten über 100.000
Einwohner zählt und Hauptstadt des Departements »Seine-et-Marne« ist. Alljährlich wird am
ersten Wochenende im Oktober in dieser Stadt das
große Fest des »Brie de Melun« mit ihrer Käsebruderschaft in ihren blau-roten Gewändern ge-
bührend gefeiert. Der Bürgermeister, die ganze
Stadtverwaltung und alle Gewerbetreibenden stellen sich in den Dienst dieser Sache. Es gibt kein
Schaufenster, in dem nicht in irgendeiner Form die
Ladeninhaber in origineller Dekoration auf den
Brie und das Fest hinweisen. Es gibt neben den
echten Käsen herrliche Marzipantorten und Fisch-
und Fleisch-Pasteten in der Form des Brie. So
können jedes Jahr zu diesem Fest die Gäste aus
aller Welt, viele Bruderschaften und Folklore-
gruppen, die aus allen Regionen Frankreichs nach
Melun kommen, begrüßt werden. Über die ganze
Stadt verteilt ist ein großer Käse-, Wein- und
Spezialitäten-Markt aufgebaut und überall kann
man diese herrlichen Köstlichkeiten verkosten und
kaufen. Besonders auch der Wein von Gaillac, der

von den Experten als der beste zum Brie de Melun passende Wein bezeichnet wird. Kein Wunder, dass auch die Bruderschaft der Winzer von Gaillac in ihren traditionsreichen Kostümen und ihrer Standarte zum bunten Bild dieses Festes beitragen.

Melun ist Partnerstadt von Vaihingen in Württemberg und Mitglied in der Arbeitsgruppe: »Käse verbindet die Städte Europas« und damit auch regelmäßig auf den immer am letzten Wochenende im August in Lindenberg im Allgäu stattfindenden Käse- und Gourmetfestivals mit seiner Bruderschaft und einem Stand vertreten. Die Delegationen der Partnerstädte werden alljährlich zum Fest des Brie de Melun im Rathaus der Stadt von der für die auswärtigen Beziehungen zuständigen stellvertretenden Bürgermeisterin, Madame Melot und dem Chef der Confrérie M. Roger Perrignon begrüßt.

Nach einem Jagdhornblasen wird vom Balkon des Rathauses der Bürgermeister das große öffentliche Fest eröffnen. Im Rathaus selbst findet dann der Concours mit der großen Käseprüfung und der anschließenden Preisverleihung statt. Auf den Straßen und Plätzen rund um die Kathedrale St. Aspais wird der große internationale Markt abgehalten, auf dem auch ausländische Hersteller von echten traditionellen Käsen eingeladen sind, ihre Spezialitäten vorzustellen.

Camembert de Normandie (AOC/AOP)
ein Sohn des Brie de Meaux

Der »Camembert« ist der wohl bekannteste Käse in Deutschland. Jeder glaubt ihn zu kennen. In Wirklichkeit ist dieser Name zu einem Synonym für fast alle Weichkäse mit weißblühender Rinde geworden. Die so bezeichneten Käse in Deutschland haben nichts, aber auch gar nichts mit dem Original gemein. Im 19. Jahrhundert wurde es leider versäumt, dieses Produkt schützen zu lassen. Der Name »Camembert« wurde so zu einem Freizeichen. Ich will gerne von der Historie dieses edlen Stückes Käse berichten.

Camembert ist ein kleines Dorf in der Normandie. Dort lebte in der zweiten Hälfte des 18. Jahrhunderts auf dem Bauernhof »Roiville« eine Bäuerin mit Namen Marie Harel, die auf ihrem Hof kleine runde Käse herstellte. Das Rezept, das sie verwendete, stammte aus dem 11. Jahrhundert. Diese Käse wurden »Angelot« (kleine Engelkäse: ange = Engel) genannt. Es gibt Nachweise, dass diese Käse schon im 11. und 12. Jahrhundert den Parisern bekannt waren. Marie Harel ließ sie natürlich reifen. Die Käse bildeten einen braunen und roten Schimmel mit grünen Flecken und waren im Geschmack ganz schön scharf. Sie verkaufte sie dann selbst auf den umliegenden Märkten.

Im Jahre 1792 herrschte für einige Zeit infolge der Revolution der nackte Terror in Frankreich. Von Paris aus griff dieser Terror dann auch auf die Provinz über. Am Abend des 23. August gegen 21 Uhr verhaftete man die 7 Pfarrer von Meaux (ca. 60km vor Paris). Monsignore Thuin, der Bischof des Bistums Seine et Marne, geboren in Montereau, war ein braver Landpfarrer und war den revolutionären Ideen gegen den Absolutismus durchaus zugeneigt. Als er aber dieses Klima der Gewalt der Revolutionäre erleben musste, versuchte er das Leben derer zu retten, die in Gefahr waren, dieser Gewalt zum Opfer zu fallen. Hilfe bedeutete damals vor allem Hilfe zur Flucht. Flucht ins Exil. Monsignore Thuin hatte Familienangehörige, die auf der Route nach England, im »Pays d'Auge«, in der normannischen Schweiz lebten. Eine Woche vor der Verhaftung aller Geistlichen in Meaux hatte Monsignore Thuin den Priester Gobert gewarnt und ihm geraten, die

Flucht über die Normandie nach England anzutreten und unterwegs bei seiner Familie Rast zu machen. Gobert war Pfarrer der Christopherus Gemeinde in Meaux.

Gobert wollte gerne den Rat beherzigen; er erreichte aber England gar nicht, sondern kam nur bis nach Camembert, wo er bei der Cousine des Bischofs – eben dieser schon erwähnten Bäuerin Marie Harel –

Der gut gereifte Camembert muss laufen

103

Unterschlupf fand und von ihr versteckt als Knecht auf dem Bauernhof leben und arbeiten durfte.

Er blieb auf dem Bauernhof länger als 1 Jahr, bis sich die Situation im Lande beruhigt hatte. Zum Dank für sein Versteck gab er Marie Harel den Rat: »Deine Milch ist genauso gut wie die in der Brie. Warum behandelst du deine Käse nicht genauso, wie wir in Meaux es tun?« Er erklärte ihr also, wie er mit seinen Ministranten in Meaux den Brie produziert und gereift hatte und wie man in der ganzen Region mit dem weißen Schimmel, dem »penicillium blancum«, für die Käseherstellung umgeht. Marie Harel setzte seine Ratschläge die Tat um und nach vielen Versuchen hatte sie bald »liebliche kleine Bries« produziert, die bedeutend besser aussahen als die bisherigen Angelots und im Geschmack auch sehr viel milder waren.

Auf dem Markt von Vimoutiers verkaufte Marie dann ihre neuen Käse und benannte sie nach ihrem Dorf, nämlich: »Camembert«. Die Käse hatten einen Durchmesser von 11 cm, eine Höhe von 5 cm und wurden aus 2,5 Liter Vollmilch hergestellt.

Pfarrer Gobert überlebte den Terror der Französischen Revolution und 1803 wurde er zum Monsignore von Lagny ernannt. Marie Harel überlieferte ihrer Tochter Marie die Rezepturanweisung des Pfarrers und diese setzte nach ihrer Heirat mit Thomas Paynel die Produktion fort. Sie hatten einen so großen Erfolg damit, dass im Jahre 1863 ihr Sohn, Victor Paynel, zum Hoflieferanten des Kaisers Napoleon III. aufstieg. Es ist auch bemerkenswert, dass eine deutsche Frau bereits in der Mitte des 19. Jahrhunderts von diesem Käse so begeistert war, dass sie in die Normandie reiste, um dort die Camembert-Produktion zu erlernen und in ihrer Heimat Sachsen die erste deutsche Camembert-Käserei in Heinrichstal gründete.

Heute steht an der Stelle in Vimoutiers, an der Marie Harel ihre ersten »Camemberts« verkaufte, eine kleine Statue zur Erinnerung. Ein begeisterter Amerikaner hatte sie gestiftet.

Ein echter Camembert de Normandie ist auch heute noch aus 2,5 Litern naturbelassener Rohmilch hergestellt. Die Milch darf nie über 37° C erwärmt werden. Er ist immer rund, niemals oval oder rechteckig, nie mit 30, 40 oder 60% Fett i.Tr. und nie 125, 200 oder 500g schwer. Alle diejenigen Käse, die in Deutschland ihres Aussehens wegen fälschlich Camembert genannt werden, sind in Wirklichkeit Weichkäse mit weißblühender Rinde. Ein echter Camembert hat ein Mindestgewicht von 250g. Aus seiner bestimmten Herstellung ergibt sich ausschließlich die Vollfettstufe, je nach Jahreszeit zwischen 45 und 50% Fett i.Tr. oder ein absoluter Fettgehalt von nur ca. 20g in 100g Käse. Auf den französischen Packungen findet man daher weder ein Gewicht noch eine Fettstufe vermerkt. Die besten von diesen echten Camemberts werden auch heute noch handgeschöpft in die Formen gefüllt, und zwar mit einer Kelle, deren Durchmesser dem der Käseform entspricht. Diesen Vorgang muss man mindestens fünf Mal hintereinander wiederholen. Man sagt in der Fachsprache: »Véritable Moulage Traditionnel« (handgeschöpft). Die Laiterie de Saint Hilaire de Briouze, F-61220 Briouze in der Normandie stellt noch heute einen solchen traditionellen Camembert her, der ehrenvoller Weise auch den Namen der Erfinderin »Marie Harel« trägt. Eine Köstlichkeit.

Diese Käse müssen mindestens 5 Wochen bis zum Versand reifen und sollten dann noch weitere 3-4 Wochen lagern, bis sie ihren optimalen Reifegrad erreichen. Wenn Sie ihn ein bisschen zu frisch eingekauft haben, reifen Sie ihn zu Hause weiter, in dem Sie die Schachtel in ein feuchtes Tuch wickeln und an einem kühlen Ort oder in der Gemüseschale Ihres Kühlschranks aufbewahren. Vergessen Sie nicht, die Schachtel jeden 2. Tag zu wenden. Wenn dann die Oberfläche leicht einfällt und braune Ränder und Flecken bekommt, dann ist der Teig innen hellgelb und weich geworden und weist kleine Poren auf. Der Kern ist durchgereift und beginnt zu fließen. Bei dieser Köstlichkeit lässt man den Käse mindestens 45 Minuten vor dem Verzehr auf Zimmertemperatur ausgleichen, entfernt vorsichtig mit Messer und Gabel die Rinde und genießt dann nur den zarten Kern.

Es gibt Variationen, bei denen die jungen Käse 15 Tage in Cidre (dem französischen Apfelwein) eingelegt werden und andere wiederum, die leicht mit Calvados gewaschen werden. Sowohl der Cidre als auch der Calvados (Apfelschnaps) sind Spezialitäten aus der Normandie. Der Camembert gehört zu einer guten Käseplatte und wird in der Reihenfolge vor den Käsen mit gewaschener Rinde und den Blauschimmelkäsen verzehrt. Es ist gut und dankenswert, dass die »echten Camemberts«, die es zuweilen noch gibt, das AOC/AOP Schutzzeichen mit dem Zusatz »de Normandie« bekommen haben, damit man sie von den vielen industriell hergestellten Plagiaten unterscheiden kann.

Jeder leichte Rotwein passt zum Camembert.

Carré de L'Est

Nach dem großen Erfolg, den die Käse mit weißblühender Rinde in der Brie und der Normandie hatten, wollten die Regionen Lothringen und Champagne an der Milchwirtschaft ebenso teilhaben und entwickelten den Carré de l'Est (der Viereckige aus dem Osten). Man darf nicht vergessen, dass sich zu Beginn des 19. Jahrhunderts, als die Pasteurisierung in der Milchwirtschaft eingeführt war, eine bedeutende Milcherzeugung etabliert hatte.

Es handelt sich hier um einen Weichkäse in quadratischer Form, der überwiegend industriell fabriziert wird. Es folgten schnell rechteckige oder ovale Formen mit verschiedenen Phantasienamen. Diese Käse wurden in großen Mengen produziert und exportiert. In Deutschland werden diese Sorten als »Camembert« bezeichnet, bloß deshalb, weil sie eine weiße Rinde haben. Heute werden diese Käse fast alle durch Ultrafiltration erzeugt. Es handelt sich um Käse der Weichkäsegruppe mit 45, 50 oder 60% Fett i.Tr. Er hat eine lange Haltbarkeit und Sie werden ihn überwiegend im Discounthandel finden. Seine weiße Rinde können Sie immer mitessen. Sie ist ganz angenehm im Geschmack. Ein guter Käse für den täglichen Gebrauch.

Chaource Saint Siméon (AOC/AOP)

ausgesprochen: Schahurs Saint Simeon

Das kleine Dorf Chaource liegt in der feuchten Champagne und der Käse von dort ist seit den Zeiten Karls des Schönen von Burgund schriftlich nachgewiesen. Die Königin Marguerite von Burgund verlangte ihn regelmäßig für ihre Tafel. In anderen Urkunden steht geschrieben, dass die Bauern dem Bischof von Langres 136 Chaource Käse als Geschenk sandten. Die Rezepturen wurden von den Vätern an die Söhne weitergegeben und es wird erzählt, dass in der ersten Hälfte des 19. Jahrhunderts die frischen Käse von einem Kaufmann names »Hugerot« von Bauernhof zu Bauernhof eingesammelt wurden. Er reifte sie dann weiter und brachte sie einmal wöchentlich mit seinem Pferdewagen nach Paris. Oft denkt man mit Sehnsucht an diese alten Zeiten und freut sich, dass trotz Industrialisie-

Der Chaource ist seit 1970 ein AOC/AOP-Käse

rung und dem zunehmenden Verschwinden der bäuerlichen Produktion doch kleine Käsereien weiter bestehen, die die Produktion noch fortführen. Als »Champagner aus der Käsetheke« wird der Chaource von Fachleuten oft bezeichnet. Er stammt auch aus den besonderen Böden der Champagne, dieser begnadeten Landschaft, in der auch nur der berühmte Champagner hergestellt wird. Gleich diesem herrlich prickelnden Getränk hat auch dieser Käse einen frischen, leicht säuerlichen und prickelnden Geschmack.

Der Chaource ist seit 1970 ein AOC/AOP-Käse. Er wird – wie der Brie de Melun (AOC) und der Epoisses (AOC) – laktisch hergestellt. Das bedeutet, dass der Käsereimilch zuerst gar kein Lab zur Dicklegung zugeführt wird – sondern man lässt die Milch durch die natürlichen Milchsäurebakterien in temperierten Räumen ca. 36 Stunden reifen (wie früher unsere Großmütter Dickmilch gemacht haben). Nur zum Schluss vor dem Schneiden der Dickmilch und der Weiterverarbeitung wird noch etwas Lab zugegeben, um der Dickmilch etwas mehr Molke entziehen zu können. Für den kleinen Chaource von 250g Gewicht benötigt man 2 Liter und für das große Modell 4 Liter unbehandelte Rohmilch.

Laktische Käse können Sie ganz einfach an der Art der Reifung und ihrem fettigen, weichen Teig erkennen. Typisch für einen laktischen Käse ist die relativ schnelle Reifung direkt unterhalb der Rinde und das Stehenbleiben eines Kerns im Inneren des Käses, der nur ganz langsam reift und bis zur Flüssigkeit des Käses führt, was für viele Gourmets einen Hochgenuss darstellt. Seine weiße Schimmelrinde hat einen leichten Pilzgeruch. Wenn der Käse gut gereift ist, verzichten Feinschmecker auf die Rinde.

Dass es bei einem Käsemenü respektive bei einer größeren Käseplatte auch auf die Reihenfolge beim Verzehr ankommt, sollten Sie immer bedenken. Wenn Sie ein solches vielfältiges Angebot für Ihre Gäste vorbereiten möchten und Sie keinen Frischkäse oder Triplecrème haben, empfehlen Sie den Chaource als erste Sorte unter den anderen zum Essen. Er ist milder als die anderen Weichkäse mit weißblühender Rinde. Nummerieren Sie Ihre Käseplatte ruhig. Ihre Gäste werden Ihre Kompetenz, die Sie damit beweisen, dankbar begrüßen. Der Chaource ist aber auch als leckerer Dessert-Käse zu empfehlen. Er liebt als Begleitung fruchtige Weine, sowohl weiße als auch rote. Haben Sie den Chaource schon einmal mit einem Glas Champagner probiert?

Einer der besten Chaource AOC ist der Saint Siméon 50% Fett i.Tr. Kleine runde Laibe in zwei Größen à 250g und à 500g.

Coulommiers

Östlich von Paris liegt zwischen den Ufern der Seine im Süden und der Marne im Norden die Landschaft Brie, eine ehemalige Grafschaft, die der gastronomischen Welt herrliche Käseköstlichkeiten schenkt. Die meisten Menschen verbinden heute mit dem Namen »Brie« nur eine Käsesorte und wissen nicht, dass es sich dabei um den Namen einer uralten Kulturlandschaft handelt, die bereits vor unserer Zeitrechnung von den Römern urkundlich erwähnt wurde. Die Karolinger ließen sich – laut heute noch existierenden Aufzeichnungen – aus dieser Landschaft Brie regelmäßig Käse an den kaiserlich-königlichen Hof in Aachen liefern. Welche Käsesorten können schon auf eine so lange Tradition zurückblicken?

Die drei Hauporte dieser Landschaft heißen Coulommiers, Meaux, und Melun und haben alle drei hervorragende unterschiedliche Weichkäse hervorgebracht, die den Namen dieser Städte als ihre Produktnamen in alle Welt getragen haben. Der bekannteste Käse dieser Region ist der große ca. 3kg schwere »Brie de Meaux«, der natürlich nichts gemein hat mit dem industriell hergestellten französischen Tortenbrie, den Sie heute in allen Supermärkten zu kaufen bekommen.

Der zweite ist der kleinere und ca. 1,5kg schwere »Brie de Melun«. Der kleinste dieser drei Brüder ist der »Coulommiers«, den wir jetzt hier behandeln wollen.

Der Coulommiers wird sowohl industriell aus pasteurisierter Milch als auch traditionell auf den Bauernhöfen und den kleinen Molkereien aus naturbelassener Rohmilch hergestellt

Der Coulommiers ist mit seiner Größe, einem Durchmesser von 17-20 cm und einem Gewicht zwischen 400 und 500g ein Mittelding zwischen dem Camembert und dem Brie. Man nannte ihn früher im Gegensatz zu den großen

Torten »Petit Brie«. Er hat sich heute eigenständig durchgesetzt und wird sowohl industriell aus pasteurisierter Milch als auch traditionell auf den Bauernhöfen und den kleinen Molkereien aus naturbelassener Rohmilch hergestellt. Industriell aus pasteurisierter Milch hergestellt, reift er nur 16 Tage und wird mit nur leichtem einwandfrei weißem Schimmelbelag (Penicillium Camemberti) verkauft. Die traditionellen Käse reifen jedoch mindestens 28 Tage bevor sie ihre Reise zu den Verbrauchern antreten und diese Rohmilch-Coulommiers haben ihr optimales Reifestadium dann erst ca. 3-4 Wochen nach der Lieferung erreicht. Der hier abgebildete St. Siméon Coulommiers ist solch ein traditioneller Käse, der bei einer Temperatur nicht unter 8°C und nur in einem feuchten Tuch gewickelt aufbewahrt werden darf und mindestens 1 Stunde vor Verzehr aus der Kühlung genommen werden sollte. Dem Hersteller, der Fromagerie de la Brie, muss man bescheinigen, dass er zur Produktion dieses Käses hervorragende Arbeit geleistet hat. Der Geschmack ist ausgewogen und etwas milder als der eines ausgereiften Camemberts. Der Käse hat einen leicht nussigen Charakter. Einfach lecker! Verbunden mit einem leichten Rotwein und einem Baguette ist dieser Käse eine wunderbare kleine Mahlzeit. Auf einer Käseplatte sollten Sie ihn vor dem Camembert, aber nach dem St. Olivier oder dem Chaource verzehren.

Gaperon

Die Laiterie de la Vallée de la Dore GARMY & Cie liegt in der Auvergne, zwischen Maringues und Lezoux im Zentrum Frankreichs. Diese Gegend in der Ebene von Limagnes ist berühmt für die Erzeugung von Knoblauch höchster Qualität.

Die Familie Garmy hat die handwerkliche Fertigung des in der Region schon seit Jahrhunderten von den Bauern hergestellten Käses Gaperon fortgeführt. Das Markenzeichen mit den überkreuz geführten gelben Bändern hatten sie sich patentieren lassen. Früher ließen die Bauern die Käse monatelang im Heu reifen und man schätzte die Brautgabe zur Hochzeit mit der Anzahl von Käsen, die von der Decke hingen. Der Käse wird aus leicht entrahmter pasteurisierter Milch der Auvergne hergestellt und hat 40% Fett i.Tr. und ca. 9cm Durchmesser, eine Höhe von 6-8cm und ein Gewicht von durchschnittlich 350g. Er wird ganzjährig hergestellt und mindestens 8 Wochen gereift.

Dieser halbrunde Käse ist mit viel Knoblauch und Pfeffer gewürzt

Zahlreiche Feinschmecker lieben den besonderen Geschmack des mit viel Knoblauch und schwarzem Pfeffer gewürzten Weichkäses. Der halbrunde Gaperon kann frisch oder gereift gegessen werden und macht sich auch optisch sehr gut auf jeder Käseplatte.

Man sollte ihn aber ziemlich zum Schluss einer Käseauswahl essen, denn sein kräftiger Geschmack überbietet und relativiert sonst die milderen Käsesorten. Der Käse kann auch gerieben auf Nudelgerichten und auf Sellerie und zu Sauerkraut verwendet werden. Lassen Sie Ihrer Phantasie einmal freien Lauf, wenn Sie Ihren Lieben daheim einmal etwas Besonderes bieten wollen. Trinken Sie dazu einen guten kräftigen Rotwein.

Neufchâtel (AOC/AOP)

ausgesprochen: Nöffschatel

Der herzförmige Neufchâtel stammt aus der Normandie. Man kann seine Existenz schon seit dem Jahre 1036 in einem Dokument der Abtei von Sigy de la Dime nachweisen. Es wird erzählt, dass während des 100-jährigen Krieges zwischen Frankreich und England die jungen Damen der Region den englischen Soldaten zu den Festen am Jahresende diesen Käse schenkten, um ihnen durch die Herzform dieses Käses ihre Zuneigung zu zeigen.

Heute wird dieser Käse ca. 30km von Neufchâtel-en-Bray im Département Seine-Maritime aus Kuhmilch hergestellt. Es ist ein Weichkäse mit weißblühender Rinde aus Kuhmilch, der jedoch sehr salzscharf ist. Meine mehrfachen Versuche, ihn schon wegen seiner ausgefallenen Herzform auch in Deutschland zu verkaufen, brachten wegen des starken Salzgeschmacks keinen Erfolg.

Er hat deshalb auch wohl sein Hauptabsatzgebiet in der eigenen Region und im Pariser Raum. Seit dem 11.01.1977 hat er das AOC Siegel. Die Gesamtproduktion beträgt immerhin 1000 Tonnen pro Jahr. Es gibt ihn in den Größen 100, 200 und 300g.

Olivet au Foin und **Olivet Cendré**

ausgesprochen: Ohliweh o Feun und *ssandreh*

Der mit Heu gereifte und der
in Asche gewälzte
In der südlich der Loire bei Orleans gelegenen Region dem »Loiret« gibt es eine kleine Stadt mit Namen Olivet. Von dort kommt ein milder Weichkäse, der auch heute noch mit einem Durchmesser von 12 bis 13cm und einer Höhe von 2,5 bis 3cm, einem Gewicht von ca. 300g nur handwerklich mit natürlicher Schimmelrinde auf den Bauernhöfen der Umgebung hergestellt wird.

Sein Ursprung geht auf das Kloster von Saint-Benoit-sur-Loire zurück. Man stellt normale Weichkäse her und lässt ohne Zugabe von Penicillium Candidum den natürlichen Schimmel auf der Oberfläche wachsen, und lässt die Käse dann in Heu zu Ende reifen, dessen Geruch und Geschmack der Käse dann auch etwas annimmt. Es ist ein reiner Saisonkäse, der nur in den Monaten Mitte April bis Ende Juni produziert wird, in denen die Felder bestellt sind und die Ernte noch nicht reif ist, weil seine Herstellung viel Handarbeit erfordert, für die die Bauern bei Aussaat und Ernte keine Zeit haben. Wegen seines saisonalen Charakters ist er auch außerhalb seiner Ursprungsregion nur wenig bekannt. Als echte Spezialität gehört er jedoch in dieses Buch. Ich habe ihn früher auch in Deutschland verkauft und fand seinen Geschmack ausgefallen aber verführerisch und vollmundig.

Eine Variante des gleichen Käses wird unmittelbar nach den ersten Tagen in Asche von verbrannten Weinstöcken, die man zuvor sorgfältig durchgesiebt hat, gewälzt und reift dann zu Ende.

Beide Sorten weisen durch ihre natürliche Rinde grünlichblaue Schimmelstippen auf, die man vor dem Verzehr leicht abschaben sollte.

Dazu werden die wunderbaren Weißweine der Loire getrunken.

Salva Cremasco
Strada de Gusto

Kontaktadresse:
Vincenzo Cappelli
Via Porto Franco 10
I-26013 Crema

Saftige Wiesen und weite Reisfelder bestimmten bis vor einigen Jahren hauptsächlich das Landschaftsbild dieser fruchtbaren Po-Ebene. Zwischen Bergamo im Norden, am Südrand der Alpen und der berühmten Geigenbauerstadt Cremona im Süden (Heimat von Stradivari), findet man viele kleine Dörfer mit weit auseinander gelegenen großen Bauerngehoften. In den Restaurants und Gehöften an der »Strada de Gusto« – die Straße des guten Geschmacks – können Sie hervorragend essen und genießen.

Crema ist eine dieser Städte, die schon seit mehr als 5 Jahren im Internationalen Städtebund: »Käse verbindet die Städte Europas« sehr aktiv engagiert ist. Der Reisanbau in der Region ist sehr stark zurückgegangen, die Weidewirtschaft dagegen hat sich beeindruckend intensiviert. Deswegen konnten auch die Käse der Region weitaus mehr zur wirtschaftlichen Entwicklung der Region beitragen. Das Hauptprodukt des ganzen Milcheinzugsgebietes ist der GRANA PADANO. Professor Vincenzo Cappelli, der Leiter des Kulturamtes der Stadt Crema, organisiert alljährlich auf dem wunderbaren Platz vor dem alten romanischen Dom den internationalen Käsemarkt.

Wer zum ersten Mal nach Crema kommt, ist von der Schönheit und dem kulturellen Reichtum dieser Stadt, die über lange Zeit zur Republik Venedig und später zu Österreich gehört hat, tief beeindruckt. Fleißige Bürger und die Bauern der Umgebung haben Crema zu dem gemacht, was es heute ist: eine lebenswerte und bemerkenswert reiche Stadt. Crema ist auch die Wiege des »Salva Cremasco«, eines völlig ungewöhnlichen und außerhalb Cremas bisher kaum bekannten Käses. Gerade deshalb gehört er unbedingt in ein Buch wie dieses.

Salva Cremasco – dieser Name steht für eine lange lombardische Käsetradition, die seit der zweiten Hälfte des 8. Jahrhunderts begonnen hat. Dieser Käse ist ein weißer, rindenloser, quadratischer Käse von ca. 4kg Gewicht. Er wird ausschließlich aus der Vollmilch der Region, dem Lab, den eigenen Milchfermenten und Salz hergestellt.

Er reift ca. 12 Tage. So frisch wird er von den Einheimischen in Scheiben geschnitten, mit Olivenöl beträufelt, mit Rosmarin und frisch gemahlenem Pfeffer bestreut und zu eingelegten Paprika und Zwiebeln als Vorspeise oder als wunderbares Zwischengericht gereicht. Eine Portion reicht aus, um den Tagesbedarf an tierischem Eiweiß zu erfüllen.

Auf Stroh gereift, drücken sich die Formen der Strohhalme auf die äußere Rinde, welche im Laufe der mindestens 60 Tage währenden Lagerung eine leicht bräunliche Farbe bekommt, die in den Rillen von einem hellen Grünschimmel unterbrochen ist. Wenn der Milchzucker in Milchsäure gewandelt ist, kann man den Käse als hervorragende Zutat zu Tomaten mit Balsamico verwenden. Wenn man ihm noch weitere 6 Monate zur Reife gewährt, legt man ihn in kleine Würfel geschnitten in Olivenöl, Balsamico-Essig und scharfen kleinen Peperoni drei Tage ein und serviert ihn als besondere Delikatesse mit Akazienhonig oder in Verbindung mit einer leichten Senfcrème.

Dazu braucht man nur ein Chiabatta Brot und einen leicht gekühlten Weißwein aus der Region. Eigentümlicher Weise hat sich in Deutschland noch kein Importeur für diese Köstlichkeit gefunden. Alljährlich ist er jedoch auf dem Lindenberger Käsefest zu finden.

Weißlacker

Im landschaftlich herrlichen Bergland des Oberallgäus hat dieser Käse seine Heimat. Von den Gebrüdern Kramer aus Wertach wurde er schon 1876 kreiert. Sie wollten etwas anderes als die Allgäuer Backsteinkäse (Limburger und Romadour) schaffen, die zu der damaligen Zeit überall in den Dörfern der Region hergestellt und gereift wurden. Durch einen höheren Salz- und Fettgehalt erreichten Sie eine höhere Trockenmasse und damit eine längere Haltbarkeit. Da der Weißlacker vorwiegend zu Bier gegessen wurde, bekam er auch den Namen Bierkäse. Den richtigen Namen verdankt er seinem rein weißen Aussehen und der lackartigen Schmiere auf seiner Oberfläche. Der Käse hat keine Rinde.

Der Weißlacker wird ausschließlich aus pasteurisierter Milch in der Vollfettstufe hergestellt. Nach dem Einlaben und der Zerkleinerung des Bruchs wird er in würfelartige Formen gefüllt. Anschließend kommen die Käse für 48 Stunden in ein Salzbad und dann für eine 12- bis 15-wöchige

Kontaktadresse:
Allgäuland
Käsereien GmbH
87545-Sonthofen

Im landschaftlich herrlichen Bergland des Oberallgäus hat der Weißlacker-Käse seine Heimat

119

Reifung in einen kühlen Reifekeller, wo die Käse regelmäßig mit Salz bestreut und gebürstet werden. Anschließend werden die Würfel in Aluminiumfolie gewickelt und reifen nochmals 3 bis 4 Monate nach. Die Würfel sind nach dem Ausformen 1 bis 2kg schwer.

Der Teig ist hell und mit kleinen unregelmäßigen Bruchlöchern versehen. Er schmeckt stark, pikant bis salzscharf. Für die Selbstbedienungstheke wird er heute auch in kleine 60g schwere Würfel geschnitten.

Altenburger Ziegenkäse (GUB)

Kontaktadresse:
Peter Jülich
GmbH & Co KG
Planeten-
feldstraße 116
44379 Dortmund

Altenburg ist eine alte Residenzstadt in Thüringen und in Deutschland hauptsächlich bekannt durch die Altenburger Skatkarten mit ihren Skatregeln.

Dort in der sanft gewellten, fruchtbaren Hügellandschaft des Altenburger Landes werden Kühe wie auch Ziegen einträchtig nebeneinander gehalten. In Großbraunshain wurde aber schon um die Wende vom 19. zum 20. Jahrhundert ein Weichkäse hergestellt, der zwar überwiegend aus Kuhmilch und nur mit einem Anteil von 10 bis 15% Ziegenmilch hergestellt wurde, aber doch als »Altenburger Ziegenkäse« in den Handel kam. Auch während der ganzen DDR-Zeit wurde dieses Produkt – damals völlig ohne Ziegenmilch – unter dieser Bezeichnung als Delikatesse verkauft.

Der Betrieb der Familie Nehse war nach dem Krieg enteignet worden und der Erbe floh in den

Westen. Nach der Wiedervereinigung Deutschlands kämpfte Herr Nehse, der inzwischen in der Brüsseler EU Verwaltung zu einer einflussreichen Position gekommen war, erfolgreich um die Rückgabe des Betriebes und setzte es durch, dass der Name »Altenburger Ziegenkäse« trotz des gerin-

gen Ziegenmilchanteils von 15% als geschützte Herkunftsbezeichnung anerkannt wurde. Er baute einen völlig neuen Betrieb, und ich selbst war in den Jahren 1992 bis 1995 maßgeblich daran beteiligt, dass dieses Produkt wieder eine Position im Handel bekam. Herr Nehse verstarb jedoch kurz darauf. Seit 1999 wurde dann der Betrieb von Peter N. Jülich jun., der seine Vertriebsfirma in Dortmund hat, übernommen. Die Käserei Altenburger Land gehört seitdem zur Rotkäppchen-Familie.

Der Altenburger Ziegenkäse ist als Spezialität den Liebhabern milder Käse gerade recht, insofern ihnen der Geschmack eines puren Ziegenkäses zu streng ist. Die grüne Packung mit den Ziegen hat ein Gewicht von 250g und ist heute in vielen Käsetheken zu finden.

Der Altenburger Ziegenkäse wurde trotz des geringen Ziegenmilchanteils von 15% als geschützte Herkunftsbezeichnung anerkannt

121

Weichkäse mit gewaschener Rinde

Auf einem Weichkäse würde sich wegen des hohen Wassergehaltes und der hohen Feuchtigkeit in den Reiferäumen, wenn man ihn nicht mit Edelschimmel besprüht, ein grauer oft haariger natürlicher Schimmel bilden. Um das zu verhindern werden die Käse dieser Gruppe regelmäßig abgerieben oder gebürstet, in der Regel mit Salzwasser oder mit Wein gewaschen. Das hat die Entwicklung von leicht rötlichen, klebrigen Bakterien (Rotschmiere) zur Folge, die eine Haut bilden und die Weichkäse von außen nach innen reifen lassen. Die Käse haben einen sehr würzigen bis äußerst pikanten Geschmack und können auch sehr stark duften.

Affidelice Berthaut
Bruder des Epoisses

Der mit Chablis gewaschene !

In der reichen Region von Epoisses gab es in den vergangenen Jahrhunderten viele Weichkäse, die mit den Weißweinen aus Burgund gewaschen wurden. Diese Behandlung gab diesen Käsen ihr besonderes Aroma.

Semur en Auxois mit seiner herrlichen Altstadt und seiner Burg ist die Kreisstadt, zu der auch der Ort Epoisses gehört. Die Familie Berthaut hat diese alte Tradition des »Waschens« von Weichkäse mit Weißwein wieder aufgenommen und benutzt dazu den prestigeträchtigen echten »Chablis«, der weit über die Grenzen Burgunds hinaus den Ruf dieser Ortschaft in alle Welt getragen hat.

Dieser Spitzenwein verleiht dem Käse sein bernsteinfarbenes Äußeres, seinen reinen unverfälschten Geschmack und die Pfiffigkeit seines Duftes.

Der Affidelice wird nach der Dicklegung der unbehandelten Milch handgeschöpft und nach der Entnahme aus den Formen nur leicht trocken gesalzen; er hat 50% Fett i.Tr., einen Durchmesser von 95mm und eine Höhe von 40mm.

Er hat ein Gewicht von 200g und benötigt 5 Wochen für seine Reife. In dieser Zeit wird er 10-12 Mal mit Chablis gewaschen.

Die Frucht der Erde, die sich über die Milch und den Wein in dieser gastronomischen Delikatesse wiederfindet, macht mit der Erfahrung und dem Wissen der Herstellerfamilie aus diesem Affidelice ein außerordentlich erfolgreiches und delikates Produkt. Wie beim Epoisses wurde eine besondere Verpackung geschaffen.

Der Affidelice wird nach der Dicklegung der unbehandelten Milch handgeschöpft und nach der Entnahme aus den Formen nur leicht trocken gesalzen

Der Affidelice wird in eine Papiermanschette gehüllt, um eine direkte Verbindung mit dem Holz der Holzdose zu vermeiden. Die Dose selbst ist mit einer perforierten Folie verschlossen, damit der Verbraucher beim Einkauf einen Blick auf den Käse nehmen

kann. Diese Dose bietet einen optimalen Schutz für den Transport bis zu Ihnen.

Weinempfehlung: Chablis.

Aisy Cendré Berthaut
Bruder des Epoisses

Der in Asche gereifte!

Im 19. Jahrhundert entstand das Original dieses Käses in dem Dorf Aisy-sur-Armancon, ganz in der Nähe von Epoisses. Dieser Käse gehörte zum täglichen Leben der bäuerlichen Bevölkerung, die ihr Produkt mit der selbst gewonnenen Holzkohlenasche aus ihren Feuerstellen konservierte. Die Käserei Berthaut hat dieses alte, burgundische Rezept wieder entdeckt und zu neuem Leben erweckt. Künstlich erzeugte und zerstoßene Holzkohle wird nicht verwendet. Nur echte, sorgfältig durchgesiebte Holzkohlenasche wird für die Reifung dieses Käses verwendet. Er wird mit einem Durchmesser von 110mm, einer Höhe von 35mm, einem Gewicht von 250g und 50% Fett i.Tr. hergestellt und einen Monat lang in dieser Asche vergraben. Dort reift er, bevor er dann in einer Holzdose verpackt wird, die dem Verbraucher einen Blick auf dieses außergwöhn-

Nur echte, sorgfältig durchgesiebte Holzkohlenasche wird für die Reifung des Aisy Cendré verwendet

liche Produkt freigibt.

Dieser Käse ist eine Rarität, die nur in kleinen Mengen produziert und geliefert wird. Trotz der kleinen Mengen wird er auch nach Deutschland eingeführt.

Es ist zu empfehlen, die Aschenrinde vor dem Verzehr mit einer Messerspitze leicht abzuschaben und nur den Kern zu genießen.

Weinempfehlung: Ein Côte de Nuits Villages oder ein anderer trockener Weißwein aus Burgund.

Epoisses (AOC/AOP) - **Berthaut**

Der authentische Geschmack !

Dieser außergewöhnliche Käse vereinbart das Beste, was man aus Milch machen kann, in sich. Der hoch elegante und extrem arbeitsaufwändige Käse kommt einer Symphonie von W.A. Mozart gleich. Hat man den ersten Bissen auf dem Gaumen, merkt man sofort, welch absolutes Meisterwerk hier entstanden ist. Der Epoisses ist seiner Legende würdig und überzeugt in vollkommener Ausgewogenheit wie kaum ein anderer Weichkäse in den Nuancen von cremig charmant, kräftig und zugleich elegant duftend. Er verdankt seinem Namen dem alten befestigten Ort im Herzen von Burgund, nördlich der burgundischen Hauptstadt Dijon in der Region Auxois. Dort wird seit mehr als 600 Jahren, entstanden aus klösterlicher Tradition, ein handgeschöpfter Käse gefertigt, der den Namen der Ortschaft »Epoisses« trägt. Nach der Aufhebung des Klosters verlagerte sich die Produktion auf die Bauernhöfe der Region. Napoléon I. soll eine besondere Vorliebe für diese Delikatesse gehabt haben. Die Familie Berthaut ist seit Generationen im Ort Epoisses ansässig und pflegt als Familienbetrieb bis heute die traditionelle Herstellung dieser Spezialität. Aus der Tradition des Epoisses Berthaut entstand 1956 die Fromagerie Berthaut. Erst 1991 bekam diese Käsesorte, nach langem Streit gegen verfälschende Nachahmungsprodukte die Auszeichnung und die geschützte Herkunftsbezeichnung als »Epoisses AOC«. Ich hatte mich dafür eingesetzt, weil die auf dem deutschen Markt auftauchenden Plagiate so ärgerlich sind.

Für die Herstellung eines kleinen Epoisses werden gut 2 Liter, für einen großen ca. 7 Liter einer besonders sorgfältig ausgewählten Milch der Region verwendet. Er benötigt eine ganz besondere Art der Herstellung. Die Milch wird langsam bei Zimmertemperatur auf natürliche Weise und mit natürlichen Milchsäurebakterien dick gelegt (laktische Produktion). Dieses Verfahren gibt dieser Köstlichkeit seine unvergleichliche Zartheit, seinen Schmelz und seine Weichheit. Der Käsebruch wird nur grob geschnitten und sorgfältig von Hand geschöpft, damit die Molke gut abtropfen kann. Die Käse werden behutsam trocken gesalzen und in einem von kalter Luft durchströmten Raum getrocknet. Dann beginnt die 5 bis 6 Wochen dauernde Reifung, während die Käse zwei bis drei Mal pro Woche von Hand gewaschen werden. Zunächst mit destilliertem Wasser, das mit einem Anteil von 10% »Marc de Bourgogne« (der

Burgundische Tresterschnaps), vermischt wird. Dieser Anteil muss bei jeder Waschung zunehmend um jeweils 10% Marc de Bourgogne erhöht werden. Die letzten beiden Waschungen werden mit reinem »Marc de Bourgogne« vorgenommen. So geschieht das Wunder von Epoisses: Die natürlichen Mikrobakterien und die farbigen Gärungsstoffe der Erde, die über das Futter der Kühe in die Milch gelangt sind, zeigen ihre Wirkung. Der Käse färbt sich – ohne Zusatz von Farbstoff – von hellgelb zu orangerot. Er nimmt die Farbe der Erde von Burgund an, vor allem aber die der Region um Epoisses. Nach 5-6 Wochen ist diese Köstlichkeit mit all ihren Momenten geradezu symphonisch gereift. Nun kann dieses Kunstwerk seine Reise zu den Genießern in aller Welt antreten. Dieser Käse eröffnet eine eigene Welt voller Geschmackseindrücke. Sein Geruch ist durchdringend und das Aroma des Marc unverkennbar.

Um die Qualität dieses edlen Käses bis zum Konsumenten zu erhalten, wurde eine Verpackung geschaffen, welche die natürlichen klimatischen Verhältnisses des Reifekellers nahezu identisch nachahmt. Deshalb sollte der Käse auch nicht direkt mit einer luftdichten Folie in Verbindung kommen, da ihm sonst die Luft und Feuchtigkeit fehlt. Bei der üblichen Lagertemperatur von +6° bis 10° C schafft er sich selbst im Innern der Holz-

Für die Herstellung eines kleinen Epoisses werden gut 2 Liter, für einen großen ca. 7 Liter einer besonders sorgfältig ausgewählten Milch aus dem Burgund verwendet

schachtel sein bevorzugtes Reifeklima. Wichtig ist, dass er gut geschützt wird vor seinem ärgsten Feind, der trockenen Luft, die in den Kühlräumen, Kühltheken und Kühlschränken herrscht. Auf diese Weise in eigener klimatischer Sphäre bewahrt, vermag er seine Reifezeit auch im Handel und in der Gastronomie zu verlängern. Oder bei dem Verbraucher, wenn der einen ganzen Käse kauft, ihn entweder in seiner Holzdose belässt oder ihn nach dem Anschnitt nur in ein feuchtes Tuch wickelt. Spezialisten lassen es sich nicht nehmen, den Epoisses vor dem Verzehr nochmals mit einem Tropfen »Marc de Bourgogne« zu bestreichen. Dann gelangt sein starker Duft, sein Aroma zur vollen Entfaltung all seiner Geschmacksnuancen in ausgesprochener Feinheit und Würze. Nach dem Anschnitt sollte das Paket mit der Glocke, die speziell für diese Käse entwickelt wurde, auch wieder verschlossen werden, um das mikrobiologische Klima zu erhalten.

Für einen ausgereiften, schon flüssigen Epoisses eignet sich ein leichter, roter Beaujolais.

Hervé (AOC/AOP)

Das Gebiet des heutigen Belgien profitierte sehr stark nach dem Gallischen Krieg von dem Wissen und der Tatkraft der Römer, bis das römische Reich am Ende des 5. Jahrhunderts ein unrühmliches Ende nahm. Ein germanischer Stamm zog in die Region und brachte neue Sitten und Sprachen mit. Einige Stammesmitglieder siedelten im Norden in ein raues und ziemlich unfrucht-bares Sumpfgebiet, andere ließen sich im Süden nieder, lebten und vermischten sich mit der ansässigen belgischen Bevölkerung, die natürlich inzwischen stark romanisiert war. Das Nebeneinander von germanischer und lateinischer Sprache führte im Laufe der Jahrhunderte zur heutigen Spaltung in den flä-

mischen und wallonischen Teil. Nachdem die Franken die Herrschaft übernommen hatten, konnte sich auch das Christentum dauerhaft verwurzeln. Allein in den Jahren zwischen 625 und 730 entstanden auf dem Gebiet des heutigen Belgiens ca. 50 Klöster, deren wirtschaftliche Grundlage die Produktion von Käse war, bis die Mönche alles durch Eindeichung der Salzmarschen trocken gelegt hatten. Damit war die Grundlage für den Ackerbau und das Bierbrauen als neuen Wirtschaftszweig ermöglicht.

Zu einer Käserenaissance kam es dann in der zweiten Hälfte des 19. Jahrhunderts. Immer mehr Molkereien und Käsereien entstanden, weil die Nachfrage der städtischen Bevölkerung nach Butter und Käse immer größer wurde. Dadurch entwickelte sich dann die industrielle Käseerzeu-

Der Hervé ist ein Rotschmierweichkäse in Würfelform; er wird aber auch in vier rechteckigen Formaten von 50g, 100g, 200g und 400g Gewicht hergestellt

gung. Belgien war neben Frankreich ein Käseland, das proportional zu seiner Größe einmal eine große Käsevielfalt und Tradition besaß. Die meisten Käsesorten haben jedoch heute nur noch lokale Bedeutung oder sind nur industrielle Schnittkäse des Typs Gouda und Saint Paulin. Ab Mitte der 60er Jahre interessierte man sich wieder für die Traditionskäse. Viele Käser streiften durch das Land und suchten nach Spuren alter Rezepte, Mythen und Märchen in alten Klöstern und Guts-höfen, um nach vergessenen Käsesorten zu for-schen. Viele der wiederentdeckten Spezialitäten verdanken ihr Überleben einer flüchtigen Be-schreibung auf irgendeiner Seite eines Buches oder Briefes, schafften jedoch auch nach ihrer Wiederbelebung nicht erneut den Sprung zu inter-nationaler Bedeutung.

Von den Spezialitäten ist eigentlich nur der Hervé übrig geblieben, der als ein traditioneller Weichkäse mit Rotschmiere aus der Provinz Lüttich – neben dem Brie und dem Roquefort – an den Hof Karls des Großen in das nahe gelegene Aachen geliefert wurde. Karl der Große war sorg-sam darauf bedacht, dass seine Geschichtsschrei-ber die Produkte seines riesigen Reiches mit dem nötigen Lob bedachten. Glücklicherweise. Der Hervé ist ein Rotschmierweichkäse in Würfel-form; er wird aber auch in vier rechteckigen Formaten von 50g, 100g, 200g und 400g Gewicht – ähnlich dem deutschen Romadur – hergestellt. Seine Reifezeit in feuchten Kellern beträgt je nach der Größe 5-6 oder 8-12 Wochen, während er ständig mindestens zweimal wöchentlich mit

Salzlake und Rotschmiere gebürstet wird. Deshalb ist seine Rinde orange-gelb, mattglänzend und leicht feucht. Der Hervé weist eine starke Ähnlichkeit mit dem französischen Maroilles auf. Er hat einen durchdringenden Geruch und einen ausgesprochen kräftigen Geschmack. Ein Käse für ausgesprochene Liebhaber.

Zu diesem rustikalen Käse isst man ein kräftiges Brot und trinkt dazu am besten ein helles Bier und danach einen Genever.

L'ami du Chambertin

ausgesprochen: lahmi düh Schambertäng

Bei diesem Käse handelt es sich um einen nahen Verwandten der schon beschriebenen Weichkäse aus Burgund. Dieser wird ebenfalls aus roher Kuhmilch hergestellt und stammt ursprünglich aus dem Dorf Gevrey-Chambertin in Burgund. Es sind kleine runde Laibchen mit 50% Fett i.Tr. und 250g Gewicht, die mindestens vier Wochen reifen müssen und während dieser Zeit mit Wasser und Marc de Bourgogne behandelt werden. Die Oberfläche ist rötlich, der Teig sehr weich und in vollreifem Zustand geradezu flüssig. Der Geschmack ist vollmundig und der Geruch sehr kräftig.

Langres (AOC/AOP)

ausgesprochen: Lahngre

Langres ist eine der ältesten Städte im Norden Frankreichs und liegt 475m über N/N auf einem Felsen. Man gelangt auf dem Weg von der Champagne nach Burgund zwischen Chaumont im Norden und Dijon im Süden in diese Stadt, die im Département Haute-Marne liegt. Es ist die Heimat des Langres AOC, eines Weichkäses, der dort in zwei Größen aus nicht pasteurisierter Kuhmilch hergestellt wird und seit 1991 den Schutz des AOC genießt. Das kleine Modell hat 10cm Durchmesser, eine Höhe von 5-6cm und ein Gewicht zwischen 200g und 300g. Das größere Modell wiegt zwischen 750g und 900g. Der Käse hat 46 bis 50% Fett i.Tr. Von dem Langres AOC gibt es jährlich nur eine relativ kleine Produktion von 320 Tonnen. Der Käse fällt aber in jeder Theke sofort durch eine deutlich erkennbare Vertiefung in der Mitte der Oberfläche auf, die nach 3 Wochen Reifung mindestens 5mm tief sein muss. Die Franzosen sagen »Fontaine« zu dieser Vertiefung. Sie entsteht dadurch, dass dieser Käse während seiner Reifezeit nicht gewendet wird, sondern immer auf seiner Unterseite liegen bleibt. Die Oberfläche

Die zarte, feuchte und meistens glänzende Rinde wird bei dem Langres mitgegessen

Weichkäse mit gewaschener Rinde

wird regelmäßig mit Salzwasser beträufelt, dem der rote aus dem tropischen Rukubaumes gewonnene Farbstoff, Annato, in Frankreich »rocou« genannt, beigegeben wird. Ohne ihn anfassen zu müssen, erkennen Sie sein Alter und seinen Reifegrad an der rotbraunen Farbe und an seiner »Fontaine«. Die zarte, feuchte und meistens glänzende Rinde wird bei diesem Käse mitgegessen.

Probieren Sie diesen feinen Käse, in dem sie unmittelbar vor dem Verzehr in die Vertiefung einige Tropfen Marc de Bourgogne (der phantastische Tresterschnaps aus der Region – siehe Epoisses) oder Marc de Champagne hinein tröpfeln und kurz einziehen lassen. Diesen Geschmack wird man nicht vergessen.

Weinempfehlung: Alle rote oder weiße Burgunderweine.

Livarot (AOC/AOP)

ausgesprochen: Liehwaroh

Im 19. Jahrhundert wurde dieser ebenfalls aus der Normandie stammende Käse das »Fleisch der Armen« oder das »Fleisch der Arbeiter« genannt. Damit sollte ausgedrückt werden, dass der Livarot der meist gegessene Käse der Normandie war. Sicher wurde er schon zur Zeit des ausgehenden Mittelalters erschaffen und hat seinen Namen von einem kleinen Dorf, das südlich von Lisieux liegt.

Die Milch für dieses (AOC/AOP) Produkt darf nur aus den Departements Calvados und l'Orne

133

Das Waschen beseitigt den natürlichen Weißschimmel und lässt Rotschmierbakterien entstehen

kommen. Der fertige Käse hat nur 40% Fett i.Tr., da seine Milch leicht entrahmt wird. Der Bruch wird geschnitten und dann geknetet, um etwas mehr Molke gewinnen zu können. Dann wird er in runde Formen gefüllt, die für das kleine Modell einen Durchmesser von 9-10,5cm und für das größere Modell 12-13cm haben. Dadurch entstehen Käse mit einer Höhe von 4-5cm und einem Gewicht von 350g bzw. 500g. Es ist ein Weichkäse mit gewaschener Rinde, der mit dem Gesetz vom 17.12.1975 unter den Schutz der AOC gestellt wurde.

Seine Konsistenz ist etwas fester als die des Pont l'Evêque. In der Mindestreifezeit von 6 Wochen wird er regelmäßig mit einer schwachen Salzlösung, der etwas Annato beigegeben wird, gewaschen und gewendet. Er entwickelt einen ausgeprägten, kräftigen Geruch, der sich noch verstärkt, wenn er drei Monate ausgereift ist. Das Waschen beseitigt den natürlichen Weißschimmel und lässt Rotschmierbakterien entstehen.

Das charakteristische Erkennungsmerkmal sind seine umlaufenden fünf Streifen, die früher ausschließlich aus Riedgras (Typha latifolia) und heute überwiegend aus hellgrünem Papier sind. Dieses

Papier wird noch mit der Hand um den Käse gewickelt. In Frankreich nannte man ihn aufgrund dieser Erkennungsstreifen des militärischen Dienstgrades »Colonel«. Man hat ihn früher nackt ausgeliefert. Heute sieht man ihn meistens in Holzspahnschachteln mit dem Etikett der verschiedenen Anbieter. Der Livarot ist sehr kräftig im Geschmack. Im Mund löst sich der etwas nach Dörrfleisch erinnernde Käse wie von selbst auf. Ein zu starker Ammoniakgeruch deutet darauf hin, dass der optimale Reifegrad überschritten ist. Die Rinde sollte man bei diesem Käse mit den Bändern leicht abschaben und nur den Kern verzehren.

Weinempfehlung: Ein Pinot gris d'Alsace oder ein Tokaier, aber auch ein Côtes du Rhone passen zu diesem Käse.

Maroilles (AOC/AOP)

ausgesprochen: Maroall

Der Maroilles ist ein sehr charakteristischer Weichkäse, der schon im 7. Jahrhundert durch die Mönche der Benediktiner-Abtei Maroilles in der Thiérache, einer kleinen Gemeinde in der l'Avesnois, ganz im Norden Frankreichs hergestellt wurde. Sie behielten dieses Privileg bis zum Ende des 11. Jahrhunderts.

Heute erstreckt sich das Gebiet, in dem der Maroilles mit dem AOP Zeichen hergestellt werden darf, zwischen den Regionen Hainaut und den

Seit 1976 hat der Maroilles den Schutz der AOC. Die Gesamtproduktion beträgt 2330 Tonnen jährlich

Ardennen (St. Quentin und Charleville) entlang der Grenze zu Belgien. Lange Zeit war es ein Käse, der ausschließlich auf den Bauernhöfen produziert wurde. Heute wird er in kleinen Molkereien der Region hergestellt. Er ist der Vorfahr des Pont l'Eveque sowie das Vorbild für zahlreiche andere Weichkäse mit gewaschener Rinde, wie der Livarot, der Münster, der Limburger und der Romadur. Er hat eine quadratische Form von 13cm Seitenlänge und eine Höhe von 6cm und ein Durchschnittsgewicht von 800g. Er ist jedoch fester in der Konsistenz und gehört zu den schärfsten Käsesorten Frankreichs. Seine Reifezeit beträgt mindestens vier Monate. Während dieser Zeit muss er regelmäßig gewendet und mit Salzwasser gebürstet werden. Bevor man seinen Geschmack auf der Zunge spürt, tritt zunächst die Nase in Aktion und man riecht durchaus seinen recht starken ammoniakhaltigen Geruch. Seine rote Rinde darf man ruhig vor dem Verzehr entfernen. Seit 1976 hat er den Schutz der AOC. Die Gesamtproduktion beträgt 2330 Tonnen jährlich. Er wird vorwiegend zum Ende einer Mahlzeit angeboten und in der lokalen Küche zu zahlreichen Rezepten verwendet.

Zu diesem Käse sollte man ein kräftiges Roggenbrot und eine Cidre genießen.

Mont D'Or (AOC/AOP)
Le petit Constant aus dem Hause Vagne

Der Mont d'Or (übersetzt: Der Goldene Berg) stellt die höchste Erhebung im Jura dar und bildet die Grenze zwischen den Schweizer Kantonen Jura und dem Jura Bernois einerseits und der französischen Provinz Franche Comté andererseits. Seit Jahrhunderten hat sich dort ein eigener Berufszweig der »Tannenrindenschäler« herausgebildet. Nach dem Fällen der Bäume werden nach dem Entfernen der groben Außenrinde mit speziellen Rundmessern die Innenrinden hauchdünn geschält und die langen breiten Rindenstreifen in einem besonderen Verfahren in schmale Streifen geschnitten und getrocknet.

Im Winter reicht bei den kleineren Käsereien die Milchanlieferung nicht aus, um die klassischen Käse der Region, den Comté – bzw. in der Schweiz »Le Gruyère« – herzustellen, weil man für einen Laib Comté ca. 500 Liter oder für einen Laib Gruyère ca. 350 Liter Milch benötigt. Also kamen die Menschen auf die Idee, einen kleineren Saisonkäse herzustellen. Der Mont d'Or ist ein Weichkäse und hat inzwischen den Schutz des AOC bekommen. So darf er nur aus

Bei der Produktion wird der Käsebruch direkt in Holzdosen verschiedener Größe gefüllt, die von innen mit dünnen Tannenrindenstreifen ausgelegt sind

Milch dieser Region und nur in den Wintermonaten hergestellt werden und auch nur bis Mitte April verkauft werden. Bei der Produktion wird der Käsebruch direkt in Holzdosen verschiedener Größe gefüllt, die von innen mit dünnen Tannenrindenstreifen ausgelegt sind. Der Käse reift dann direkt in diesen Holzdosen und wird auch in den Dosen bis zum Verbraucher gebracht. Demzufolge kann dieser Käse auch nur brutto für netto verkauft werden. Der Käse ist eine wunderbare Bereicherung des Speisezettels in den Wintermonaten.

Wir müssen streng unterscheiden zwischen dem echten Mont d'Or, der als reiner Saisonkäse und inzwischen als AOC Produkt nach dem oben geschilderten Verfahren in Frankreich aus Rohmilch hergestellt wird, und dem industriellen Produkt, welches unter verschiedenen Markennamen ganzjährig ohne diese spezielle Innenrinde als besonderen Geschmacksträger, z.B. »Clarine«, hergestellt wird. Achten Sie also insbesondere bei diesem Käse auf das AOC Zeichen.

Dieses Produkt sollte nicht als Brotbelag verwendet werden. Ich kann die Verbraucher nur bedauern, die sich aus den Holzdosen heraus in den Märkten 100g oder 200g dieses Käses von den nicht fachkundigen Verkäuferinnen herausschälen lassen. Es ist ein Käse für ein Freundschaftsessen und deshalb sollte der Mont d'Or nur in seiner Holzdose, die es ja in verschiedenen Größen gibt, ganz bis zum Endverbraucher gelangen.

Munster (AOC/AOP)

Die Heimat des Munsterkäses ist das Elsass. Dieser Käse hat eine lange Geschichte, die eng mit dem Kloster im Münstertal – heute »Vallée de Munster« – verbunden ist. Es waren Mönche im 7. Jahrhundert, die diesen Käse kreierten. Die Benediktiner-Mönche bauten dann im 8. Jahrhundert diesen Produktionszweig weiter aus und bald übernahmen die Bauern in den Vogesen die Produktionsweise für ihre eigene Ernährung und brachten dann die Käse auf die Märkte von Mühlhausen, Colmar, Obernai und Straßburg. Trotz seiner langen Tradition hat dieser duftende Käse über die Jahrhunderte nichts von seinem Charakter verloren.

Heute muss man vier Gruppen von Herstellern unterscheiden:

- Hofbauern (ca. 100),
- die kleinen Genossenschaftsmolkereien der Milchbauern,
- die industriellen Erzeuger und die
- Käsereifer (Affineurs) (z.Zt. 12)

Die Genossenschaften und die Industrie repräsentieren heute den überwiegend größten Teil der Produktion. Die Marken der Reifer spielen aber heute eine bedeutende Rolle im Vertrieb der qualitativ hoch stehenden traditionellen Sorten. Die Gruppen Sodial mit Riches Monts und Lactalis mit Xertigny und Les Petits Amis, sowie die beiden großen Genossenschaften L'Ermitage und Blamont beherrschen mehr als 50% des Marktes.

Kontaktadresse:
Grand Père A.
Fischer S.a.r.l.
7 Rue de la
Grand Cave
F-68980
Beblenheim

Die Käsereifer konnten sich aber bei den qualitätsbewussten Kundenkreisen mehr als 25% des Marktanteils bewahren.

Rohmilch oder pasteurisiert? Das Gesetz von 1969 zum Schutz als AOC Käse kam nach meiner Meinung zu spät, um noch ausschließlich die Rohmilchkäse zu schützen, da inzwischen 90% der Produktion aus pasteurisierter Milch hergestellt wurde. Also ist heute jeder Verbraucher dazu aufgefordert selbst darauf zu achten, ob der Munsterkäse, den er liebt und kennt, aus industrieller Fertigung stammt oder noch aus naturbelassener Rohmilch gefertigt wurde. Im Jahre 2002 wurden insgesamt 7800 Tonnen Munster verkauft, davon stammten 900 Tonnen aus Rohmilch verarbeitenden Molkereien und 546 Tonnen aus bäuerlicher Produktion. Diese Rohmilchmunster werden überwiegend an den Bedienungstheken des Handels verkauft, während die industriell produzierten Munster überwiegend in der Selbstbedienung zu finden sind.

Um gemeinsam diesen bekannten Käse herzustellen, verbanden sich die beiden Provinzen Elsass und Lothringen, und so darf die Milch aus insgesamt 7 Départements heute zur Herstellung verwendet werden. Ein Gebiet, das sowohl die Berge und Almen der Vogesen als auch die Weiden der Rheinebene und die Lothringens umfasst. Der größte Teil der industriellen Produktion von Sodial und Lactalis stammt von den Weiden der Ebenen. Deshalb treten einige der traditionsbewussten Käsereifer entschieden für eine Verkleinerung der AOC Zone ein, was zu heftigen polemi-

schen Diskussionen innerhalb der Berufsvereinigungen der Munsterkäsehersteller und Affineure
geführt hat.

Das Geheimnis seiner Herstellung und der
Reifung liegt in dem Unterschied, ob nur morgens
oder morgens und abends – also unmittelbar nach
dem Melken mit der noch körperwarmen Milch –
produziert wird. Wenn nur einmal pro Tag fabriziert wird, muss die Abendmilch am Morgen wieder auf die Gewinnungstemperatur erwärmt werden. Die Milch bleibt je nach Außentemperatur 6-
8 Stunden in offenen Behältern, um zu reifen und
durch die eigenen Milchsäurebakterien anzustocken, um sie dann mit Lab und Milchfermenten zu
impfen. Die Dickmilch (Gallerte) wird dann geschnitten und direkt in runde Formen gefüllt, die
Durchmesser zwischen 7cm und 19cm haben. Die
fest gewordenen rohen Käse können dann 24
Stunden später aus den Formen gehoben werden.
Nach der traditionellen Methode werden sie dann

Die Rohmilchmunster werden
überwiegend an
den Bedienungstheken des
Handels verkauft,
während die industriell produzierten
Munster überwiegend in der
Selbstbedienung
zu finden sind

trocken gesalzen, die
industriellen Käse hingegen kommen ins
Salzbad.

Der eigentliche Reifungsprozess beginnt
dann und die unterschiedliche Rotschmiere mit ihren verschiedenen Fermenten, die
dann mit Salzwasser zur
Waschung der Käse
verwendet wird, ist das

eigentliche Kapital der Unternehmen und das Betriebsgeheimnis. Alle zwei Tagen müssen sie gewaschen und gewendet werden. Mindestens 14 Tage beträgt die Reifezeit für die kleinen Formate mit einem Durchmesser von 7-12cm, einer Höhe von 2-6cm und einem Gewicht von 125 bis 200g; mindestens 21 Tage für die größeren, mit einem Durchmesser von 13 bis 19cm und zwischen 500 bis 1000g wiegenden Laibe. Es ist nicht so, dass der am kräftigsten schillernde Käse auch der qualitativ beste ist. Die Rinde muss leicht feucht bleiben und wird im Laufe des Reifungsprozesses hellgelb, leicht orange bis hin zu rot orange uns sollte mitgegessen.

Mit oder ohne Kümmel, das ist ebenfalls eine strittige Frage? Es gibt keine eindeutige Antwort, da es ja es eine Geschmacksfrage ist. Den Befürwortern der Zugabe von Kümmel, vor allem im Rheintal, wo man Kümmel auch viel in den Mezgereien und beim Sauerkraut verwendet, stehen die Puristen gegenüber, die der Meinung sind, dass dieses Gewürz den Geschmack des Käses überdeckt. Das AOC Gesetz sagt natürlich nichts darüber aus.

Das Haus Fischer in Beblenheim pflegt seit Generationen die Tradition. Der Autor selber kennt inzwischen vier Generationen dieser Familie. Die Traditionsmarke »Grand Père Fischer« hat wegen ihrer hervorragenden Qualität ihren festen Platz bei vielen deutschen Verbrauchern gefunden.

Pavé d'Auge

ausgesprochen: Pahweh dohsch

Ebenfalls ein Weichkäse mit gewaschener Rinde aus der Normandie, der nur »artisanal« – also handwerklich und »fermier« das heißt bei den Milcherzeugern auf dem Bauernhof selbst vom Frühjahr bis zum Herbst aus naturbelassener Kuhrohmilch hergestellt wird.

Er hat die Form eines Quadrats mit 11cm Seitenlänge und eine Höhe von 5-6cm, das einem Gewicht von 600g bis 800g entspricht und hat 50% Fett i.Tr. Er ist vergleichbar mit dem Pont l'evêque. Er wird während seiner zwei bis dreimonatigen Reifezeit jeden zweiten Tag mit Salzwasser abgerieben. Seine Rinde ist daher rötlich und eben. Er fühlt sich trotz seines weichen Kerns fest an. Der Geschmack ist sehr kräftig, leidenschaftlich und kann, wenn er nicht richtig behandelt wurde, leicht bitter werden.

Auch zu diesem Käse gehören ein kräftiges Brot und der Cidre.

Pont l'Evêque (AOC/AOP)

ausgesprochen: Pongleweck

Die Normandie habe ich schon beim Camembert beschrieben und dabei auch die »Angelot« erwähnt, die Vorgänger des Camembert. Pont l'Eêveque ist ein kleines Dorf in der Normandie und die von dort stammenden Käse wurden früher auch unter der Bezeichnung l'Angelot angeboten und im Jahre 1230 erstmalig erwähnt, im Roman von Guillaume de Lorris »Der Name der Rose«, der vor Jahren sehr erfolgreich verfilmt wurde. Die Käse wurden vorwiegend in den Klöstern des Pay d'Auge gefertigt und das Geheimnis ihrer Herstellung wurde dann nach Aufhebung der Klöster auf die Käsereien der Region übertragen, die aber nach wie vor nach den gleichen Prinzipien aus seiner Entstehungszeit arbeiten. Der Käse wird aus der noch körperwarmen Milch hergestellt und er unterliegt wie alle AOC Produkte den gleichen strengen Regeln, wie sie für alle diese »Adelsprodukte« gelten.

Mit seiner quadratischen Form, wird er in drei verschiedenen Größen hergestellt; klein (petit) mit 9cm Seitenlänge, mittelgroß (demi) mit 11cm im uadrat und groß (grand) mit 20-21cm Seitenlänge und einer Höhe von 4cm. E ist ein Weichkäse mit gewaschener Rinde, der mit dem Gesetz vom 24. Mai 1976 unter den Schutz der AOC gestellt wurde.

Er ist weich in der Konsistenz und sollte eine Mindestreifezeit von 6 Wochen haben, während der er regelmäßig mit Salzwasser gewaschen, gebürstet und gewendet wird. Einen ausgeprägten eigenen Geschmack entwickelt er nur, wenn er gut ausgereift ist. Einer der Besten ist der von Graindorge (Le Grain d´Orge), einer Privatkäserei. Bevor man den Geschmack wahrnimmt, tritt zunächst die Nase in Aktion und dieser Käse entwickelt einen sehr starken amoniakhaltigen

Geruch, und seine rote Rinde sollte man vor dem Verzehr entfernen. Die Gesamtproduktion beträgt 2330 Tonnen jährlich. Er wird vorwiegend zum Ende einer Mahlzeit angeboten und in der lokalen Küche zu zahlreichen Rezepten verwendet.

Auch zu diesem Käse sollte man ein kräftiges Roggenbrot reichen und ein gutes Bier oder einen Cidre (französischer, leicht moussierender Apfelwein) genießen.

Robiola und Taleggio (DOP)

Hier handelt es sich ebenfalls um zwei Weichkäse mit gewaschener Rinde aus Norditalien.

Der **Robiola** wird in Piemont, der Lombardei, im Tal des Po bis hinauf zum Anfang des Aostatals sowohl »artisanal« auf den Bergen, als auch in kleinen Betrieben industriell in den Tälern aus Kuhmilch hergestellt. Der Name stammt aus dem Lateinischen »rubium« (die Farbe Rosa); daraus wurde rubiola und robbiola. Es ist ein Sammelbegriff für verschiedene Käse. Im Langatal wird er auch aus Ziegen- und aus Schafmilch hergestellt.

Er hat meistens die Form eines Quadrates oder eines Würfels, gelegentlich gibt es ihn auch in runder Form. Die Käse sind weich im Teig und der Geschmack ist bei den frischeren Käsen mild (tipo dolce) und finessenreich, während dem länger ausgereiften Käse (tipo piccante) durchaus eine mittlere Würzigkeit zukommt. Die Rinde ist zartrosa und kann weiße und grüne Schimmelstippen aufweisen. Gelegentlich kann man noch die Abdrü-

Kontaktadresse: Consorzio per la Tutela del Formaggio Taleggio Viale Molise 62 I-20137 Milano

145

cke der Strohhalme auf seiner Oberfläche sehen, wenn er im Stroh gereift ist. Ein auch für Kinder sehr beliebter Käse.

Zu diesem Käse empfehle ich Ihnen die leichten Rotweine aus der Region.

Der **Taleggio** kommt ursprünglich aus der Gegend nördlich von Bergamo, vor allem aus dem herrlichen Hochtal des Valsassina, wo er zu Beginn des 11. Jahrhundert schon erwähnt wurde. Inzwischen wird er in der ganzen Lombardei und den angrenzenden Regionen aus pasteurisierter und vereinzelt auch noch aus Rohmilch hergestellt. Ich konnte auf meinen zahlreichen Reisen beobachten, dass große Mengen Taleggio als ganz frische (grüne) Käse aus Deutschland nach Italien geliefert wurden, um sie dann vor Ort vorwiegend auf Stroh zu Ende reifen zu lassen. Diese Nationalisierung zu italienischem Käse ist durchaus legal und erklärt sich durch das immer noch relativ kleine Milchaufkommen in diesen Gegenden.

Seit dem 1.6.1951 hat der Taleggio zwar den Schutz des italienischen DOP; allerdings regelt das Gesetz nicht die Herkunft der Milch im Gegensatz zu den strengen Regeln des französischen AOC. Viele Milchtankwagen

Der Taleggio wird ganzjährig und vorwiegend industriell als Quadrat mit einer Seitenlänge von 20cm, einer Höhe von 5 cm und einem Gewicht von 1,8 bis 2kg hergestellt

fahren täglich über den Brenner, um deutsche Milch zur Verarbeitung nach Italien zu bringen.

Der Käse wird ganzjährig und vorwiegend industriell als Quadrat mit einer Seitenlänge von 20cm, einer Höhe von 5cm und einem Gewicht von 1,8 bis 2kg hergestellt. Er hat 48% Fett i.Tr. und seine Reifezeit beträgt 6 bis 8 Wochen. Dann hat der Käse wie der Robiola eine roséfarbige Rinde mit einzelnen Schimmelflecken und einen hellgelben Teig. Der ausgezeichnete, würzige Geschmack hat ihn zu einem der beliebtesten italienischen Weichkäsen gemacht. Die Rinde schneidet ein Gourmet leicht ab.

Zu diesem Käse passt ein leichter fruchtiger Tafelwein.

Soumaintrain

ausgesprochen: suhmainträng

Unter diesem Namen gibt es zwei sehr unterschiedliche Käse aus Burgund und aus der Brie. Die alte Weichkäsespezialität mit gewaschener Rinde aus Burgund war bis vor 10 Jahren vom Markt verschwunden, bis mein Freund Jean Berthaut die alte Rezeptur ausgegraben und wieder zu neuem Leben erweckt hat. Es sind runde Laibe aus thermisierter Milch mit 50% Fett i.Tr. Sie haben ein Gewicht von gut 400g. Während ihrer Reifezeit von 5 Wochen werden sie nur mit Meersalzlake gewaschen und nicht mit Wein oder Schnaps. Dadurch ist dieser Käse auch preisgüsti-

Die alte Weich-
käsespezialität mit
gewaschener Rinde
aus Burgund war
bis vor 10 Jahren
vom Markt ver-
schwunden, bis
mein Freund Jean
Berthaut die alte
Rezeptur ausgegra-
ben und wieder zu
neuem Leben
erweckt hat

ger als die anderen Spe-
zialitäten dieser Art. In
einer Holzdose mit
Klarsichtfolie ist er im
Handel zu bekommen
und zeigt so den Ver-
brauchern seine wun-
derbar rötliche Oberflä-
che. Der Teig ist weich,
sein Geruch und Ge-
schmack kräftig, würzig.

Die zweite Sorte gleichen Namens stammt aus
der Brie und ist ein Weichkäse mit Naturrinde. Er
wird aus Rohmilch hergestellt und dem Käsebruch
wird Sahne zugegeben. Es entstehen kleine runde
Käse mit einem Gewicht von 600g und in einer
zweiten Version als kleinere Laibe mit nur 200g
Gewicht. Beide Größen haben 60% Fett i.Tr. Die
Rinde ist unten rot und außen weiß. Nach einiger
Zeit setzen sich die roten Kulturen über die weißen und es entsteht eine gesprenkelte Rinde. Der
Geschmack ist bedeutend milder als der Soumaintrain mit gewaschener Rinde.

Vacherin Mont d'Or (AOP/AOC)

Der Vacherin Mont d'Or aus der Schweiz !
Der Mont d'Or ist die höchste Erhebung im
französisch-schweizerischer Grenzgebiet des
Juragebirges und trägt den Namen ebenso eines
außerordentlichen Käses. Da es sich im Grunde
auf beiden Seiten der Grenze um den gleichen

Weichkäse handelt, will ich mich auf die Beschreibung weniger Unterschiede beschränken. Das Hauptproduktionsgebiet auf Schweizer Seite ist das am östlichen Hang des Mont d'Or gelegene »Vallée de Joux«, nordwestlich von Lausanne. Es ist das gleiche Tal, aus dem die meisten der berühmten Schweizer Uhren kommen, wie z.B. Jaeger-Le-Coultre. Die Schweizer thermisieren seit den 80er Jahren des vorigen Jahrhunderts die zur Verarbeitung kommende Milch. Dies im Unterschied zu den Franzosen, die dieses Verarbeitungsverfahren bei diesem Käse nicht anwenden (Thermisierung ist eine Kurzzeiterhitzung unterhalb der Pasteurisierungsgrade). Mit der Thermisierung haben sich die Schweizer die Exportchancen in diejenigen Länder erhalten, die aus falsch verstandenen Vorsichtsmaßnahmen den Import von Rohmilchkäsen untersagt haben (z.B. die USA). Es handelt sich um einen Weichkäse mit einem weichen cremigen Teig, der nicht gepresst wird und nach Tannenholz duftet. Er hat eine schrumpelige, hellbraune Oberfläche und eine ganz dünne essbare Rinde. Die Zubereitung ansonsten wie beim französischen Mont d'Or. Auch der Vacherin Mont d'Or ist eine geschützte Ursprungsbezeichnung AOC/AOP.

Halbfeste Schnittkäse

Wenn man länger haltbare Käse erhalten will, muss man bei diesen Sorten die Käsemasse in den Formen leicht pressen, um mehr Molkeablauf zu erzeugen. Diese Käse werden dann entweder trocken gesalzen oder mit Salzlake gewaschen. Der Fermantationsprozess verläuft langsamer als bei einem Weichkäse. Dadurch entstehen Käse mit einem abgerundeten Aroma und mittlerer Würzigkeit, oft mit fruchtigem, aber nicht sehr kräftigem Geschmack.

Fontina (DOP)
aus dem Aostatal

Kontaktadresse:
Cooperativa
Produttori Latte
et Fontina
S.C.R.L. Loc.
Croix Noire, 10
I-11020 Saint-
Christophe-Valle
d'Aosta

Von Chamonix in Frankreich kommend mündet auf italienischer Seite der Mont Blanc Tunnel bei Courmayeur am nordwestlichen Ende des Aostatals, das dann langsam Richtung Turin abfällt. In Aosta, dem Hauptort der Region, der ihr auch den Namen verlieh, vereinigt sich diese Hauptverkehrsader mit der aus Martigny im Schweizer Wallis kommenden Großen-Sankt-Bernhard-Pass-Straße. Das Aosta-Tal ist die Heimat des Fontina Käses und es gibt nur wenige Regionen auf der Welt, die sich so mit ihrem Hauptprodukt identifizieren. Der Fontina wird mit dem Aostatal assoziiert und umgekehrt. Das Aostatal war früher ein Teil Savoyens und ist heute eine autonome Region in Italien – wie Südtirol, insofern ein großer Teil seiner Bevölkerung hier noch französisch spricht.

Diese Gegend hat eine durchschnittliche Höhe von 2106m über N/N und seine Berge reichen bis hinauf zu den Gletschern. Riesen über 4000m Höhe, vom Mont Blanc, über den Monte Rosa bis zum Matterhorn im Norden und dem Gran Paradiso am südlichen Talrand. Es macht sich aber hier bereits das südlich sanftere Klima bemerkbar und erlaubt beeindruckende Panoramablicke. In der klaren Luft der Berge wurde über die Jahrhunderte hinweg durch strenge Auslese eine ganz besondere Kuhrasse gezüchtet, das stolze »Valdostanische Rind«. Rot-schwarz-dunkelbraun gefleckte Kühe, die im schwierigen Gelände des Hochgebirges mit ihrem robusten Körper und ausgesprochen starken Charakter ganz besonders gut zurechtkommen. Über 70% der Fläche des Tales werden von Wiesen und Weiden bedeckt, unterbrochen von Büschen und Wäldern. Durch die ganz besondere Flora verschiedenster Kräuter und Hülsenfrüchte fühlen sich die Kühe in diesem Paradies besonders wohl. Durch die Abwesenheit jeglicher Umweltverschmutzung ist die Milch hier so unvergleichlich rein.

Die Geschichte des Fontina geht bis ins 15. Jahrhundert zurück. Auf dem Adelssitz in Issogne befindet sich ein Fresko, das einen Lebensmittel-kaufmann inmitten von Fontinakäsen zeigt. Das Wort »Fontina« selbst taucht bereits zum ersten Mal im Jahre 1270 auf Lateinisch auf. Aber seit dem 18. Jahrhundert wird der Käse in vielen öffentlichen Urkunden, Handschriften, Texten und Inventarlisten aufgeführt und seitdem gehört

Fontina = Käse aus dem Aostatal zum allgemeinen Sprachgebrauch.

Der Almauftrieb beginnt Anfang Juni. Alle Kühe verlassen die Ställe und verbleiben auf den Almen bis Ende September/Anfang Oktober. In den langen, kalten Wintern befinden sich die Kühe ausschließlich in den Ställen im Tal. Das Besondere ist jedoch – und dies ist die Voraussetzung für den Schutz des AOP Zeichens – dass sie auch während dieser Zeit ausschließlich Heu der heimatlichen Wiesen als Futter erhalten.

Morgens und abends wird die frische Milch unmittelbar nach dem Melkvorgang verarbeitet. Sie wird in große Kupferkessel geschüttet und bei 36° C gehalten bzw. wieder erwärmt. Labpulver wird mit frischem kalten Wasser angesetzt und zugegeben, sodass die Milch durch Fermentierung dick gelegt wird. Nun beginnt die für die spätere Qualität des Käses entscheidende Phase des vorsichtigen Aufbrechens der Dickmilch durch eine Käseharfe. Dabei kommt es besonders auf die langjährige Erfahrung des Käsers an, um die Eigenschaften der Frischmilch auch im Käse zu erhalten. Erst dann kommt das Rührwerk zum Einsatz und der Käsebruch wird unter ständigem Rühren bis auf 48° C erwärmt, bis die festen Bestandteile der Milch etwa Reiskorngröße erreicht haben. Nach einer guten halben Stunde wird dann der dampfende Käsebruch mit einem Tuch aus der Kupferpfanne gehoben und mit der Hand in die Formen, die einen Durchmesser von 35-40cm haben, gepresst. Drei bis vier Formen werden anschließend übereinander gestapelt, wodurch sich die Käse selbst pressen. Dieser Vorgang dauert 10 Stunden, während die Formen jede Stunde gewendet werden. Beim letzten Wendevorgang wird eine Stempelprägung in die Form eingelegt, aus der Herstellungsort und Herstellungsdatum hervorgehen, damit jederzeit die Rückverfolgung jedes einzelnen Laibes bis zum Milchlieferanten gewährleistet ist. Die Käse bekommen eine flache Ober- und Unterfläche und durch den Reif der Form leicht abgeschrägte Seiten. Nach dem Pressen werden die Käselaibe aus der Form gehoben, leicht trocken gesalzen und auf roten Tannenholzbrettern gelagert.

Nach einigen Tagen werden die Käse aus allen Käsereien in einen der großen Lagerstollen der Genossenschaft gebracht. Es handelt sich dabei um riesige Stollen, die in den Fels getrieben wurden. In dem größten von den insgesamt 8 Lagerstollen fährt sogar eine elektrische Kleinbahn. Bei

Der Fontina ist einer von 33 italienischen DOP Käsen. Seit 1955 wurde er durch einen Präsidialerlass gegen die schon auf dem Markt befindlichen Nachahmerprodukte geschützt

kontrollierter Luftfeuchtigkeit und einer stets gleich bleibenden Temperatur von +10° C beginnt der biochemische Vorgang des Reifens von der Rinde aus nach Innen. Jeden Tag wird eine Seite der Laibe ganz leicht mit trockenem Salz bestreut. Am nächsten Tag wird vor dem Wenden das Salz über

die ganze Oberfläche verrieben und die andere
Seite bestreut. So erfolgen diese Arbeitsgänge
jeden Tag im Wechsel. Von der 6. Woche an werden die Käse dann mit in Salzwasser getauchten
Bürsten bearbeitet. Dieser Vorgang bewirkt die
Weichheit der Konsistenz, verhindert gleichzeitig
die Schimmel- und Bakterienbildung und ist für
die Geschmacksentwicklung relevant. Nach mindestens 3 Monaten ist der Reifeprozess abge-
schlossen und die Käse können von dem neu
errichteten Versandzentrum oberhalb von St.
Christophe ihre Reise zu den Käseliebhabern dieses Fontina in aller Welt antreten. Dort ist auch ein
großes interessantes Besucherzentrum angegliedert, das allen offen steht. Der Fontina ist einer
von 33 italienischen DOP Käsen. Seit dem
30.10.1955 wurde er durch einen Präsidialerlass
gegen die schon auf dem Markt befindlichen
Nachahmerprodukte geschützt. Seit 1996 hat
Fontina das europäische DOP. Damit wird neben
der Rezeptur auch der klimatische und kulturelle
Reichtum dieses Produktes geschützt.

Die Cooperativa Produttori Latte et Fontina
S.C.R.L wurde 1947 gegründet und hat heute 400
Milchbauern als Mitglieder. Sie reift und vertreibt
mehr als 80% der Gesamtproduktion des Fontina
Käses, der zur Gruppe der halbfesten Schnittkäse
gehört.

Vor dem Versand wird der Käse einer strengen
Endkontrolle unterworfen. Nur die Käse, die die
Prüfung bestanden haben, bekommen dann auf
der Oberseite – wo vorher die braune Rinde leicht
abgeschabt wurde – den großen grünen Stempel

mit dem charakteristischen Schrift- und Bildzeichen, der die Eigenschaften und den hohen Nährwert des Käses garantiert. Die Käse haben ein Durchschnittsgewicht von 9kg und eine einzigartige dünne Rinde. Der Teig mit einer weichen, feinschnittigen Konsistenz ist geschlossen, hat selten eine kleine, sparsame Rundlochung und ist bei den Winterkäsen blassgelb und hat bei den Sommerkäsen eine kräftige gelbe Farbe. Der absolute Fettgehalt beträgt nur ca. 28%. Der Geschmack ist mild und ausgeprägter als bei den länger (als die Mindestzeit) gelagerten Käsen. Der Käse ist leicht verdaulich und reich an den Vitaminen A und B.

Der Käse wird im Wesentlichen als Aufschnitt verzehrt, als unverzichtbare Zutat zu einem guten Käsefondue und bei fast allen lokalen Gerichten als Würze.

Weinempfehlung: Fruchtige leichte Weißweine aus dem Aostatal.

Lingot d'Or®

Lingot bedeutet in der französischen Sprache »Backstein« aber auch »Barren«. Ein Lingot d'Or ist also ein Goldbarren. So wurden seit langen Jahren die rechteckigen halb festen Schnittkäse mit gewaschener Rinde genannt, die von verschiedenen Herstellern unter den unterschiedlichsten Namen vermarktet wurden. Da keine Aussicht bestand für dieses Produkt ein AOC Zeichen zu bekommen, da die Milcheinzugsgebiete zu weit auseinander lagen, wurde der Name vor einiger

Zeit als Marke beim Patentamt angemeldet und ist seitdem patentrechtlich geschützt.

Die Brotform ist typisch und praktisch zu schneiden, da der Käse eine geschmeidige Konsistenz mit einer kleinen Tilsiter-ähnlichen Lochung hat. Der Käse hat eine rotweiße Rinde und einen goldgelben Teig, der Geschmack ist von mittlerer Würzigkeit. Eine gute Qualität zum kleinen Preis an der Käsetheke.

Morbier (AOC/AOP)

ausgesprochen: Morbjeh

Kontaktadresse:
Syndicat interprofessionel de défense du fromage Morbieer AOC Valparc-Espace Valentin, F-25048 Besancon-Cedex

Das Departement Haut-Doubs ist Teil der Franche-Comté. Diese herrliche Mittelgebirgslandschaft, die sich entlang des Flusses Doubs an den westlichen Abhängen des Jura-Gebirges von Nordosten nach Südwesten entlangzieht, war schon zur Zeit des römisch besetzten Galliens ein bedeutendes milchwirtschaftliches Produktionsgebiet. Die Benediktiner-Mönche bauten dann im 7. und 8. Jahrhundert diesen Produktionszweig weiter aus. Die Almbauern, die im Sommer die großen Comté Laibe produzierten, behielten im Winter nur immer ein bis zwei Kühe für ihre eigene Ernährung auf den Almen. Die Milch dieser Kühe reichte natürlich nicht aus, um einen großen Laib Comté zu produzieren. Also produzierte man kleinere Käse und zwar immer sofort nach dem Melken. Da die Morgenmilch sofort verarbeitet wurde, und der entstehende Käsebruch nur für einen halben Käse reichte, musste man den Bruch in der Form vor dem Austrocknen und vor Insekten schützen. So streute man Holzkohlenasche (eines der ältesten Arzneimittel der Menschheit) aus dem offenen Kaminfeuer, die

man zuvor sorgfältig durchsiebte, über den Bruch und füllte dann die Form mit dem aus der Abendmilch gewonnenen Bruch auf. Erst dann wurde der Käse gepresst und zur Weiterreifung präpariert. So haben diese Käse ihren charakteristischen Aschestrich in der Mitte, der von einigen Verbrauchern schon fälschlicher Weise als Edelschimmel angesehen wurde.

Die spezielle Flora im Jura mit einem großen Reichtum an Kräutern und Gräsern in Verbindung mit der speziellen Rinderrasse, den »Montbéliard« Kühen, ergibt eine hervorragende Milch. Man benötigt ca. 50 Liter Milch für die Herstellung eines Laibes Morbier. Die Formen haben ca. 35-38cm Durchmesser und sind 4-6cm hoch und die Käse haben dann ein Gewicht von 5-6kg. Früher wurde eben ausschließlich für den Eigenbedarf oder den Verkauf vor Ort produziert und so war innerhalb der fünfziger Jahres des 20. Jahrhunderts dieser Käse kaum erhältlich. Es war ein Stückchen Glück, dass ich der erste Deutsche sein durfte, der zu Beginn der 80er Jahre dieses Produkt auf den

Dank seiner Qualität, seines originellen Aussehens und seines würzigen Geschmacks wurde der Morbier zu einem der erfolgreichsten französischen Käse auf dem deutschen Markt

deutschen Markt bringen konnte und so zu seiner Etablierung und Arterhaltung beitragen konnte. Dank seiner Qualität, seines originellen Aussehens und seines würzigen Geschmacks wurde dieser Käse zu einem der erfolgreichsten französischen Käse auf dem deutschen Markt. Wie alle erfolgreichen Artikel fanden sich aber bald Nachahmer, die das Produkt industriell verfälschten, um es billiger auf dem Markt anbieten zu können. Es bedurfte eines großen Engagements, um doch gerade noch rechtzeitig für den echten »Morbier du Jura« den Schutz des AOC Zeichens zu bekommen. So konnten wir erst im Dezember des Jahres 2000 den Morbier in dieser Adelsfamilie begrüßen, die jetzt neben dem »Comté«, dem »Bleu de Gex« und dem »Mont d'Or« vier Qualitätskäse dieser Region umfasst. Ausgewählte, sofort nach der Gewinnung verarbeitete Rohmilch ist Voraussetzung und je länger und je sorgfältiger die Reifung erfolgt, desto herzhafter wird der Käse im Geschmack.

Obwaldner Bratkäse
Seiler Käserei AG

Kontaktadresse:
Seiler Käserei AG,
Bitzighofenstr. 11
CH-6060 Sarnen

Im Herzen der Schweiz ist die Seiler Käserei AG beheimatet. Der moderne Milchverarbeitungsbetrieb befindet sich in Sarnen, dem Hauptort des Kantons Obwalden. Das milde Klima bietet hier beste Voraussetzungen für die Milchproduktion.

Am heutigen Standort wurde erstmals 1972

Käse produziert. Seit ihrer Gründung ist die Seiler Käserei AG auf die Produktion von zart schmelzendem Raclette Käse und als Spezialität dem »Obwaldner Bratkäse« spezialisiert. Die ausgezeichnete Qualität wurde zum Inbegriff dessen, wie ein Raclette oder Bratkäse sein soll. Die Produktion konnte stetig gesteigert werden und der Betrieb wurde laufend den neuen Gegebenheiten angepasst. Heute wird in einer modernen, äußerst leistungsfähigen Käserei produziert.

Über 30-jährige Erfahrung und Tradition, gepaart mit neuen Erkenntnissen aus Forschung und Technik, stecken in den Produkten der Seiler AG. Es ist das Bestreben der Familie, ihren guten Ruf und den hoch entwickelten Qualitätsstandard zu halten und weiter auszubauen. Dem Konsumenten soll schließlich ein Gaumenerlebnis geboten werden.

Diese vollmundige Obwaldner Spezialität wird als würziger, weich schnittiger Schnittkäse aus pasteurisierter Kuhmilch hergestellt. Es sind kleine runde Laibe mit einem Durchmesser von 13 bis 15cm und einem Gewicht zwischen 700g und 1,1kg. Die Rinde wird mit Rotschmiere gewaschen und bekommt dadurch eine dunkelgelbe Rinde. Der Wassergehalt beträgt 60-62% mit 50-52% Fett i.Tr. Nach einer Reifezeit von 6-8 Wochen hat er seinen idealen Reifegrad erreicht und ist bei sachgemäßer, kühler Lagerung bis zu 12 Wochen haltbar. Daher ist der Obwaldner Bratkäse auch als ideales Geschenk in einer dekorativen Geschenkschachtel erhältlich und ein wunderbares Reisemitbringsel und auch für die Weihnachtszeit ein aus dem Rahmen fallendes Geschenk. Seine Hersteller Nr. ist CH 5989

Ursprünglich auf den Alpen am offenen Feuer geschmolzen, findet er heute Verwendung in der warmen und auch kalten Küche. Das Markenzeichen dieses Bratkäses ist sein reichhaltiges Aroma. Er besticht mit seiner weichschnittigen, zartschmelzenden Konsistenz.

Weinempfehlung: Dôle blanche oder Schiller rosé.

Reblochon (AOC/AOP)
aus Savoyen

ausgesprochen: Rebloschong

Seit 1958 trägt er das Siegel des AOC

Südlich des Genfer Sees auf der französischen Seite beginnt Savoyen. Einer der schönsten Alpenseen ist der Lac d'Annecy. »Savoie mon Goût de Coeur« ist der Wahlspruch der Bewohner von Savoyen und Hochsavoyen, der ausschließlich für die Produkte dieser beiden Departements genutzt wird und soviel heißt wie »Savoyen – Geschmack der von Herzen kommt«.

Wir reden noch heute von Bauernschläue. Das Wort »Rebloche« bedeutet so viel wie »Restmilch« und stammt

160

aus der Zeit, in der die Bauern noch leibeigen waren und ihre Erzeugnisse an die Grundherren abliefern mussten. Die Bauern aber waren so schlau, die Euter nicht ganz leer zu melken, wenn der Eintreiber kam, um die Milch abzuholen. Wenn er dann endlich gegangen war, wurde der Rest an Milch aus dem Euter gemolken. Da diese Restmilch natürlich nicht ausreichte, um größere Käse herzustellen, ersannen sich die Bauern folgenden schlauen Ausweg: Sie schufen nur einen ganz flachen Käse, für den sie nur ca. 2,5 Liter Milch brauchten und nannten ihn Reblochon (Restmilch). Ein milder, etwas sahniger Weichkäse, mit einer leichten Rinde, die man vor dem Verzehr entfernen sollte. Seit 1958 hat er das Siegel des AOC. Es ist nachgewiesen, dass der Reblochon schon seit dem 15. Jahrhundert auf den Bauernhöfen der Region (heute Fermier) hergestellt wird. Auch kleine Molkereien fabrizieren ihn seit 1890 aus roher Milch.

Weinempfehlung: Ein Savoyer Rotwein Jongieux oder Cruet.

Saint-Nectaire (AOC/AOP)

ausgesprochen: Ssäng Nektähr

Seit Jahrhunderten wird in der Auvergne, in der Region des Monts-Dore, in einem Dorf namens Sainte-Nectaire, dieser halbfeste Schnittkäse hergestellt. Der Name wäre wohl kaum so berühmt geworden, wenn nicht der Marschall Henri de La

161

Der Geruch des Saint-Nectaire lässt deutlich den Schimmel der Reifekeller erahnen

Ferte de Saint-Nectaire es sich zu eigen gemacht hätte, der königlichen Tafel am Hofe Ludwigs des XIV. mehrfach diesen Käse aus seinem Heimatdorf zu kredenzen. Auf diese Weise wurde der Käse beim Hochadel in Paris und der Umgebung bekannt und beliebt. Die Bewohner der Auvergne waren schon immer gute Geschäftsleute und unterhielten auch stets hervorragende Beziehungen zu der in Paris herrschenden Klasse. Mehrere Präsidenten der République entstammten der Auvergne.

Heute gibt es die Produktion in verschiedenen Departements der Auvergne (Cantal und Puy-de-Dôme) in einem genau festgelegten Gebiet, das durch das Gesetz vom 21. Mai 1979 zum Schutz dieses Käses durch das AOC-Zeichen bestimmt ist. Die Käse aus Rohmilch (fermier) besitzen in den Laib eingedrückte 72mm lange und 38mm hohe Kaseinmarken in Form einer Ellipse. Auf ihr ist die Herstellernummer und der Produktionstag in schwarz gehaltener Beschriftung: »Saint-Nectaire Fermier« verzeichnet. Die Schnittkäse aus pasteurisierter Milch (laitier) hingegen besitzen eine grüne quadratische Kaseinmarke von 4,5cm

Seitenlänge, auf der in 5mm großen schwarzen Buchstaben »Saintnectaire laitier« aufgedruckt ist. So kann man bei jedem Laib seinen Herstellungs- und Reifungsprozess genau zurückverfolgen. Die runden Formen haben 20cm Durchmesser, 5cm Höhe und ein Gewicht von etwa 1,2kg. Er hat eine natürliche braunrote Rinde. Diese entsteht durch ständiges Bürsten während der mindestens 8 wöchigen Reifung, die oft auf Roggenstroh und in feuchten kühlen Kellern stattfindet. Jeden zweiten oder dritten Tag müssen die Laibe gewendet werden. Die Rinde bekommt dadurch eine weiße, gelbe und grüne Schimmelflora, die als ein ausgesprochenes Qualitätsmerkmal zu bezeichnen ist. Sie können heute mit Chemikalien oder Überzügen alle möglichen Schimmelbildungen verhindern. Also als kleiner Merksatz: Je unansehnlicher ein Käse aussieht, desto eher bietet er Gewähr für Naturbelassenheit. Die Rinde sollten Sie wirklich nicht mitessen. Der Geruch des Käse lässt deutlich den Schimmel der Reifekeller erahnen. Der Teig ist gelb und geschlossen. Der Geschmack ist von mittlerer Würzigkeit und erinnert an Haselnüsse.

Weinempfehlung: Fruchtige Rotweine der Auvergne oder aus dem Beaujolais.

Tamié

Nicht weit von dem bekannten Wintersportort Albertville, in der Gegend des Massif des Bauges in Hochsavoyen, liegt oben auf einer Hochebene ganz allein die Abtei Tamie, die bereits im Jahre 1131 von Zisterziensermönchen gegründet wurde. Diese Abtei wird noch heute von dem viel strengeren Orden der Trappisten bewohnt und auch bewirtschaftet. Die Mönche kommunizieren untereinander nicht; nur beim Gebet oder mit außenstehenden Gästen. In ihrer Molkerei mitten auf dem ausgedehnten Klostergelände stellen sie einen Käse in zwei Größen her, der dem AOC Produkt dieser Region, dem »Reblochon«, sehr ähnelt. Siehe Reblochon.

Das kleine Modell hat einen Durchmesser von 12cm und eine Höhe von 4cm und ein Gewicht von ca. 500g und wird per Stück verkauft. Das größere Modell misst 20cm Durchmesser, ist 5cm hoch, hat ein Gewicht von 1,3kg und wird an den Theken nach Gewicht verkauft. Es handelt sich um einen halbfesten Schnittkäse aus Rohmilch. Diese Rohmilch wird in ihrer Ursprünglichkeit nicht erhitzt und ihre Formen werden nur leicht gepresst. Die Reifezeit beträgt ca. 5 Wochen. Die Verpackung trägt auf dem weißen Papier das blaue Malteserkreuz und trägt den Namen des Klosters.

Die feuchte, rosafarbene Rinde sollte vor dem Verzehr vorsichtig abgeschabt werden, weil sie sonst den wunderbar zarten Geschmack des Käses leicht bitter machen kann. Der Käse wird hauptsächlich als Dessert verzehrt. Sie sollten nicht versäumen, bei Ihrer nächsten Reise in diese Gegend das Kloster zu besuchen. Schauen Sie sich die Produktion des Käses an und gönnen sich einige Tage in dem Kloster. Die Mönche haben preiswerte und gute Gästezimmer und freuen sich über jeden Besuch. Lassen Sie in dieser herrlichen Landschaft einmal die Seele baumeln.

Weinempfehlung: Roussette de Savoie oder ein Rouge de Cruet.

Schnittkäse

Die Schnittkäse werden nicht mit der Hand oder durch ihr Eigengewicht im Stapel gepresst, sondern hier wird bereits mit stärkerem Druck mechanisch nachgeholfen, um noch mehr Molke aus dem Käsebruch herauszupressen. Auch diese Käse reifen unter ständiger Behandlung durch Bürsten mit Salzwasser oder Kräutertinkturen. Bei vielen industriellen Käsen wird, um Gewichtsverluste zu vermeiden und die Käse nicht austrocknen zu lassen, die Oberfläche plastifiziert, oder die Käse in Wachs getaucht. Wenn diese äußere Schicht reißt und die Käse noch Feuchigkeit absondern, kann unter der Rinde Schimmel entstehen, der nicht gesundheitsschädlich ist, den Sie aber abschneiden sollten.

AlpenTilsiter Switzerland®

Kontaktadresse:
Switzerland Cheese
Marketing GmbH
Neue Poststr. 17
D-85598 Baldham

Das Alpenland Schweiz ist die Heimat von AlpenTilsiter Switzerland. Genauer gesagt, der Kanton Thurgau mit seinen malerisch grünen Hügeln, dem besonders sanften Klima und dem beeindruckenden Panoramablick auf die Schweizer Hochalpen. Hier ist die Natur noch intakt und hier gedeihen in der gesunden klaren Luft der Berge satte Kräuter- und Blumenwiesen. Kein Wunder, dass sich die Kühe in diesem Naturparadies besonders wohl fühlen. Und kein Wunder, dass die Milch hier so unvergleichlich würzig ist.

Die Schweizer Käsermeister erhalten täglich –

jeweils morgens und abends – von den umliegenden Bauern, die sie auch persönlich kennen, die frische Milch für den AlpenTilsiter. Eine lückenlose Kontrolle von Anfang an gewährleistet eine konstante Qualität auf höchstem Niveau. Denn Qualität hat in der Schweiz schon seit jeher oberste Priorität.

Der würzig-delikate Hochgenuss stammt aus dem Kanton Thurgau

Die Geschichte vom Schweizer Tilsiter geht zurück bis ins Jahr 1893. Damals kamen die beiden Thurgauer Otto Wartmann und Hans Wegmüller aus dem ostpreußischen Tilsit mit der Tilsiter-Rezeptur in ihrem Gepäck zurück in ihre Heimat. Der Name dieses Käses war damals wie heute nicht geschützt. Ihr größtes Anliegen bestand darin, einen Tilsiter der Extraklasse zu fertigen – eben einen Tilsiter in typisch schweizerischer Qualität. Sie kopierten nicht, sondern wandelten auch die Form, in dem sie von der für den ostpreußischen Tilsiter üblichen Brotform – wie sie auch heute noch von den Tilsiterherstellern in Schleswig-Holstein, Mecklenburg und in Dänemark verwendet wird – abwichen und die runde Laibform wählten. Die gute Schweizer Rohmilch und die Handwerkskunst der Schweizer Käsemeister boten dazu die besten Voraussetzungen. Seit über 100 Jahren ist diese besondere Tilsiter-Tradition in der Schweiz nun schon lebendig.

Und diese Tradition findet sich auch im AlpenTilsiter Switzerland wieder. Denn jeder Laib wird auch heute noch in kleinen Dorfkäsereien aus 45 Litern bester Schweizer Rohmilch aus silofreier Fütterung liebevoll gefertigt und von Hand gepflegt. Er ist der einzige Tilsiter, der mindestens 4 Monate Zeit bekommt und in aller Ruhe ganz natürlich in den Käsekellern reifen darf. Liebhaber von besonders würzigem Käse lassen ihn 6 Monate reifen. Und er ist auch der einzige Tilsiter, der mit einer fein abgestimmten Mischung aus Alpenkräutern und ausgewähltem Müller-Thurgau Weißwein veredelt wird. Charakteristisch sind sein runder Laib, seine dunkle Rinde, seine runden Löcher und natürlich sein unnachahmlich würzig-delikates Aroma. Das macht ihn zu einem Geheimtipp für jeden Käsekenner.

Es sind flache, runde Laibe mit einem Durchmesser von 25-30cm und ca. 8cm Höhe, die ein Durchschnittsgewicht von ca. 4,5kg haben. Der Teig ist elfenbeinfarbig bis hellgelb mit einer kleinen sparsamen Rundlochung und einer feinschnittigen Konsistenz. Der absolute Fettgehalt beträgt nur 29,5%. Er hat 4,5% Mineralstoffe. Die Rinde wird vor dem Verzehr entfernt.

Weinempfehlung: Barrique-Weine, ein Spätburgunder oder ein Oeil de Perdrix.

Appenzeller®

Perfekte Harmonie !

Ich darf voraussetzen, dass das hügelige Appenzellerland in der Schweiz zwischen Bodensee und dem Säntis als die Heimat des Appenzeller Käses vielen Deutschen bekannt ist.

Kontaktadresse:
Nicole Kiggen
Tel.: 0041-208
4696-241
Fax: 0041-208
4696-236

Appenzeller ist der wohl in Deutschland bekannteste Schweizer Käse. Ein bekanntes Volkslied beginnt mit dem Text: »Min Vater isch en Appenzöller«. Die Appenzeller sind pfiffige Leute. Sie behaupten von sich, dass das gemeinsame Teilen im Familienkreis bei ihnen im Blut liegen würde. Das Teilen sei genauso urdemokratisch wie die alljährliche Landsgemeinde, die am letzten Sonntag im April in der Stadt Appenzell abgehalten wird.

Weit über 700 Jahre schon kennt man den würzigen Käse, der mit der geheimnisvollen Kräutersulz liebevoll gepflegt wird. Die Mönche des im Mittelalter berühmtesten Benediktinerklosters nördlich der Alpen, St. Gallen, ließen sich diese Käse aus dem voralpinen Hügelland schmecken. Sie begannen die besten Rezepte auszutüfteln und aufzuschreiben. Was damals gut war, ist auch heute noch gültig. Es lassen sich so viele Mahlzeiten mit Appenzeller zubereiten, dass es ein ganzes Kochbuch darüber gibt. Ein Rezept davon habe ich Ihnen abgeschrieben. Bei den traditionellen Talabfahrten im Herbst bringen die Älpler immer wieder starke Rezepte mit ins Unterland. Appenzeller essen nicht nur Käse, sie verfeinern mit Käse viel und so mundet auch Obst mit Appen-

Weit über 700 Jahre schon kennt man den würzigen Käse, der mit der geheimnisvollen Kräutersulz liebevoll gepflegt wird. Hier die Sorten »Classic«, »Extra« und »Surchoix«

zeller besonders köstlich.

Der Schnittkäse mit gewaschener Rinde wird nach alter Tradition im Appenzellerland hergestellt. Dort weiden die Kühe auf satten, reichhaltigen Almwiesen. Ihre frische Rohmilch ist die Grundlage für die Käseherstellung. Damit aus bester Milch auch wirklich ein richtiger Appenzeller Käse wird, ist neben dem Fachverstand des Käsemeisters eine besondere Zutat gefragt: Die schon erwähnte spezielle »Kräutersulz«. Sie besteht aus über 25 Kräutern, Wurzeln, Blättern, Blüten, Samen und Rinden und ihre genaue Rezeptur ist ein streng gehütetes Geheimnis.

Mindestens drei bis vier Monate reift ein Appenzeller Käse. Während dieser Zeit wird er regelmäßig gewendet und mit der geheimnisvollen Kräutersulz eingerieben. Nur so entwickelt er sein einzigartig würziges Aroma.

Je nach Länge der Lagerung unterscheiden wir drei Qualitätsstufen:

CLASSIC - SURCHOIX - EXTRA

Die Sorte CLASSIC ist relativ mild und im Teig geschmeidig und mindestens drei Monate gelagert. Der SURCHOIX, zu deutsch der ausgewählte, ist schon kräftig-würzig im Geschmack, fester in der Konsistenz und wurde mindestens vier Monate gelagert. Die Sorte Appenzeller EXTRA erkennen Sie am schwarzen Etikett. Das sind für eine besonders lange Reifung ausgewählte Käselaibe, die dann über mindestens sechs Monate hindurch gepflegt und gebürstet werden, um dann den Ansprüchen derjenigen Verbraucher genügen zu können, die einen besonders pikanten, extra würzigen Käse mögen und ihn auch zum Fondue verwenden möchten. Ein Fondue mit Appenzeller EXTRA bekommt eine ganze besondere Note. Probieren Sie es aus. Auch gibt es inzwischen das Appenzeller Fertig-Fondue in guten Fachgeschäften.

Diese Köstlichkeit passt hervorragend zu Weiß- und Rotwein. Für den perfekten Genuss sollte der Käse zum Wein in Würfel oder Streifen geschnitten als Häppchen gereicht werden. Knuspriges helles Brot oder ein kräftigeres Weizenvollkornbrot ergänzen die feinen Aromen von Wein und Käse ideal. Weinkenner empfehlen als Weißwein zum Appenzeller Käse einen Fendant (Gutedel) oder einen Müller-Thurgau. Wer Rotweine bevorzugt, sollte den würzigen Schnittkäse mit einem Spätburgunder oder einem Cornalin aus dem Schweizer Wallis kombinieren. Aber natürlich lässt sich über Geschmack nicht streiten und so sind der Fantasie und den persönlichen Vorlieben bei der Kombination von diesem Käse und Wein keine Grenzen gesetzt.

Chartreux

ausgesprochen: Schartröh

Die Kartäuser waren ein Mönchsorden, deren Mitglieder in Frankreich nicht nur den berühmten grünen Likör »Chartreuse« geschaffen haben, sondern auch erstmals in Savoyen – wo seit langen Jahren auch die Emmentalerherstellung zu Hause war – einen kleineren Käse »mit Löchern«. Dieser benötigte weniger Milch im Vergleich zu den 600 bis 750 Liter eines großen Emmentaler. Annecy war die frühere Hauptstadt von Savoyen und das Schloss der Fürsten liegt noch heute auf einem steilen Felsen über der wunderbaren Stadt und dem See.

Ganz in der Nähe ist dort auch die aus der Schweiz stammende und seit drei Generationen in Hoch-Savoyen lebende Familie Schmidhauser ansässig. Sie hat – zumal sie aus dem Kernland des Emmentalers stammt – dieses alte Verfahren der Mönche wieder aufgegriffen und im Tal von Entremonts (zwischen den Bergen) einen Lochkäse geschaffen, der sich schon allein durch seinen Rohstoff aus dem Hochgebirge von anderen Lochkäsen unterscheidet. Es war der Familie Schmidhauser eine Ehre, ein solches Naturprodukt zu kreieren. Und so nannten sie ihn aus Erinnerung an die Kartäuser »Le Chartreux«.

Es handelt sich um einen aus Rohmilch hergestellten Schnittkäse mit 50% Fett i.Tr. und mit natürlich hellbrauner Rinde. Es sind runde Laibe mit ca. 7kg Gewicht. Der Teig ist kräftig gelb und hat eine geschmeidige Konsistenz mit einer erbs- bis kirschgroßen Lochung. Die mindestens 100 Tage während Reifung wird in langen Felsstollen der Region unter optimalen Bedingungen vorgenommen. Ihr verdankt er seinen wirklich angenehmen,

würzigen Geschmack. Man sollte ihn in dicke Scheiben geschnitten wie Brot genießen, zusammen mit einem leichten und geschmackollen Weißwein aus Savoyen. Endlich wieder ein originärer Geschmack in dieser Käsegruppe. Liebhaber von Lochkäsen wissen ihn zu schätzen.

Es handelt sich um einen aus Rohmilch hergestellten Schnittkäse mit 50% Fett i.Tr. und mit natürlich hellbrauner Rinde

Zum Aperitif servieren Sie den Chartreux in Würfel geschnitten mit einer Schale Haselnüssen und einer Schale grünen Oliven. Dazu passt sowohl ein Sekt wie ein trockener Martini.

Cheddar und Farmhouse Cheddar

Cheddar ist der meist verbreitete Käse der Welt. Die englischsprachige Welt kennt oft gar keinen anderen Käse. Eine Eigenart, die wir Mitteleuropäer kaum nachvollziehen können. Es hat aber seinen Grund darin, dass England einmal die halbe Welt beherrschte und seine Seefahrer für ihre langen Reisen ein haltbares Nahrungsmittel brauchten, welches sie dann in allen von ihnen

Der junge Cheddar ist mild und leicht säuerlich. Reifer Cheddar ist kräftig im Geschmack und der Farmhouse Cheddar ist wunderbar würzig

regierten Ländern einführten. So wird in Kanada, in Australien, Neuseeland und in den USA – alles große Milch erzeugende Länder – noch heute vorwiegend dieser Käsetyp produziert, der auch den wesentlichen Rohstoff für die dort entstandene große Schmelzkäseindustrie bildet.

Cheddar ist ein typischer Hartkäse. Cheddar gibt es in mehreren Farben und Sorten. In naturbelassenem Zustand ist der Teig hellgelb oder rot. Der meist verkaufte hat einen kräftig orangefarbenen Teig, der dadurch entsteht, dass man beim »cheddern« Annato zugibt – ein aus den Wurzeln südamerikanischer Bäume gewonnener Pflanzensaft.

Erguel Jura (AOC/AOP)

Kontaktadresse:
Harald Kämpf
Fromagerie
de Courtelary
Grand-Rue 51
CH-2608
Courtelary

Eine Köstlichkeit aus der Fromagerie Courtelary !

Hoch in den Bergen des Schweizer Jura liegt das im Jahre 999 erstmals erwähnte Schloss von Erguel, das eine kaiserliche Vogtei war. In dieser Region werden seit Jahrhunderten aus der herrlichen, gesunden Milch des Juragebirges wunderbare Käse hergestellt, die früher ausschließlich der Besatzung der Vogtei und später dann den Berner

Herren vorbehalten waren.

Heute wie früher werden diese Käse mit gewaschener Rinde nach den alten Traditionen und Rezepturen aus naturbelassener Rohmilch mit dem vollen Aroma der herrlichen Weiden dieses Gebirges nach modernsten hygienischen Vorschriften in der Fromagerie Courtelary im Berner Jura hergestellt. Die Milchbauern der Region haben sich zusammengeschlossen, gemeinsam diesen Käse zu produzieren und auch zu vermarkten. Doch im Gegensatz zu früher können ihn heute nicht nur die privilegierten Herren genießen, sondern alle Käsegourmets und Käseliebhaber. Mit der zunehmenden Anpassung der Milchpreise in der Schweiz an das Niveau in der EU wird auch dieser Käse, der bis vor wenigen Jahren durch die hohe Zollbelastung in Deutschland exorbitant teuer war, zu einem erschwinglichen Preis verfügbar sein.

Für den perfekten Genuss schneiden Sie den Käse in Streifen, essen ihn einfach aus der Hand und reichen dazu ein Glas Wein und ein knuspriges Brot

Es handelt sich um einen Bergkäse aus der Gruppe der Schnittkäse, mit einer natürlichen, festen, braunen- bis braunroten Rinde. Der Teig ist geschmeidig bis fest und je nach Jahreszeit kräftig hellgelb im Sommer bis elfenbeinfarben im Winter. Er ist geschlossen, fast ohne Lochung, jedoch mit 1 bis 8mm großen Spalten. Sein Geschmack ist charaktervoll würzig und wird mit fortlaufender längerer Reifung noch ausgeprägter. Er

hat maximal 38% absolute Trockenmasse und entspricht der Vollfettstufe.

Die runden Laibe haben einen Durchmesser von 33 bis 35cm und eine Seitenhöhe von 7 bis 8cm. Das Gewicht beträgt zwischen 6 und 6,5kg. Zu dieser Köstlichkeit passen hervorragend sowohl Weiß- als auch Rotweine wie der Fendant oder der Dole. Für den perfekten Genuss schneiden Sie den Käse in Streifen, essen ihn einfach aus der Hand und reichen dazu ein Glas Wein und ein knuspriges Brot. Servieren Sie ihn Ihren Gästen als Dessert, verwenden Sie ihn als besondere Würze zu einem Käsefondue, oder reiben Sie ihn und überbacken Sie damit Ihr Gemüse oder Kartoffel – Gratin.

Gaiser Bergraclette®

Der Gaiser Bergraclette ist eine Spezialität, die inzwischen mehrfach mit Goldmedaillen ausgezeichnet wurde. Er wird nur aus Rohmilch von silofrei gefütterten Kühen in einer Käsereigenossenschaft im Appenzellerland (siehe Appenzeller) hergestellt. Dieser Käse bringt wieder Geschmack in diese Käsesorte. Da der Käse aus naturbelassener Rohmilch hergestellt wird, hat das Endprodukt 46-47% Fett i.Tr. und eine rotbraune Naturrinde. Diese wird nicht plastifiziert, sondern geschmiert und kann daher als Raclette auch wirklich mitgeschmolzen und verzehrt werden. Die Laibe haben einen elfenbeinfarbigen Teig mit einer erbsengroßen Rundlochung und ein Gewicht von ca. 5kg. Innerhalb der Reifezeit von 3 Monaten sind sie noch mild im Geschmack. Wer jedoch einen kräftig würzigen Geschmack liebt, sollte die länger gereifte und etwas teuere Version wählen, die erst nach 6 Monaten ausgeliefert wird. Man muss hier anerkennen, dass nicht nur der höhere Schweizer Milchpreis, sondern auch die laufende pflegliche Behandlung während der langen Reifezeit und das sich dabei verringernde Gewicht finanziell zu Buche schlagen. Es ist für den Hersteller natürlich ein Unterschied, ob er das Geld für seine Ware nach 4-5 Wochen oder nach 6-8 Monaten erst bekommt.

Weinempfehlung: Ein weißer Fendant aus dem Wallis.

Gouda

Gouda ist eine Stadt in Holland. Der Name dieses Käses ist nicht geschützt und daher wird er heute in zahlreichen Ländern hergestellt. Er ist einer der meist verkauften Käse in Deutschland und gehört zur Gruppe der Schnittkäse. Es gibt Gouda in verschiedenen Altersstufen in jung, mittelalt und alt, aber der größte Teil wird nicht einmal mehr in der traditionellen Rundform, sondern foliengereift in Blockform hergestellt. Es gibt ihn auch fett- und salzreduziert. Marketingstrategen haben sich dann noch als besonderen Gag den »Maigouda« einfallen lassen. Ein Käse, der im Frühjahr aus der ersten Weidenmilch fabriziert und ganz jung verkauft wird. Ein typisches

Massenprodukt nach standardisierten Herstellungsmethoden produziert und eben nicht in filigraner Handwerksarbeit kreiert. Es gibt den Gouda auch mit verschiedenen Zutaten wie Knoblauch, Zwiebel, Kümmel, Brennessel usw. Leider wird der Gouda zumeist nur als industriell hergestelltes Massenprodukt aus pasteurisierter Milch hergestellt und viel zu jung auf den Markt gebracht.

Als Kind des Ruhrgebietes kannte ich kaum einen anderen Käse als Gouda. Da ich heute noch sehr gerne einen alten gereiften Bauern-Gouda esse, will ich auf diesen wunderbaren überjährigen, alten »Goudse boeren kaas« eingehen. Bäuerliche Goudahersteller produzieren auf ihren Höfen in kleinen Betrieben rund um die Stadt Gouda und vor allem in Nordholland nach alten Rezepturen ihren Gouda noch zweimal täglich aus ganz frischer Rohmilch in Laiben zwischen 3 und 30kg. Es gibt auch noch einige darauf spezialisierte Firmen, die diese Käse jung aufkaufen und lange und sorgfältig lagern. Mein Lieblings-Bauerngouda ist ungewachst und mindestens zwei Jahre gelagert. Er schmeckt einfach köstlich. Er hat dann eine dunkelgelbe, fast schon hellbraune Farbe, ist sehr würzig und hart in der Konsistenz.

Ein solcher Gouda ist kein Käse, den man

Noch heute zeugt der bedeutende Käsemarkt von Alkmaar von der großen Vergangenheit des Traditionsgouda.

als Brotbelag verwendet, sondern den man in Bröckchen zu einem guten Bier oder auch einem kräftigen Rotwein genießt.

Jede Skat- oder Doppelkopfrunde freut sich über eine solche Abwechslung. Die Niederländer sagen denn auch »Broekelgouda« dazu.

Lindenberger Weinkäse

Nur geringe Abweichungen im Herstellungsverfahren gegenüber dem Bergkäse können schon zu einer Neuschöpfung führen – in diesem Fall: zum »Lindenberger Weinkäse«. Das Einlaben der Milch erfolgt ebenfalls bei 31° C, die weitere Erwärmung aber nur bis 40° C. Es werden auch andere Kulturen verwendet als beim Bergkäse, die Formen haben nur 30cm Durchmesser und der Druck der Presse beträgt nur 40-70kg. Auch das Salzbad dauert nur einen Tag. Der Weinkäse liegt nach dem Salzbad eine Woche lang in einem Rotweinbad. Der Käse bekommt dadurch ein wunderbares Aroma. Die Rinde wird erst rötlich, dann gräulich. Die Reifung erfolgt ebenfalls bei 16° C und 94% Luftfeuchtigkeit. Die Reifezeit beträgt 6-8 Wochen. Die fertigen Weinkäse haben ein Gewicht von ca. 6kg. Aus

Aus optischen Gründen wird der Weinkäse vor dem Abverkauf mit einer schwarzen Käsekunststofffarbe bestrichen

optischen Gründen wird der Weinkäse vor dem Abverkauf mit einer schwarzen Käsekunststofffarbe bestrichen. Die Rinde dieses Käses ist daher zum Verzehr nicht geeignet.

Mont-Soleil

Am 4.9.2004 war Tag der offenen Tür in der großen und relativ neuen Fromagerie Spielhofer in CH-2610 St. Imier, am Fuße des Mont Soleil im Kanton Jura (Bernois). Dieser Betrieb war vor einigen Jahren von der »Swiss Dairy Food« errichtet worden. Nach der Insolvenz dieses Unternehmens konnte der Betrieb im November 2003 von dem mutigen und tatkräftigen Familienunternehmer Sepp Spielhofer übernommen werden. Der Einzug des Familienunternehmens und die endgültige Übernahme des Betriebes wurde mit diesem Fest feierlich begangen.

Den ganzen Tag wurden Tausende von Besuchern in Gruppen durch den Betrieb geführt. Alle konnten die Produktions- und Reiferäume besichtigen und wurden dann mit Spielhofers Delikatessen wie dem Tête de Moine und wunderbarem Bergkäsen bewirtet. Neben vielen persönlichen Geschäftsfreunden waren die Mitglieder der Guilde des Fromagers Confrérie de Saint Uguzon erschienen. Das Team der Fromagerie Spielhofer bereitete seinen Gästen das größte Fondue der Welt, aus ca. 200kg Gruyère, gewürzt mit Mont Soleil zu. Das allein war schon eine Leistung, die in das Guinness Buch der Rekorde hätte aufgenommen werden können.

Dieser Rohmilch-Halbhartkäse aus dem Jura ist sehr beliebt, weil er aus silofreier Rohmilch hergestellt wird. Er bekommt dadurch sein reines, gehaltvolles, feines Aroma mit aromatisch würzigem Geschmack, den die meisten Verbraucher sehr zu schätzen wissen. Es sind runde Laibe mit einem Durchmesser von ca. 36cm und einem Gewicht von 7.5-8.5kg. Die Rinde ist braun, leicht rötlich und der Teig hat eine eher spärliche Lochung bis 6mm, vereinzelte kleine Risse (Gläs). Der Geschmack ist aromatisch, würzig, rein. Die Käse haben 51-54% Fett i.Tr. und einen Wassergehalt von bis zu 65%. Die Käse werden mindestens 4 Monate gereift und tragen die Hersteller Nr. CH 4015

Weinempfehlung: Jura blanc.

Raclette

Das französische Verb »racler« bedeutet abkratzen, schaben, schrappen. Das Hauptwort heißt »Raclette« und die Übersetzung laut Wörterbuch »Kratzeisen«. Versuchen Sie sich bitte nur gut 150 Jahre zurückzuversetzen, als es noch keine Autos und keinen elektrischen Strom gab. Die Menschen in den Bergregionen, sowohl in Frankreich als auch in der Schweiz, waren in den Wintermonaten oft wochenlang von der Außenwelt abgeschnitten und darauf angewiesen, das zu verzehren, was sie in den Sommermonaten als Reserve angelegt hatten. Wichtigste Nahrungsmittel waren neben dem

Elektrogerät zum Schmelzen von Raclette

eigenen Vieh der selbst erzeugte und gut gelagerte Bergkäse. Es waren kleine ca. 6kg große Laibe, die hauptsächlich für den Eigenverbrauch hergestellt worden waren. Als Zutaten gab es das luftgetrocknete Rindfleisch (Bündner Fleisch) oder Schinken und Dauerwürste, die in Mieten eingelagerten Kartoffeln und die eingelegten Gurken und Zwiebeln. Es gab in jedem Haus offenes Feuer und lange Eisengabeln (-spieße), an denen man sowohl ein Stück Fleisch braten konnte oder eben einen halben Laib Käse an das offene Feuer halten konnte. Der dann schmelzende Käse wurde rundum in der Familie Portion für Portion nacheinander auf einem Teller mit einer zuvor gekochten Pellkartoffel geschabt (raclettiert), mit frisch gemahlenem Pfeffer bestreut, mit einigen Scheiben Bündner Fleisch, rohem Schinken oder Salami und mit einer sauer eingelegten Gurke und einigen Silberzwiebeln serviert. So ging das Portion für Portion reihum. Eine wahrhaft Gemeinschaft fördernde und darüber hinaus wohlschmeckende Mahlzeit. Alle aufgeführten Zutaten benötigt man auch heute noch für die Vorbereitung eines guten »Raclette-Abends«.

Als sich nach dem ersten Weltkrieg der Bergtourismus entwickelte, lernten die ersten Winterurlauber diese hervorragende Mahlzeit in den Bergen der Alpen und des Juras kennen und nannten dann die Mahlzeit nach dem Vorbild Raclette. So ging es auch mir. Als ich bei meinen beruflich bedingten vielen Reisen in diese Regionen kam, und auch Winterferien auf den schönen Skipisten machte, fiel mir Ende der 60er Jahre auf, dass in vielen Restaurants »Raclette« auf den Speisekarten stand.

Etikett vom Schmidhauser Ziegenraclette aus Frankreich

Neugierig wie ich war, versuchte ich dieses Angebot und war begeistert. Es war eine echte Alternative zu den sonst so gebräuchlichen Fondues. Als ich dann kurz danach die ersten Raclette Käse an den deutschen Importhandel verkauft habe, war diese Käsesorte und das »Raclettieren« in Deutschland nahezu unbekannt. Ich habe von Hamburg bis München in ganz Deutschland mit einem wunderbaren schmiedeeisernen Raclettegerät, das von einem französischen Kunstschmied gerade für das Schmelzen von halben Laiben entwickelt worden war, in Fachgeschäften und Lebensmittelabteilungen des Kaufhofs gestanden, um den Verbrauchern den Käse und seine Zubereitung zu erklären. Kaufhof war damals das einzige größere deutsche Unternehmen, das sich für diese Idee begeisterte. Ein mindestens 12 Wochen gereifter französischer Raclette Käse, der zollfrei eingeführt werden konnte, wurde im Kaufhof damals zu einem Verbraucherpreis von 10 Euro je kg angeboten, während 1kg Schweizer Raclette – wegen des höheren Milchpreises und der Zollbelastung – zu der Zeit ca. 15 Euro je kg kostete.

Die Einführung dieser Käsesorte war ein so überwältigender Erfolg, dass es bald große Mengen waren, die in Deutschland verkauft wurden. Zeitweise hatte ich sogar Schwierigkeiten, die nachgefragten Mengen, in der von mir streng überwachten Qualität, überhaupt liefern zu können. Immer dann, wenn ein Produkt erfolgreich ist, findet es schnell Nachahmer und es gibt kein Produkt auf der ganzen Welt, das man nicht 50 Cent billiger verkaufen kann, wenn man es für ein Euro schlechter herstellt. Die Einkäufer wie die Verbraucher, die nur nach dem Preis einkaufen, werden das Opfer solcher Manipulationen. Jedenfalls wurde nach einigen Jahren ein »so genannter Raclette« in vielen Handelsketten zu 45 Cent à 100g inseriert. Auch an diesem Beispiel sieht man, wie wichtig ein AOC Schutz ist, um das Original vor den billigen und qualitativ schlechteren Nachahmern sichern zu können. Gerade dies ist ein vernünf-

Pasturin
Schafraclette aus
Frankreich

tiger Verbraucherschutz.

Das Ergebnis war, dass dieser Preis nicht einmal die Kosten der Milch, der Verarbeitung und des Transportes decken konnte, geschweige denn die Kosten des Handels. Es war ein »Lockartikel« geworden, der manchmal unter dem Einstandspreis verkauft wurde. Die Verbraucher wurden über den Gebrauch dieses Käses nicht richtig aufgeklärt und verwendeten ihn, wie andere Schnittkäse, als Brotbelag. Der Käse wurde von der Industrie in allen möglichen Gegenden Europas produziert und nach nur 3-4-wöchiger Reifezeit auf den Markt geworfen (siehe auch Gouda). Das hat dem Ruf dieser Käsesorte sehr geschadet, weil die immer schlimmeren Preisforderungen der großen Handelsketten manchen Hersteller zur Aufgabe oder in die Insolvenz gezwungen haben und manchem Racletteliebhaber, der an einen plastifizierten jungen Raclettelaib gekommen ist, ohne die Zusammenhänge zu kennen, die Freude an diesem wunderbaren Freundschaftsessen verdorben haben. Heute gibt es wieder im französischen Jura und in der Schweiz einige mittelständi-

Kuhmilchraclette
aus Frankreich

sche Hersteller, die eine ausgezeichnete Qualität mit garantierter Reifezeit von 8-12 Wochen liefern.

Ich kann Ihnen nur empfehlen, achten Sie beim Einkauf von Raclette Käse darauf, dass:

- die Rinde nicht

plastifiziert oder sonstwie mit Natamycin behandelt worden ist, denn Sie sollen die Rinde ja mitschmelzen. Sie ist das leckerste Stück. Die Franzosen nennen die geröstete Kruste andachtsvoll »religieuse«.

Und dann fragen Sie bitte:

- ob der Käse aus Rohmilch oder pasteurisierter Milch hergestellt wurde. Wenn Sie den Käse nur als Brotbelag verwenden wollen, dann genügt durchaus der aus pasteurisierter Milch hergestellte Käse. Der Rohmilchraclette ist aber in jedem Fall gehaltvoller und besser zu Pellkartoffeln geeignet. Und:
- erkundigen Sie sich nach der Reifezeit. Ein guter Raclette sollte mindestens 8 bis 12 Wochen ausgereift sein. Je länger er gereift wurde, desto besser und würziger ist sein Geschmack. Ich selbst bevorzuge natürlich einen 4 bis 6 Monate alten Raclette.

Die Laibe haben ein durchschnittliches Gewicht von 5 bis 6kg. Wenn Sie das Raclette originell als Freundschaftsessen Ihren Gästen servieren wollen, kaufen Sie sich ein Raclettegerät, in das Sie einen halben Laib einspannen können. Sie können sich ein solches Gerät auch bei Ihrem Fachhändler ausleihen. Viele gute Fachgeschäfte haben heute einen entsprechenden Verleihservice. Wenn Sie den Käse in den heute weit verbreiteten Pfännchengeräten schmelzen wollen, dann kalkulieren Sie mit etwa 250g Raclettekäse pro teilnehmender Person (wenn Sie ein gutes Filetsteak servieren, brauchen Sie auch etwa diese Menge). Die ideale

Racletterunde besteht aus 8 bis 12 Personen. Man sitzt am Tisch und unterhält sich und einer nach dem anderen Teilnehmer der Runde wird mit dem schmelzenden Käse bedient. So vergeht ein ganzer Abend gemeinsam am Tisch.

Zubereitung: Beim halben Laib die oberen und unteren Flächen leicht abschaben und mit einigen Tropfen Weißwein abreiben und mit der Schnittfläche nach oben in das Raclettegerät einspannen. Zuvor wurden die Pellkartoffeln gekocht, roher Schinken, Bündnerfleisch oder Salami auf Platten angerichtet, Cornichons und Silberzwiebeln in kleinen Schüsseln auf den Tisch gestellt, Pfeffermühle und Salzstreuer bereitgestellt. Und nun kann die Zeremonie beginnen.

Die Runde nimmt um den Tisch Platz, in dessen Mitte das Raclettegerät einsatzbereit steht. Der Hausherr oder die Gastgeberin sitzt in der Mitte, sodass sie nach dem Einschalten des Gerätes von der langsam schmelzenden Oberfläche mit einem Messer den ersten Gast versorgen und den schmelzenden Käse über die halbierte und leichtgesalzene Pellkartoffel schaben kann. So wird ein Gast nach dem anderen bedient. Ein feucht fröhlicher Abend, den alle in bester Erinnerung behalten. Hier geht es um Genuss, den man mit Freunden teilt. Vergessen Sie nicht, das Beste ist die geröstete Rinde. Sie wird beim Schmelzen wunderbar knusprig und ist sehr aromatisch.

Weinempfehlung: Ein trockener Chablis, ein Grauburgunder oder ein Chardonay. Ein Kirschwasser zwischendurch ist zu empfehlen.

Savogniner

Extra Höhlengereift aus der Käserei
Bergsenn AG ! Inmitten der Bündner Bergwelt liegen die
Ferienregionen Savognin und Waltensburg – beide
Regionen in einer Höhe von rund 1000 bis 2700m.
Hier produzieren die Mitarbeiter der Bergsenn AG
mit viel Freude und Sorgfalt ihre einmaligen Berg-
käse-Spezialitäten. Vielleicht wussten Sie noch
nicht, dass in dieser Region die weltbekannte
Heidi-Alp liegt?

Die gehaltvolle und kräftige Berg- und Alpenmilch stammt von Weiden und Blumenwiesen, die
mit viel Aufwand von Bergbauern liebevoll gepflegt werden. Sie lassen ihre Kühe auf den
prachtvollen Berg- und Alpenweiden mit über
3000 verschiedenen Blumen- und Kräuterarten
grasen. Während der Sommermonate weiden fast
alle Kühe auf den Alpen Tarvisch, Nalades, Dado,
Miez, Sura und Salaz. Von diesen Alpen fließt die
gesunde und wertvolle Alpenmilch unmittelbar
nach dem Melkvorgang durch Milch-Pipelines
direkt in die Bergkäsereien (Kontrollkennzeichen
CH 5686). Dort verarbeiten die erfahrenen Mitar-
beiter-Teams die frische Berg- und Alpenmilch mit
viel beruflichem Können, Begabung und Liebe zu
den genussreichen Bergkäse-Spezialitäten.

So entsteht der Savogniner aus frischer Rohmilch, die sofort verarbeitet wurde. So entspre-
chen die Käse der Maßgabe der Vollfettstufe von
ca. 48% Fett i.Tr. Mit einem Wassergehalt von 59-
61% gehören sie zu der Gruppe der Schnittkäse.

Der Käse wird in Formen mit einem Durchmesser von 27cm gepresst und bekommt dann ein Laibgewicht von ca. 5.5kg. Er hat eine geschmierte Rinde und eine kleine, regelmäßige Lochung. Die Spezialitäten werden mindestens 6 Monate ausgereift und haben auch nach der Auslieferung an den Handel bei einer Lagertemperatur von +6° C bis 10° C noch eine Haltbarkeit von mindestens einem Monat.

Der Savogniner - rein, natürlich - geprägt durch die herrliche Landschaft ist kräftig und pikant, ein speziell höhlengereifter Käse

Um dem eigenen Anspruch und den der Kunden gerecht werden zu können, entwickeln die »Bergsennen« die Bergkäse-Sorten kontinuierlich weiter. Laufend wird an neuen Produktinnovationen gearbeitet, wobei vor allem spezielle Reifungs-Prozesse in Berg- und Felsenhöhlen im Vordergrund stehen. Spezialitäten wie Savogniner, Waltensburger und Heidi-Alp-Käse aus Untervaz sind in unterschiedlichen Reifegraden und Geschmacksrichtungen erhältlich. Die Bergkäse werden fachgerecht und liebevoll von Hand gepflegt. Der Savogniner – rein, natürlich – geprägt durch die herrliche Landschaft ist kräftig und pikant, ein speziell höhlengereifter Käse, mit dem unverkennbaren Bergkäse-Geschmack. Ein Genuss für jeden Käseliebhaber.

Kundenwünsche und Konsumentenbedürfnisse bis weit über die Landesgrenzen hinaus bilden die Basis dieser Käserei für eine vertrauensvolle Zusammenarbeit. Die Verantwortung gegenüber der Natur steht genauso im Vordergrund wie den Kunden, Lieferanten, der Bauerngenossenschaft, den Mitarbeitern und der einheimischen Bevölkerung gegenüber. Man muss die Art und Weise des Verhaltens dieser Käsebauern wirklich erlebt haben, um glauben zu können, mit welchem Idealismus hier seit Generationen vorgegangen wird. So entsteht in dieser natürlichen Berg- und Alpenwelt mit großer Lebensfreude der echte Bergkäse-Genuss, der »Savogniner Extra Höhlengereift«!

Ein kulinarischer Leckerbissen auf jeder Käseplatte, zum Apéro, Dessert oder auf dem Käsetoast mit dem passenden Wein.

Tête de Moine (AOC/AOP)
und die Abtei von Bellelay

ausgesprochen: Tät dä Moän

Bellelay ist eine alte Prämonstratenser-Abtei, die von dem Deutschen Norbert von Xanten im 12. Jahrhundert gegründet wurde und die Heimat des inzwischen berühmten Käses »Tête de Moines« darstellt (in der wörtlichen Übersetzung: Der Mönchskopf). Diese Käseköstlichkeit – inzwischen ein AOC Produkt – ist von den Mönchen dieses Klosters schon vor Jahrhunderten entwickelt worden und diese Käse waren die wirtschaftliche Grundlage der ganzen Region. Im Zuge der französischen Revolution wurde das Kloster aufgelöst, die Mönche wurden vertrieben und die ganze Region an Frankreich angegliedert. Die erst im Jahre 1718 neu erbaute riesige Barockkirche wurde entweiht. Als nach der Niederlage Napoleons das Gebiet im Jahre 1815 wieder zur Schweiz zurückkam (Kanton Jura), konnten die Mönche nicht zurückkehren, da die Herren von Bern einer anderen Konfession angehörten. Die gesamte Anlage kam in den Besitz des Kantons, der jetzigen Stiftung »Fondation von Bellelay«, die im Klostergebäude ein Krankenhaus unterhält, in den Nebengebäuden ein großes Gestüt betreibt und das Museum über den Käse »Tête de Moines« mit einer kleinen Schaukäserei beherbergt. Die gesamte Klosteranlage mit dem kleinen dazugehörigen Ort liegen in einem Hochtal des Jura. Er gehört zum französisch-sprachigen Teil der Schweiz. Die ehemalige Abteikirche wird gelegentlich für Ausstellungen und Konzerte genutzt. Sie war auch Schauplatz der 339. und wohl prächtigsten Kapitelsitzung der Käsebruderschaft St. Uguzon im September 2004, die je stattgefunden hat. Der ehemalige Chor der Kirche erfreute alle Käsefreunde mit einer prächtigen Inszenierung.

Die Käserei »Fromages Spielhofer S. A.« in St. Imier (siehe Mont

Das Girolle Schabegerät mit einem aufgesteckten Tête de Moine

Soleil) ist einer der bedeutendsten Hersteller und Reifer des Tête de Moines. Die Geschichte und der Herstellungs- und Reifeprozess des Tête de Moine sind natürlich aufs engste mit der Abtei verbunden und deshalb trägt dieser Käse auch den Untertitel »Fromage de Bellelay«.

Die kleinen runden Hartkäse, die tatsächlich von der Form her entfernte Ähnlichkeit mit einem Mönchskopf in der braunen Kutte haben, haben 50% Fett i.Tr. und ein Gewicht von 900g bis 1,2kg. Der Käse ist äußerst geschmackvoll und wird hauptsächlich zum Hobeln und Schaben verwendet. Am leichtesten geht das heute mit einer Girolle, die extra für das Hobeln dieser Käse entwickelt wurde und die Sie heute in jedem guten Käsefachgeschaft oder in Haushaltswarenläden kaufen können.

Die beim Hobeln entstehenden Käsespiralen sind hervorragend im Geschmack. Sie bilden gemeinsam mit dem Gerät einen Blickfang auf jedem Buffet und eignen sich auch als kleine Nascherei abends beim Fernsehen.

Beachtliche Mengen aus dieser Produktion werden durch die verschiedenen Hersteller selbst durch den Direktverkauf an Touristen vor Ort vermarktet.

Die Interessenvereinigung »Tête de Moine« Switzerland AOC gibt gerne weitere Auskünfte und Rezepte.

Tomme de Savoie (AOC/AOP)

Savoyen wurde schon bei den verschiedensten Sorten, die aus dieser Region stammen, beschrieben (Reblochon, Chartreuse u.a.). Der Name Tomme (auch toma oder tome geschrieben) ist genauso wie der Pecorino in Italien ein Sammelbegriff für kleine Bergkäse, die mit natürlicher Rinde oder in Asche gewälzt, oder auch mit Penicillium Candidum versehen, als Schneetomme auf den Markt gebracht werden. Der größte Absatz erfolgt im Direktverkauf vom Erzeuger zum Verbraucher auf allen Märkten der jeweiligen Regionen und so auch in den größeren Städten wie Grenoble, Lyon, bis in die Schweiz hinein nach Genf und Lausanne. Die Käse wurden früher deshalb so klein verfertigt, weil die Milch nicht ausreichte, um ebenfalls so große Käse herstellen zu können, wie diejenigen, die als große und bekannte Käsesorten schon exportiert wurden. So sind sie manchmal aus einer Mixtur von der Milch der einen Kuh, der anderen zwei Ziegen und noch ein paar dazugekommener Schafe hergestellt worden. Die smarte Größe dieser Käse begründete so die uralte Tradition.

Erst nachdem sich der Ruhm dieser kleinen Bergkäse ausbreitete, gewann der Tomme de Savoie überregionale Bedeutung und erhielt schließlich für diese Bezeichnung den Schutz des AOC Siegels. Es handelt sich nach Ansicht mancher Franzosen um den rustikalsten aller Tommes. Dieser Käse, der inzwischen nur aus Milch von Kühen aus den Regionen Bauges, Tarantaise und

Der Name
Tomme (auch
toma oder tome
geschrieben) ist
ein Sammel-
begriff für kleine
Bergkäse

la Maurienne hergestellt werden darf, wurde früher vor allem im Winter auf den Bauernhöfen selbst hergestellt. Die Bauern haben die Kühe in den Ställen gemolken und benutzten die Sahne der Milch nämlich für die Herstellung ihrer Butter. Den Käse erzeugten sie stets aus entrahmer Milch. Und nach genau dieser Verfahrensweise werden auch die heutigen Käse hergestellt, so dass es den Tomme de Savoie AOC mit 20%, 30% und 40% Fett i.Tr. gibt. Bestimmte Exzentriker bezeichnen den 20%-igen inzwischen als »Tomme leicht«.

Die einzelnen Arbeitsgänge der Dicklegung der Milch, der Behandlung des Bruchs, des Ausformens, Pressens, Salzens und Reifens folgen auch heute noch den klassischen Vorgaben. Die Reifung hat mindestens 5 Wochen in einem kalten feuchten Keller zu erfolgen. Die Käse werden nicht gewaschen, nur gewendet. Die Reifung kann bis zu drei Monaten fortgeführt werden. Die Rinde bildet dann einen grauen, pilzigen Schimmelüberzug, der oftmals mit gelben und roten Flecken versehen ist. Er sieht zugestandener Maßen etwas unappetitlich aus, riecht auch manchmal etwas muffig – ein Zustand, den man als rustikal bezeichnen sollte. Aber wenn Sie ihn anschneiden und seinen wunderbar appetitlich hellgelben Teig sehen und ihn dann neugierig probieren, erleben Sie seinen angenehm mild würzigen Geschmack. Die Laibe haben einen Durchmesser von 18 bis 22cm und sind 5 bis 8cm hoch. Ihr Gewicht kann zwischen 1,3 und 2,5kg variieren.

Als einen der besten Sorten halte ich persönlich den Tomme »La Traditionelle«, der aus nicht entrahmter Rohmilch – und von daher kein AOC Zeichen hat – hergestellt wird. Er wird von der Familie Schmidhauser gereift und hat 45% Fett i.Tr.

Weinempfehlung: Alle trockenen Weißweine Savoyens, bevorzugt ein Crépy.

Ubriaco®
in Rotwein del Piave

Der Ubriaco ist ein mit Trestern des Merlot und Cabernet verfeinerter Käse; der erste übrigens, der auf diese Weise verarbeitet wurde. Für die Verarbeitung wird ein halbfester Schnittkäse im mittleren Reifegrad aus dem Friaul verwendet.

Dieser Käse eignet sich bestens zu Rotwein, vor allem, wenn es sich um denselben Rotwein – Merlot oder Cabernet – handelt, der für die weitere Verarbeitung dieses beschwipsten Käses verwendet wurde. Die Käse werden in den Weinfässern mit der Maische der jeweiligen Weine gereift.

Kontaktadresse: La Casearia, Alessandro Carpenedo, Via Santandra 17 Camalo di Povegliano - (Treviso) Italien

Ubriaco®
in Prosecco

Mit Trestern des Prosecco verfeinerter halbfester, mittelreifer Käse. Der Prosecco verleiht
dem Käse ein kräftiges, doch zugleich feines
Aroma. Dieser Käse kann auch im Sommer zum
Apperitif gereicht werden, wobei auf gar keinen
Fall ein guter Prosecco aus Valdobbiadene fehlen
darf.

Ubriaco®
Pecorino

Dieser Käse, ein sardinischer oder toskanischer
Schafkäse, wird in Cabernet Trester getaucht. Auf
diese Weise vermischt sich das würzige Aroma des
Schafkäses mit dem kräftigen Aroma des
Cabernet. Dieser Schafkäse kann für die Zubereitung unterschiedlicher Gerichte verwendet werden.

Antonio Carpenedo und seine Söhne Ernesto
und Alessandro, Inhaber der Käserei »La Casearia
S.A.S.«, stammen aus einer Familie, die es sich seit
Beginn ihrer Unternehmenstätigkeit zur Aufgabe
gemacht hat, Käsesorten hochwertiger Qualität
herzustellen. Dank einer 30-jährigen Erfahrung
auf dem Gebiet der Herstellung und der Verfeinerung von Milchprodukten und Käse widmen sie
sich heute der Herstellung von Käsesorten mit
vollkommen neuen Geschmacksrichtungen, darunter der »L'Ubriaco«®, der »Brillo di Treviso«®,

der »Sottocenere Aromatizzato al Tartufo«, der »Speziato« und der sogenannte »Barricati«. Ferner stellen sie kleine Mengen von handgefertigten Käsesorten erster Qualität her.

Urchiger Entlebucher

Die Käsesorte Urchiger Entlebucher – heute eine international geschützte »Registered Trade Mark« – stammt aus einer traditionellen Dorfkäserei im Entlebuch, auf die ich auch beim Goldwäscherkäse eingehe. Die Käseherstellung im Entlebuch geht auf das 16. Jahrhundert zurück, als auf den Alpen die dort gewonnene Kuhmilch zu Käse, »harter Fettkäse« genannt, verarbeitet wurden.

Im 17. Jahrhundert wurden dann größere und sehr haltbare Käse, den »Spalenkäse«, heute unter dem Namen Sbrinz bekannt, im Entlebuch und in den Kantonen Bern, Nid- und Obwalden hergestellt. Versuchen Sie sich in eine Zeit zurückzuversetzen, in der es keine Automobile und keine befestigten Straßen gab. Der Käse erhielt seinen Namen von den Holzfässern (Spalen), in welchem je zwei Laibe von ca. 30-40kg Gewicht für den Transport verpackt wurden. Diese Spalenfässer wurden durch »Säumer« auf Maultieren über den Gotthardpass in den Süden oder auf Schiffen auf dem Rhein in den Norden exportiert. 1884 gab es im Entlebuch noch 57 Alpkäsereien und 33 Talkäsereien, welche die Milch von rund 4500 Kühen hauptsächlich zu Spalenkäse und Emmentaler verarbeiteten. Heute sind es noch 8 Alpkäsereien und nur noch 13 Dorfkäsereien, die vorwiegend ganz hochwertige Spezialitäten wie diesen Urchige Entlebucher fertigen.

Im alemannisch schweizerischen Dialekt »Schwytzertütsch« beschreibt »Urchig« etwas Urtümliches, Traditionelles. Wir haben im Niederdeutschen ebenfalls den Begriff »urig«, der wild, rassig bedeutet oder eine hohe Nahrungsqualität ausdrückt. In Düsseldorf heißt eine der bedeutendsten Altbierbrauereien das »Urige«.

Der Urchige Entlebucher ist ein vollfetter Rohmilchkäse, der nach 12 Monaten Lagerung und Behandlung mit einer speziellen Rotschmiere sein kräftig, würziges Aroma erhält. Der Teig ist elfenbeinfarben, die Laibe 30-33kg schwer. Eine echte Rarität.

Urchrüter Chäs

Kontaktadresse:
Chäsi Künten
Unterdorf 6,
CH-5444
Künten

Zwischen den beiden idyllischen Reuss-Städtchen Bremgarten und Mellingen in der Nordschweiz liegt die Chäsi Künten, die seit 1985 von Sepp Brülisauer als Milchkäufer und ab 1991 als selbstständiger Familienbetrieb geführt wird. Seine Philosophie beruht auf dem Wunsch, im Einklang mit der Natur, mit Freude und Fantasie, kunden- und marktorientiert hervorragende traditionelle Käse zu produzieren, um sich von der großen milchverarbeitenden Industrie abzuheben und mit solcher Originalität auch komfortabel überleben zu können.

So entstand im Laufe der Jahre eine vielfältige Produktpalette von Eigenkreationen, die sich im In- und Ausland erfolgreich vermarkten lassen. Die traditionelle und natürliche Herstellung der Käse erfolgt ausschließlich mit silofreier Milch aus der Umgebung. Von dieser wird rund 1/3 der Milchmenge nach den Richtlinien der Bio Suisse verarbeitet.

Der hohe Bekannt- und Beliebtheitsgrad der Spezialitäten spornt die Familie immer wieder von neuem an, weitere Gaumenfreuden für ihre Kunden zu entwickeln und schon fast vergessene Rezepturen zu neuem Leben zu erwecken.

Bei dem Produkt »Urchrüter Chäs« handelt es sich um einem Käse mit einem angenehmen Kräuter-Nussgeschmack, der wirklich absolut einzigartig ist! Ideal geeignet zum Aperitif, als Schnittkäse, zum Überbacken als Gratin, zur Herstellung von Chäshörnli, in Würfeln auf Salat oder in einem großen Stück auf der Käseplatte. Dieses Produkt hat in der Region einen sehr hohen Beliebtheitsgrad erreicht.

Ein großer Teil der Produktion wird auch aus Bio-Vollmilch hergestellt und ist als Bio-Urchrüter Chäs erhältlich. Für die Herstellung dieses Käses wird ausschließlich silofreie Bio-Milch bzw. Kuhvollmilch verarbeitet, die maximal thermisiert wird. In der Erzeugung entstehen etwa 4.2kg schwere, runde Laibe, die mit einer leichten, trockenen Schmiere gewaschen werden. Diese Schmiere wird mit einer geheimen Kräutermischung angesetzt. Die Lochung dieser Käse ist ganz gering, allenfalls erbsengroß. Der Geschmack ist mild, im Abgang mit einem feinen Nussgeschmack.

Die Laibe haben die Vollfett Stufe und ergeben bei der reichen Milch dieser Region ca. 53% Fett i.Tr., wobei der Wassergehalt in der fettfreien Käsemasse ca. 61% beträgt, der absolute Fettgehalt also nur ca. 22% beträgt. Die sorgfältige Reifung erstreckt sich über 8 bis 12 Wochen, je nach Kundenwunsch.

Der Urchrüter Chäs wird als Tischkäse in Würfeln oder Streifen auf Salat gegessen. Man nimmt ihn auch zum Überbacken auf Gratin oder als Teil eines guten Schweizer Käsefondues.

Die Hersteller Nr. ist CH 5601 und die Bio Käse tragen das Bio-Label Nr. bi 30081. Auf Wunsch werden die Käse auch mit eigenen Etiketten der Kunden als Eigenmarken versehen.

Urschwyzer Holzerkäse

Kontaktadresse:
Schwyzer
Milchhuus AG
Erich Reichmuth
Schützenstrasse 7
CH-6430 Schwyz

In Schwyz, eingebettet zwischen dem Mythen und dem Rigi, ist das Schwyzer Milchhuus zu Hause. Der Talkessel bzw. das Swiss Knife Valley (so benannt nach dem weltbekannten Schweizer Sackmesser der Firma Viktorinox, welche auch in Schwyz beheimatet ist), besticht durch seine wunderschöne Landschaft, die alles bietet.

Vom Vierwaldstättersee über den Stoos, das Muotathal und die Mythen bis hin zum Hochstuckli, dem Lauerzersee und noch vielen anderen touristisch bekannten Örtlichkeiten, finden Sie alles in dieser herrlichen Region.

Das Schwyzer Milchhuus ist bereits in der vierten Generation als Familienbetrieb in der Milchverarbeitung tätig. Sowohl als Molkerei als auch als Käserei kann der Betrieb auf eine mehr als 100-jährige Tradition zurückblicken. Neben diversen Käsesorten wird auch Milch für die Frischmilchversorgung der Umgebung hier abgefüllt.

Das Milcheinzugsgebiet ist der Raum Schwyz. Viele der Bauern sind im Berggebiet angesiedelt. So muss zum Beispiel täglich ein Tanklastwagen auf den Rigi fahren, um die Milch der dort ansässigen Landwirte zu sammeln.

Seit Anfang 2001 wird der von Milchhuus hergestellte Bergkäse unter dem Namen »Urschwyzer Holzerkäs« aus pasteurisierter Kuhmilch hergestellt. Die runden Formen haben einen Durchmesser von 32cm und eine Höhe von 7,5cm und sind 6,5kg schwer (es sind auch ½ Laibe, ¼ Laibe vakuumverpackt erhältlich). Die Käse werden in einer natürlichen Höhle beim Vierwaldstättersee 7 Monate gereift und gelagert, bis sich ihr feines, aber würziges Aroma entwickelt hat. Dieser Felsenkeller wurde ca. 1850 als 150m langer Tunnel für die Gotthardroute der Eisenbahn gebaut und 1945 von der Schweizerischen Bundesbahn stillgelegt, als die Hauptroute verlegt wurde. Der Tunnel ist ein Geschenk der Natur! Bei gleich bleibender

Viele der Bauern sind im Berggebiet angesiedelt. So muss zum Beispiel täglich ein Tanklastwagen auf den Rigi fahren, um die Milch der dort ansässigen Landwirte zu sammeln

Temperatur und Feuchtigkeit reift der Holzerkäs im Laufe der Monate zu seiner natürlichen Würzigkeit heran und hat dann eine rotbraune, trockene Rinde. Der Teig ist geschlossen und weist nur eine einzelne kleine oder mittlere Lochung auf. Er ist vollfett je nach Jahreszeit mit 47-50% Fett i.Tr. und einem Wassergehalt von 54-56%. Er gehört damit in die Gruppe der Schnittkäse. Der Käse wird während seiner gesamten Lagerung intensiv gepflegt und beobachtet, bis der Käsermeister die Einwilligung zum Verkauf gibt.

Vacherin Fribourgeois

ausgesprochen: Wascheräng friburschoa

Freiburger Vacherin, so bezeichnet man diesen Käse aus der Westschweiz. Die bedeutende Universitätsstadt Fribourg gab diesem Käse, der sowohl aus roher als auch aus pasteurisierter Milch mit einer Trockenmasse von 52% und einem Fettgehalt von 45% i.Tr. hergestellt wird, ihren Namen. Nach einer sehr wahrscheinlichen Hypothese wurde der Käse schon zu einer Zeit hergestellt, als man den Käsebruch für Schnitt- und Hartkäse nicht nacherhitzte. Die Formen haben einen Durchmesser von 40cm und eine Höhe von 7-8cm.

Er unterscheidet sich jedoch als Schnittkäse wesentlich vom Vacherin Mont d'Or, der ein Weichkäse ist (siehe dort). Der Käse darf frühestens nach 60 Tagen Reifung auf den Markt kommen. Er wird sowohl zum direkten Verzehr genutzt, als auch als Grundlage zum Fondue. Die runden Laibe wiegen zwischen 8 und 10kg, weisen eine dünne Rinde mit braungelber Schmiere auf und haben einen hellgelben Teig. Der Geschmack ist sauber, leicht säuerlich bis aromatisch. Die Rinde wird auf jeden Fall abgeschnitten.

Weinempfehlung: Leichte fruchtige Weine aus dem Kanton Vaud und dem Wallis.

Hartkäse

Bei dem Hartkäse wird der Bruch so weit zerkleinert, bis er nur noch Korngröße hat, damit tritt die meiste Molke aus dem Bruch. Oft wird dann noch nacherhitzt oder mit heissem Wasser gewaschen, um so noch mehr Molke auszuwaschen. Die Formen werden mechanisch oder hydraulisch gepresst und nach dem Ausformen in Salzlake unterschiedlich lange gelagert. Erst dann beginnt die eigentliche Reifung in Höhlen, Reifekellern oder riesigen Lagerhallen.

Abondance (AOC/AOP)

Abondance ist ein friedliches Bergstädtchen und liegt in den französischen Alpen, nicht weit von der Schweizer Grenze in dem Gebiet »Rhône-Alpes«. Man gelangt dorthin auf der Straße von Monnay in Richtung Thonon am Südufer des Genfer Sees. Im frühen 14. Jahrundert züchteten hier die Mönche der Abtei von Abondance in diesem Hochtal eine Rinderrasse, die sich dieser harten Umgebung am besten anpassen konnte. Diese Rinder tragen noch heute den Namen dieser Abtei. In dieser Umgebung entstehen die mittelgroßen Bergkäse im Sommer auf den Almen in den Sennhütten oder im Winter in der Abgeschiedenheit der Bergdorfer bzw. des Stadtchens Abondance. Die Käse werden auch heute noch vorwiegend aus der Milch von Kühen der Rasse »Abondance« hergestellt, aber auch die Milch von

Montbéliard und Tarine-Kühen darf zur Herstellung verwendet werden. Entscheidend für diesen Käse ist, dass diese Tiere kein Silagefutter (Gärfutter) bekommen haben.

Die Milch darf nur einmal nach der Labzugabe bis auf 40° C erwärmt werden. In den Häusern (Fermier)

bzw. kleinen Molkereien darf sich keine Anlage, keine Maschine oder sonstige Möglichkeit befinden, mit denen eine Erhitzung auf über 40° C möglich wäre. Für einen Abondance von durchschnittlich ca. 9,5kg werden 100 Liter Milch benötigt. Da diese Käse auch heute noch bis zu 40% auf den Bauernhöfen (Fermier) hergestellt werden, gibt es unterschiedliche Größen zwischen 7 und 12kg. Das Dicklegen dauert nach dem Einlaben bei 32-35° C ca. 35 Minuten. Die Dickmilch wird sorgfältig in kleine Würfel geschnitten und dann kräftig gerührt, bis der Bruch körnig geworden ist. Dann erfolgt die langsame Erwärmung auf 40° C. Ein Vorgang, der ca. 45 Minuten dauert. Unter ständigem Rühren entstehen weizenkorngroße Käsebröckchen, die eine milchige Farbe haben und eine gummiähnliche Konsistenz aufweisen. Bei dieser Erwärmung scheidet sich immer mehr Molke ab und der Bruch trocknet und gart. Mit einem großen Leinentuch wird dann der

Der Abondance Käse mit seinem deutlichen Erkennungsmerkmal, den konkaven Seiten

Bruch aus dem Kupferkessel gehoben und mit dem Tuch in Holzringe gepresst, die einen Durchmesser von 38 bis 43cm und eine Höhe von 7-8cm haben. Die Kaseinmarke darf nicht vergessen werden. Sie wird in den weichen Käse eingedrückt, die bei den »Fermier« Käsen blau und oval ist und bei allen anderen »Artisanal« oder »Cooperative« hergestellten Käse rechteckig. Jede Kaseinmarke muss die nachfolgenden Informationen tragen:

- Den Namen Abondance,
- die Kennziffer des Herstellungsbetriebes,
- die Bezeichnung »Fermier«, wenn es sich um einen Fermier-Käse handelt.

Die Formen bestehen nur aus dem Holzring und haben eine umlaufende Schnur, mit der sich der Holzring immer enger zusammenziehen lässt. Der Käse quillt dann unten und oben über den Holzring hinaus. Sieben bis acht gefüllte Ringe werden jeweils durch ein Holzbrett getrennt übereinander gestapelt und pressen sich so durch ihr Eigengewicht selbst. Nach 20 Minuten werden die Formen umgedreht. Das geschieht viermal hintereinander. Am Abend werden dann die nassen Gazetücher abgezogen und durch trockene ersetzt und dann die Formen nochmals mit höchster Kraft gepresst. Die Käsekörnchen verkleben ineinander und der Kase hat seine endgültige Form angenommen. Vierundzwanzig Stunden wird er dann in einen kühlen Raum bei 13-16° C gelegt, um abzukühlen. Die Rinde darf hier nicht trocknen. Dann erfolgt die Trockensalzung. Bei cooperative hergestellten Käse auch durch ein 12 stündiges Salzbad, um bestimmte Geschmacksrichtungen zu erzeugen und die Rindenbildung zu beschleunigen. Die sich anschließende Reifung muss mindestens 90 Tage betragen bei 12° C und einer 95%-igen Luftfeuchtigkeit. Jeden Tag wird die Oberfläche des Käses mit grobem Salz abgerieben und mit einem in »Morge« getauchten Tuch abgewischt. Die »Morge« besteht aus einer Mischung von Salzlake und einer klebrigen Substanz, die sich auf der Rinde besonders alt gereifter Käse befindet. Dieses Verfahren, das im Näheren ein Schleifen mit den Salzkörnern darstellt, verhindert den Schimmelbefall und fördert die Bildung der festen Rinde, die wiederum diesen Käsen ihren kräftigen Geruch und den ausgeprägt pikanten, zwischen Säure und Süße ausgewogenen Geschmack verleiht. Die Rinde und die darunterliegende leichte graue Schicht sollte vor dem Essen entfernt werden. Das charakteristische äußere Merkmal sind die konkaven (nach innen gewölbten) Seiten, die durch das Spannen der Holzreifen entstanden sind und diese Käse als kleine Brüder des großen Beaufort mit etwas würzigerem Geschmack erscheinen lassen. Der glatte Teig weist keine Löcher auf; er ist hart und zugleich elastisch. Seine Daten: 48% Fett i.Tr., aber nur ca. 28% absoluter Fettgehalt. Der Käse ist außerhalb seiner Region noch relativ unbekannt. Die kleine Gesamtproduktion von jährlich nur ca. 360 Tonnen macht diese Käse zu einer echten Rarität. Greifen Sie zu, wo immer Sie ihn finden! Seit 1990 gibt es für alle Abondance den besonderen Schutz der AOC/AOP.

Weinempfehlung: Côtes de Nuits, Morey St. Denis oder ein einfacher Savoyer Weißwein.

Allgäuer Emmentaler (GUB)
Allgäuer Bergkäse (GUB) – Die Sennalpen

Kontaktadresse:
Initiative Allgäuer
Sennalpen,
Immenstadt
Büro für Kom-
munikation Monta
Gewerbepark
D-87509
Immenstadt

Das Allgäu vom Bodensee bis hinüber nach Kempten, Oberstdorf und Hindelang ist eine der beeindruckendsten Landschaften Deutschlands. Der Blick von der Deutschen Alpenstraße oberhalb von Lindenberg, der mit einer Höhenlage von mehr als 800m höchsten Stadt Deutschlands, auf die Nagelfluhkette mit dem Hochgrat bis hinüber zum Hohen Ifen und auf der anderen Seite bis zum Säntis ist im Sommer wie im Winter unvergesslich. Der Allgäu-Kenner schätzt aber auch die Vielfalt der einheimischen kulinarischen Genüsse. Deshalb wird auch seit nunmehr fünf Jahren in der Stadt Lindenberg, die sich auf Initiative des Autors unter der Führung ihres aktiven und interessierten Bürgermeisters Johann Zeh im Jahre 2000 dem internationalen Städtebund: »Käse verbindet die Städte Europas« angeschlossen hat, alljährlich am letzten Wochenende im August das »Internationale Käse- und Gourmetfestival« Lindenberg im Allgäu gefeiert, das schon 2004 mehr als 35.000 Besucher angezogen hat und auf der fast alle Allgäuer Sennereien ihre Erzeugnisse einem breiten, interessierten Publikum anbieten.

Seit 1830 begann auch hier im Allgäu die

Alpkäserei und heute prägt die Milchwirtschaft die ganze Region. Sie ist die Heimat des »Allgäuer Braunvieh«: Kurzhornrinder, über die seit 1883 eine eigene Allgäuer Herdbuchgesellschaft wacht. Diese Kühe geben ihre gute Milch für den »Allgäuer Emmentaler«, den »Allgäuer Bergkäse«, die nach wie vor nach alter Sitte in den kleinen Sennereien hergestellt werden. So dürfen nach der Definition, die auf der »I. Olympiade der Bergkäse«, die im Jahre 2002 in St. Vincente im Aostatal stattfand, in Zukunft nur noch Käse benannt werden, die aus Milch hergestellt werden, die aus mehr als 600m Höhenlage stammt. Beide Käsesorten sind inzwischen als geschützte Herkunftsbezeichnungen eingetragen, für die Bezeichnung »Sennalpen-Käse« läuft noch das Genehmigungsverfahren.

Sennalpen sind Hochalpen, die in über 1000m N/N liegen und mit Kühen, Schafen und Ziegen besetzt sind, die den ganzen Sommer auf den Alpen beste Gräser und Kräuter fressen. 1998 haben sich siebzehn Sennalpen auf dem Gebiet der Gemeinden Balderschwang, Blaichach-Gunzesried, der Stadt Immenstadt und Oberstaufen zu einer »Initiative Allgäuer Sennalpen« zusammengeschlossen, denen sich inzwischen auch die Alpen in den Gebieten der Gemeinden Oberstdorf und Hindelang angeschlossen ha-

Seit 1830 begann im Allgäu die Alpkäserei und heute prägt die Milchwirtschaft die ganze Region. (Abb. Allgäuer Emmentaler)

209

ben, sodass diese Interessengemeinschaft inzwischen 31 Mitglieder hat, die alle sich verpflichtet haben, nach den überlieferten, alterprobten Arbeitsgängen zu arbeiten. Die so gefertigten Käse zeichnen sich durch hervorragende Qualität aus und haben bereits viele Auszeichnungen auch auf internationalen Wettbewerben gewonnen. Bei allen diesen Bergkäsen wird die Rohmilch durch Lab einer süßen Gerinnung zugeführt, um das Milcheiweiß auszufällen, und um aus den festen Bestandteilen der Milch den Käseteig herstellen zu können. Weiterhin werden Milchsäurekulturen beigefügt, die die Aufgabe haben den Milchzucker abzubauen. Um das Eiweiß von der Molke zu trennen, wird die gallertartige Masse, die eingedickte Milch, mit der Käseharfe in kleine Teile zerschnitten und mit einem Rührgerät im Kessel fleißig gerührt, und dabei auf 50° C nachgewärmt (gebrannt – vergleiche auch Comté und Emmentalerherstellung). Dabei verfestigt sich der Käsebruch. Auch bei diesen Bergkäsen wird der Käsebruch, die Masse aus der die Käselaibe geformt werden sollen, mit einem feinmaschigen Tuch aus dem Kessel geholt, in die Formen gefüllt und mit der Hand in die Form gepresst, die dann anschließend unter große mechanische Pressen gelegt werden, die mit einem Druck von 800kg den Rest der Molke aus dem frischen Käse pressen.

Wenn die jungen Laibe ausgeformt sind, kommen sie in ein Salzbad (Sättigung 20%), das die Aufgabe hat, dem Käse Geschmack zu geben, der Oberfläche des jungen Käses das Wasser zu ent-

ziehen und so den Grundstein zur Rindenbildung
zu legen. Jeder Laib enthält jetzt auch seinen Herkunftsstempel und das Geburtsdatum.

Nach zwei Tagen im Salzbad kommen die
Käselaibe in den Gärkeller, wo bei ausgewogener
Temperatur von 16° C und einer Luftfeuchtigkeit
von 94% die Milchgärung in Gang kommt, die den
Milchzucker abbaut. Bei diesem Prozess entstehen
Gase, die aus dem festen Käseteig der Rinde nicht
mehr entweichen können und so die berühmten
Löcher im Käse entstehen lassen. Jede Woche wer-
den die Laibe zweimal mit Salzwasser abgerieben
und bilden so allmählich eine goldgelbe Rinde.

Alpkäse und Alpkäsle

Saftige Wiesen, dichte Wälder und zahlreiche
Seen bestimmen das Landschaftsbild des Westall-
gäus. Dazwischen liegen kleine Dörfer mit schmu-
cken Bauernhöfen. Wer ins Allgäu kommt, ist von
der Schönheit und dem kulturellen Reichtum dieser Gegend beeindruckt. Hart arbeitende Bauern
haben das Allgäu zu dem gemacht, was es heute ist
– eine liebenswerte Kulturlandschaft und zugleich
die Wiege des Baldauf Käse.

Bis zu 1000m hoch liegen die Höfe der 49
Milchbauern, deren Kühe vom würzigen Gras der
hochgelegenen Weiden genährt werden, denn nur
aus reiner, durch natürlicher Fütterung erzeugter
Milch kann Baldauf Käse als Rohmilchspezialität
gänzlich ohne Chemie hergestellt werden.

Natürlich gehören dazu auch erfahrene Käser-

Kontaktadresse:
Gebr. Baldauf
GmbH & Co.
Goßholz 5
GF Anton Ess
D-88161
Lindenberg/Allgäu

meister, die ihren Beruf lieben und ihr ganzes Können einbringen, so dass ein köstlicher Käse für den puren Genuss entsteht, ein himmlisches Stück Allgäu!

Baldauf Käse – dieser Name steht für Allgäuer Käsetradition seit 1862, dem Gründungsjahr der Firma Baldauf. Der Firmengründer Martin Baldauf sah, dass im Allgäu die seit 1830 betriebene Milchwirtschaft immer mehr Bedeutung erhielt, und so war der tüchtige Geschäftsmann einer der Ersten, der den in seiner Heimat hergestellten Emmentaler vermarktete. Er wechselte vom Strohhutfabrikanten zum Käsehändler.

Sein Sohn Martin ging einen Schritt weiter. Er schloss Milchkaufverträge mit den Genossenschaften der Bauern ab und begann selbst Käse herzustellen. Schließlich umfasste die Firma Baldauf mehr als 20 Emmentaler-Käsereien im Allgäu und war somit eine der größten Produzenten dieser Käsesorte im süddeutschen Raum. Baldauf-Emmentaler wurde in Holzfässern verpackt, nicht nur in Deutschland, sondern bis nach Amerika und Russland verkauft. Freilich waren die Betriebe klein. Sie befanden sich in den Bauerndörfern, zwischen 800 und 1000 Höhenmetern. Die Milch wurde von den Bauern morgens und abends angeliefert und gleich verarbeitet.

Bei der Produktion ihrer Käsespezialitäten kommen bei Baldauf ausschließlich reines Kälbermagen-Lab, sowie selbstgezogene Milchsäurekulturen und Kochsalz zum Einsatz

Die industrielle Herstellung des nicht geschützten Emmentalers zwang viele Kleinbetriebe zur
Aufgabe. Von ehemals 625 Sennereien im Allgäu
blieben ganze 17 erhalten. Auch die Firma Baldauf
passte sich diesem Strukturwandel an. Herbert
Baldauf, der nun in der vierten Generation die
Firma Baldauf fortführt, hielt Ausschau nach
einer neuen Käsesorte. Er kam auf die Idee,
Bergkäse, der üblicherweise nur im Sommer auf
den Alpen produziert wurde, das ganze Jahr über
in den verbliebenen Baldauf-Sennereien zu erzeugen, mit großem Erfolg. Weitere Käsesorten – wie
der Baldauf Bauernkäse – und saisonale Spezialitäten – wie Bärlauchkäse und Lindenberger Weinkäse – wurden entwickelt und runden heute das
Sortiment der Eigenerzeugung ab.

In dieser Zeit, in der hochwertige Nahrungsmittel gefragt sind, hat die Firma Baldauf eine
Nische gefunden, in der sie nicht nur Käsespezialitäten aus Rohmilch herstellt – und das weiterhin
auf traditionelle Art – sondern auch mit ausgewählten Käsespezialitäten aus der Schweiz,
Frankreich, Italien und
Österreich Handel
treibt.

Alpkäsle sind
Hartkäse aus
Rohmilch der
Rahmstufe 50%
Fett i.Tr.,
Alter 3-4 Monate,
Gewicht ca. 900g,
Durchmesser
12cm, die auch mit
einer Girolle zu
wunderbaren
Käsespiralen
geschabt werden
können

Baldauf Alpkäse,
Baldauf Alpkäsle und
Baldauf Bauernkäse
entstehen aus nicht ent-
rahmter Rohmilch. An
die Bauern werden
besonders hohe Ans-
prüche gestellt: So dür-

fen sie keinen Kunstdünger ausbringen, keine Silage oder Kraftfutter verfüttern und im Winter nur wirtschaftseigenes Heu der heimischen Wiesen verwenden; dafür erhalten sie auch einen höheren Milchpreis.

Bei der Produktion ihrer Käsespezialitäten kommen bei Baldauf ausschließlich reines Kälbermagen-Lab, sowie selbstgezogene Milchsäurekulturen und Kochsalz zum Einsatz. Nach überliefertem Rezept und in altbewährter Herstellungsweise entsteht dann als echte Spezialität der Baldauf Alpkäse. Die frische Rohmilch wird in große doppelwandige Kupferkessel gefüllt und langsam auf 31° C erwärmt. Lab wird beigefügt, das zur süßen Gerinnung der Milch führt. 300 Liter beste Rohmilch braucht man, um einen 25kg Laib Baldauf Alp-Käse, in einer Formengröße mit einem Durchmesser von 55cm, herstellen zu können. Alternativ wird der Käsebruch in kleine Formen, die nur 12cm Durchmesser haben, gefüllt. Dann bekommt man aus der gleichen Menge Käsebruch 18 Laibe kleine Alpkäsle. Im Gärkeller ruht und reift er bis er nach etwa vier Monaten Reifezeit als »Baldauf Alpkäse« eine schöne, goldgelbe Rinde angenommen hat. Die Käserei Baldauf, die über drei eigene Sennereien verfügt, hat in Lindenberg große Reifekeller eingerichtet. Hier werden die Käse von fachkundigen Händen gepflegt. So bekommen sie mit der Zeit ihr würziges Aroma und schöne, erbsengroße Löcher, unterliegen vor dem Versand einer strengen Endkontrolle, bevor sie ihre Reise zu den Fachgeschäften in aller Welt antreten. Ein Herkunftsstempel weist ihn als Original aus. Geschmack, Eigenständigkeit des Charakters, Biss und Aroma hatten die Zeit, sich zur Vollkommenheit zu entwickeln.

Alpkäsle sind Hartkäse aus Rohmilch der Rahmstufe 50% Fett i.Tr., Alter 3-4 Monate, Gewicht ca. 900g, Durchmesser 12cm die auch mit einer Girolle zu wunderbaren Käsespiralen geschabt werden können – ein Blickfang auf dem Käsebufett oder in der Käsetheke.

Weinempfehlung: Silvaner halbtrocken, Weiß- oder Grauburgunder.

Beaufort (AOC/AOP)
Die Wagenräder aus Savoyen !

Die französischen Alpen in Hoch – Savoyen sind vielen Wintersportlern bekannt. Besonders durch die Winterolympiade, die vor einigen Jahren in Albertville stattfand, wurden diese Hochtäler berühmt. Viele, die dort Urlaub machten, tragen das Verlangen mit in ihre Heimat, diesen herrlichen Bergkäse, den sie während ihres Urlaubs in den Urlaubsorten gekostet haben, auch zu Hause genießen und kaufen zu können.

Der Ort Beaufort liegt östlich von Albertville an der Bergstraße, die zum Col de Méraillet führt. Die größten und würzigsten Hartkäse sind so groß wie Wagenräder und werden auf den Almen oder in der Abgeschiedenheit der Bergdörfer hergestellt. Es ist das Herz Savoyens (Beaufortin – Tarantaise – Maurienne). Durch das Gesetz vom

Der Beaufort ist so groß wie ein Wagenrad. Unser Bild zeigt ein kleines Keilstück, auf dem aber deutlich sein charakteristisches Merkmal - die konkave Seitenfläche - zu erkennen ist.

31.03.1976 wurde der Beaufort als einer der ersten Käsesorten unter den Schutz der AOC-Gesetze gestellt. Der Käse wurde – das muss man wissen – schon zur Zeit des römischen Reiches dort hergestellt.

Die Milch kommt ausschließlich aus dem Hochgebirge und hat durch die Zusammensetzung von Tausenden unterschiedlicher Gräser und Kräuter ihren ganz besonderen Charakter. Deswegen ist dieser Käse für die Franzossen »Le Fromage des Alpages de Savoie«. Diese Milch ist unvergleichlich. Im Sommer weiden die Kühe auf den Hochalmen oberhalb der Baumgrenze (daraus entsteht dann der Beaufort d'été), damit man den Käse mit der frisch gemolkenen Milch gleich auf den Almen produzieren kann. Vom Herbst bis zum Frühjahr erfolgt die Produktion im Tal. Die auf den Almen produzierten fertigen Käse werden dann auch zur Reifung in die Täler transportiert und dort sorgfältig und lange gepflegt, bevor sie an den Handel ausgeliefert werden.

Die Milch wird weder entrahmt noch erhitzt, sondern am Tage ihrer Gewinnung frisch verarbeitet. Deshalb hat der Käse auch einen natürlichen Fettgehalt in der Trockenmasse, der zwischen 48% und 55% variieren kann. Die Gewichte liegen zwischen 40 und 60kg, insofern jede Alm eine andere Form benutzt und ein unterschiedlich hohes Milchaufkommen hat.

- Aussehen: Große runde Laibe mit einem Durchmesser von 60cm und einer Höhe von 12 bis 14cm. Das charakteristische äußere Merkmal sind die konkaven Seiten, die durch das Pressen in den Formen und das Spannen der Holzreifen entstehen. Die Rinde ist glatt und fest.
- Geruch: Unverfälscht und kräftig entwickelt
- Konsistenz: geschlossener, glatter Teig, ohne Löcher.
- Geschmack: fruchtig, leicht salzig, mit dem Aroma der Bergflora.
- Mögliche Fehler: gebläht; eine gerissene Rinde, durch die Schimmelpilze in das Innere eindringen können.
- Verzehr: vorwiegend zum Aperitif, als kräftige Brotzeit oder in Würfeln geschnitten, manchmal mit gerösteten Haselnüssen vermischt (wie beim Comté), oder als Dessert in Streifen oder in der Küche zum Überbacken von Gemüse und Gebäck (Zwiebel- und Lauchtorten). Oder als würzige Zutat zum Fondue.

Weinempfehlung: Rotwein Mondeuse oder ein Gamay.

Cantal (AOC/AOP), **Salers** (AOC/AOP),
Laguiole (AOC/AOP)

ausgesprochen: Kantal, Ssalär; Laijol

Die Auvergne ist als das älteste erloschene Vulkangebiet Europas eine ganz besondere Region. Man kann noch heute die kegelförmigen Berge mit den abgesprengten Köpfen in der grünen, satten Landschaft gut erkennen. Der bedeutendste ist der Plomb du Cantal, der eine Höhe von 1858m erreicht und in der Mitte noch den typischen Krater aufweist. Jedermann weiß, dass erloschene Vulkanerde nach Hunderttausenden von Jahren sehr fruchtbar ist. Von daher ist es auch nicht verwunderlich, dass die Auvergne nicht weniger als sechs AOC/AOP Produkte hervorgebracht hat. Der regionale Naturpark der vulkanischen Auvergne wurde 1977 gegründet. Er ist 39.500 Hektar groß und immer einen Besuch wert.

Ich will mit den Hartkäsen beginnen, deren bedeutendster der **Cantal** ist. Seit 1298 ist die Form des Cantal bekannt. Die Hochebene von Cantal hat eine Durchschnittshöhe von 1000m und ist mit einer reichen Flora gesegnet. Die noch bis vor 100 Jahren schlechten Verkehrsanbindungen und großen Entfernungen machten es erforderlich, dass sich die Bewohner der Region Nahrungsmittelreserven anlegten, um in den oft langen und kalten Wintern überleben zu können.

Heute werden 88% der Gesamtproduktion in Formen mit einem Durchmesser von 36 bis 42cm und einer Höhe von 35 bis 40cm hergestellt. Sie

haben ein imposantes Ge-
wicht von 35 bis 45kg je Laib.
Deswegen wurde daneben
auch noch der »kleine Cantal«
erfunden, der den Namen
»Cantalet« bekam, etwa 10kg
wiegt und sich bedeutend
leichter handhaben lässt.

Allen Käsen ist gemein-
sam, dass sie nur aus Milch
gefertigt werden dürfen, die

Nie in Betrieb
genommener
Eisenbahntunnel.
Heute ein
Reifekeller für
den Cantal in
der Auvergne

aus dem Cantal und einigen Gemeinden der benachbarten Départements Aveyron und la Cor-
rèze, Haute-Loire und le Puy-de-Dôme kommen.

Die Käse gehören zur Gruppe der Hartkäse
und das Besondere am Herstellungsverfahren dieser Käse ist, dass sie zweimal gepresst werden
(gecheddert wie beim Cheddar). 10 Liter Milch
sind erforderlich, um im Endresultat 1kg dieses
Käses zu erhalten. Die Milch wird nur auf 32° C
erwärmt und deshalb dauert das Dicklegen der
Milch nach der Labzugabe auch mindestens eine
Stunde. Die Dickmilch wird mit Käseharfen in
ungefähr 1cm große Würfel geschnitten. Unter
ständigem Rühren und ohne weitere Erhitzung
lässt man die Molke ablaufen. Der Käsebruch wird
in Mengen von 80 bis 100kg in einem Tuch einge-
schlagen, in die entsprechend großen Formen ein-
gegeben und dann in eine Presse gebracht. So entsteht ein großer Laib, den man »Tome« nennt.

Dieser Käse muss mindestens 8 Stunden bei ca.
15° C ruhen, damit sich natürliche Milchsäuren
bilden können. In der Zeit des Reifens verändert

sich seine Konsistenz. Anschließend wird der Käse in ein großes Mahlwerk gegeben und wieder zerkleinert (wie in einem Fleischwolf). Der nun aus etwa nussgroßen Stücken bestehende »Tome« wird in großen Wannen im Sommer mit 24g Salz pro kg und im Winter mit 21g Salz gründlich verrührt. Das Salz verbindet sich damit gleichmäßig mit dem Käsebruch. Am nächsten Tag hat sich die Masse zusammengeballt und wird nochmals zerkrümelt. Eine Handvoll dieser Krümel wird in der Hand des Käsers fest zusammengepresst. Wenn sich die Stückchen mühelos von der Hand lösen und der Käser sie wieder in die Wanne schleudern kann, ist dieser Vorgang des Salzens beendet und die zweite Pressung kann beginnen.

Auch diese zweite Form wird mit Stoff ausgelegt und mit dem gemahlenen Tome gefüllt, dann mit einem Metalldeckel verschlossen und unter die Presse gelegt. 48 Stunden lang wird dieser Käse dann noch weitere drei bis vier Mal unter ständig erhöhtem Druck gepresst, nicht ohne jedes Mal den Stoff zu wechseln. Erst dann ist genügend Molke aus dem Käse gepresst worden und der Cantal wird von seinen Hüllen befreit und in den 10° kühlen und mit 90% Luftfeuchtigkeit feuchten Reifekeller gebracht. Der Reifekeller wird nur schwach belüftet und der Käse wird zweimal pro Woche abgerieben und gewendet.

Es gibt drei Reifestufen:
- Nach 30 Tagen ist der junge Käse fertig, weiß und frisch.
- Nach zwei bis 6 Monaten ist er goldgelb und

heißt doré oder wird »entre-deux« genannt, was wörtlich »zwischen den zweien« heißt und die Mitte von zwei Reifegraden meint.
- Nach mindestens 6 Monaten Reifung ist er kräftig gelb und hart geworden. Nun wird er als »vieux«, als alt verkauft. Das ist natürlich für mich der Beste. Aber das ist eine Geschmacksfrage, über die man unterschiedlicher Meinung sein kann.

Der Käse entspricht der Vollfettstufe und wird ganzjährig produziert. Der Schutz der AOC wurde 1980 erteilt. Die Gesamtproduktion beträgt über 16.000 Tonnen. Hinsichtlich seiner Menge ist der Cantal ein sehr bedeutender Käse.

Weinempfehlung: Moulin-à-Vent aus dem Beaujolais oder ein Côtes d'Auvergne.

Der **Salers** ist in seiner Produktion der gleiche Käse wie der Cantal. Allerdings ist er exklusiv der bäuerlichen Herstellung vorbehalten. Er wird heute noch auf 92 Bauernhöfen hergestellt, die alle zwischen 35 und 50 Kühe haben und die Milch für die Herstellung eines Käses pro Tag liefern. Auf dem Gebiet eines einzigen Vulkans wird der Käse nur zwischen dem 15. April und dem 15. November hergestellt. Es ist ein schmaler Zeitraum, in dem die rotbraunen Kühe, die ausschließlich der »Salersrasse« angehören dürfen, auf der Weide genügend frisches Futter finden, um die Milch erzeugen zu können. Salerskühe geben nur zwischen 7 und 10 Liter Milch pro Tag. Diese Kuhrasse ist sehr robust und gutmütig. Sie ist exklusiv dieser Region vorbehalten. Seit 1908 werden strenge Herden-Stammbücher geführt, um eine Verfälschung zu verhindern. Die Milch ist natürlich von besonderer Qualität und hat einen Eiweißgehalt von 3,4% und einen Fettgehalt von 3,8%. Sie wird nur roh und unbehandelt verwendet. Die Reifezeit muss mindestens 3 Monate betragen. Die AOC Version unterliegt daher den strengsten Vorschriften für die Fabrikation. Die Milch vom 15.11. bis zum 14.4. wird zu Cantal verarbeitet.

Unter allen AOC Sorten Frankreichs ist der Salers der einzige, der ausschließlich als »Fermier« hergestellt wird. So bekommt der Käse auch eine rote Aluminiumplakette, die in die Rinde gedrück wird. Sie werden kaum zwei gleiche Laibe Salers finden, insofern die Größen immer unterschiedlich sind. Man muss ihn sehen und ihn probieren. Die Käse werden auf Wunsch bestimmter Käsehändler auf Vorbestellung 10 Monate oder sogar bis zu 18 Monaten gereift. Die braune Rinde ähnelt der Oberfläche eines Felsens. Sie schützt den Teig, der eigelbfarben ist und einen sehr starken Geruch hat. Der Teig ist fest und dennoch geschmeidig. Unterm Gaumen entwickelt sich der volle, nussige Geschmack nach Löwenzahn, Enzian, Anemonen und anderen im Sommer blühenden Wiesenblumen aus dem Gebirge. Bei den anderthalbjährigen Käsen wird die Rinde von Käsemilben (siehe Mimolette) befallen, die die Rinde verzehren, aber nicht in den Teig eindringen können. Die Rinde wird bei allen diesen Käsen abgeschnitten.

Der **Laguiole** ist nach dem Dorf benannt worden, das auf der Hochebene von Aubrac liegt. Dieser Käse wird nach derselben Methode wie der Cantal und der Salers hergestellt. Vielleicht ist er sogar älter als diese. Pierre Androuet schrieb in seinem »Livre d'Or de Fromage«, dass man im Forum Romanum in Rom Aufzeichnungen von Plinius dem Älteren gefunden hat, die darauf hinweisen, dass bereits zu dieser Zeit diese Hartkäse in die Hauptstadt des Römischen Reiches geliefert worden sind. Auch Formen und Trockenmasse sind mit denen des Cantal und des Salers nahezu identisch. Das AOC wurde am 24.06.1976 erteilt. Nach 1981 hat man Holstein-Kühe aus Holland und Deutschland eingeführt, da sie eine höhere Milchleistung bringen. Dies hatte leider zur Folge, dass sich die Qualität des Käses deutlich verschlechterte. Das ist auch insofern nachvollziehbar, da die Milch der Holstein-Kühe einen wesentlich geringeren Eiweißgehalt hat als die der Aubrac-Kühe. Diese geben nur 4 Liter Milch pro Tag und das lediglich an 142 Tagen im Jahr, genau vom 25.5. bis zum 13.10. Das beweist meine These, die besagt, dass die Kuhrasse für die Qualität eines Käses entscheidend ist. Inzwischen hat man eine Schweizer Rasse, die Pic-Rouge-de-L'Est, für diese Käsesorte ausgewählt. Sie kann im Durchschnitt 16 Liter Milch pro Tag geben und eignet sich besser für den Boden und das Klima von Aubrac.

Weinempfehlung: Ein roter Marcillac-Vallon.

Comté (AOC/AOP)

Die Franche-Comté ist eine herrliche Gebirgs-landschaft, die entlang des Flusses Doubs an den westlichen Abhängen des Jura-Gebirges sich von Südwesten (westlich von Genf) nach Nordosten entlang der Schweizer Grenze erstreckt und die Departements von Doubs, Jura, Haute-Sâone, einen Teil von Territoire de Belfort und Ain umfasst. Die Hauptorte sind Morteau, Pouligny, Pontarlier, Montbéliard und erstrecken sich bis nach Besançon. Im Jura-Gebirge war schon lange vor der Einführung des Christentums die Her-stellung von Gruyère (auf deutsch Greyerzer) auf beiden Seiten der heutigen Grenze bekannt. Benediktiner-Mönche spielten dann im 7. und 8. Jahrhundert bei der Rodung der Wälder und der Urbarmachung des Landes eine bedeutende Rolle.

Im Gegensatz zum Emmentaler wird der Comté nur kalt gereift, damit keine Lochung entsteht

Sie bauten zahlreiche Klöster und Abteien in der Franche-Comté, in denen sie diese älteren Rezepturen weiter ent-wickelten. Aus dem lan-gen Namen »Gruyère de Comté« mit der Her-kunftsbezeichnung »Gr-eyerzer aus der Franche-Comté« wurde dann im Laufe des letzten Jahr-hunderts eine kulinari-sche Berühmtheit mit der Kurzbezeichnung

»COMTÉ AOC«.

Die Pflanzenwelt dieser Gegend ist ganz anders als die in den benachbarten Alpen. Nicht umsonst haben sich einige Hochtäler der Gegend den Namen »französisches Sibirien« eingehandelt, da es tatsächlich im Winter manchmal Temperaturen von bis zu minus 50° C gibt. Selbst inmitten des Dorfes Mouthe wurden im Januar 1985 schon minus 41° C gemessen. Als diese Temperaturstürze durch Radiosendungen bekanntgemacht wurden, fröstelte ganz Frankreich. Diese klimatischen Umstände schufen eine sehr robuste und reichhaltige Flora. In Verbindung mit der speziellen Rinderrasse, den »Montbéliard« Kühen, entsteht eine qualitativ andere hochwertige Milch als diejenige, die man von den kleinwüchsigeren Kühen bekommt, die man anderenorts auf den Almwiesen sehen kann. Überdies ist diese Milch weniger fett. Die Bauerngehöfte sind gedrungen und meistens mit Holzschindeln eingekleidet und weit über das Land verstreut. Die Bauern haben sich in Genossenschaften (Fruitières) zusammengeschlossen, insofern man zur Herstellung eines einzigen Comté etwa 500 Liter Rohmilch benötigt und der Zusammenarbeit bedarf.

Die frisch gemolkene Milch wird zusammen mit der gekühlten Milch vom Vorabend in der Genossenschaftsmolkerei noch am selben Morgen verarbeitet und dies jeden Tag im Jahr ohne Ausnahme. Die Milch wird in einem Kupferkessel zusammen mit den Käsereikulturen (Milchsäurekulturen), die der in der Käserei gewonnen Molke entnommen worden sind, erwärmt. Sobald die notwendige Reife erreicht ist, wird Lab zugegossen, das eine ganz natürliche und traditionelle Zutat ist, die aus den Mägen junger Milchkälber gewonnen wird. Die Enzyme des Lab bewirken das Gerinnen der Milch in etwa 35-40 Minuten und es entsteht ein kleinkörniger Käsebruch. Eine Minute mehr oder weniger in der Reifung kann die Qualität des Comté schon entscheidend beeinflussen.

Eben darin liegt die Kunst des erfahrenen Käsers. Mit Käseharfen und einem Rührwerk wird die geronnene Milch in Körner von der Größe eines Weizenkorns geteilt. Danach wird die gesamte Masse einschließlich der Molke auf ca. 55° C erwärmt, ein letztes Mal geprüft und dann in einem Arbeitsgang in einem großen Tuch aus dem Kessel geschöpft und mit Hilfe eines Flaschenzuges in die runde Reifenform gepresst. Die Molke wird als Schweinefutter verwendet. Die Formen auf den Almen haben 50 bis 70cm Durchmesser und sind 10 bis 13cm hoch. In den Molkereien verwendet man inzwischen eine genormte Form mit 63cm Durchmesser. Die gefüllten Formen werden dann unter die Presse gelegt. Der Druck wird von 300 bis auf 900kg erhöht. Nach einer Pressdauer von 20 Stunden kann der fertige Käse aus der Form genommen werden und kommt dann in ein 20%-iges Salzbad, das die Rindenbildung fördert und dem Käse diesen würzigen Geschmack verleiht.

Nach weiteren 2 Tagen kommt er dann zur Weiterreifung, entweder in einen kleinen Keller an der Produktionsstelle für den Eigenbedarf oder den Verkauf vor Ort. Oder aber die Laibe werden zusammen mit anderen Käsen der Region in die großen Reifekeller der »Affineure« gebracht, wo sie den Comté dann sorgfältig und entsprechend der Kundenwünsche reifen.

Die Käserinde wird auch Schmiere genannt. Sie schützt das Innere des Laibes. Während der ersten 10 Tage werden die Käse täglich gewendet und mit Salzwasser gewaschen. In den darauffolgenden drei Monaten wird diese Arbeit noch zweimal wöchentlich wiederholt. Danach noch bis zum Verkauf ein Mal die Woche. Dadurch bleibt die Rinde gesund, was eine wichtige Bedingung für gute Käse darstellt.

Im Gegensatz zum Emmentaler wird der Comté nur kalt bei ca. 12° bis maximal 14° C gereift, damit keine Lochung entsteht. Deswegen ist der Teig trocken und geschlossen. Allenfalls weist er kleine kirschkerngroße Löcher auf, feine Risse oder »feuchte Augen«, wie die Fachleute sagen. »Weint der Comté, freut's den Gourmet« – schrieb einmal eine Journalistin nach einer Käseprobe mit mir in Potsdam, bei der wir einen alten über 12 Monate gereiften Comté verkosteten.

Die Käselaibe mit einem Endgewicht von ca. 45kg werden – wenn sie denn nach einer Reifung von mindestens 3 Monaten die strenge Prüfung bestehen – mit einem grünen umlaufenden Band versehen, welches das Zeichen einer Kuhglocke und den Schriftzug Comté zeigt. Dieses Zeichen weist die Käse als erste Wahl aus. Die aussortierten Laibe mit kleinen Fehlern können nur ein braunes Band erhalten.

Je länger die Reifung erfolgt, desto herzhafter wird der Käse im Geschmack. Das langsame Reifen im Keller führt den Zerfall der Kasein-Fett-Mischung herbei und verwandelt sie in leicht verdauliche Aminosäuren. In der Sprache der Gourmets ausgedrückt:»Dank des langen Reifeprozesses entsteht aus dem Teig ein leicht verdaulicher Käse mit abgerundetem Geschmack !« Eine Reifung von 3 bis 5 Monaten ergibt einen milden, von 6 bis 8 Monaten einen mittelreifen, nach 10 Monaten einen kräftigen rezenten Comté und nach mehr als 12 Monaten einen »Surchoix«. Der Käse hat 50% Fett i.Tr., was einem absoluten Fettgehalt von 32% entspricht.

In Poligny steht das Haus des COMTÉ. Dort zeigen Schautafeln das Juragebirge, das Handwerk und das Umfeld des COMTÉ mit seinen Milchbauern, seinen Käsern und Reifern. Diese Tafeln wissen auch zu erzählen, welche Bedeutung diesem Käse bei den einheimischen Menschen in ihrer Geschichte zukommt. Der COMTÉ ist einer der meist genutzten Käse in der französischen Küche. Es wird kaum eine französische Hausfrau geben, die nicht ständig ca. 1kg dieses herrlichen Produktes im Hause hat, insofern sie diesen Käse auf phantasievolle Weise zu verwenden weiß. Eine Pariser Zwiebelsuppe ist ohne eine dicke Scheibe COMTÉ nicht denkbar. Hunderte von Rezepten gibt es mit diesem einmaligen Produkt.

Emmentaler (Switzerland) (AOC/AOP)

Emmentaler (engl. Swiss Cheese) ist ein Hartkäse aus roher Kuhmilch, der einen Fettgehalt von 45% Fett i.Tr. enthält. Die Rinde ist gelblich-weiß oder, wenn er in Höhlen gereift ist, bräunlich. Typisch für den gelbfarbenen Emmentaler sind die 1-3cm großen Gärlöcher. Er schmeckt süßlich, leicht nussartig. Emmentaler wird in der Mittelschweiz produziert. Eine Vorschrift besagt, dass Emmentaler nur aus Milch von Emmentaler Milchkühen stammen darf. Die Tierhaltung und Fütterung dieser Milchkühe unterliegt strengen Kontrollen und Auflagen. Emmentaler benötigt eine Reifezeit von 3-12 Monaten. Je länger der Emmentaler reifen kann, desto besser wird die Qualität. Der Original Emmentaler Käselaib wird vor dem Export extra mit einem roten Stempel in Sternform bedruckt, der die Aufschrift »Switzerland« trägt, damit man ihn von Imitaten unterscheiden kann. Bei uns erhält man Emmentaler meist in kleinen rechteckigen Stücken, oder in Scheiben geschnitten. Die Original Käselaibe haben einen Durchmesser von 70-100cm und sind ca. 30cm hoch. Der Käselaib hat die Form eines Mühlensteins und wiegt je nach Größe zwischen 65 und 80kg.

Heute gibt es in Deutschland den »Allgäuer Emmentaler« (GUB), in Frankreich den »Emmentaler Grand Cru« (AOC/AOP), in Österreich den »Österreichischen Emmentaler«. In den USA wird der Emmentaler industriell unter dem Namen »Swiss« hergestellt, was aber kein Qualitätssiegel darstellt. Dieses Foto zeigt den Emmentaler (Switzerland)

Entlebucher Goldwäscher Käse®

Der Goldwäscher Käse stammt aus einer traditionellen Dorfkäserei im Entlebuch, die nur ca. 5000 Liter Kuhmilch pro Tag zu verschiedenen Käsesorten verarbeitet. Das Entlebuch gehört zum Kanton Luzern und liegt geografisch fast in der Mitte der Schweiz.

Im Jahre 2001 wurde das Entlebuch als Biosphärenreservat zu den geschützten Landschaften der UNESCO erklärt, wie zum Beispiel in Deutschland die Insel Rügen, die Röhn oder der Bayerische Wald. Dadurch werden in dieser einzigartigen Alpenlandschaft Biotope, Moorlandschaften und Waldreservate im Zusammenspiel mit der wirtschaftlichen und touristischen Entwicklung nachhaltig geschützt.

In den Quellgebieten am Gebirge »Napf« und am Fluss »Kleine Emme« (denken Sie an Emmentaler), die durch das Entlebuch fließt, wurde schon im Mittelalter Köhlerei und Goldwäscherei betrieben. Heute werden beide Gewerbezweige nur noch als touristische Attraktion weiter geführt. Im Sommer stehen Schulklassen und Wandergruppen in den Bächen und versuchen mit Sieben und reichlich Geduld einige Goldflitter zu erhaschen.

Um das Selbstverständnis der eigenen Tradition aus der Gold-

Der außergewöhnliche, würzig delikate Bergkäse

wäscherzeit deutlich zu machen, hat man hier den handwerklich hergestellten Bergkäse »Goldwäscherkäse« genannt und seine Oberfläche mit Goldflitter bestreut.

Der Goldwäscher Käse ist ein Rohmilchkäse der Vollfettstufe und gehört zur Gruppe der Hartkäse. Er wird aus naturbelassener Kuhmilch durch das traditionelle Verfahren mit natürlichem Lab und Milchbakterien ohne irgendwelche Farbstoffe oder chemische Zusätze hergestellt. Die Milch stammt von Kühen aus den umliegenden Bauernhöfen. Dort praktiziert man die sogenannte »Integrierte Produktion«, die eine Vorstufe zur Biomilch darstellt. Es sind runde Laibe von etwa 61cm und einer Seitenhöhe von 7-9cm, die ein Gewicht von 27 bis 30kg haben.

Die Rinde ist dunkelrot bis dunkelbraun und wird während der Reifezeit von 5-6 Monaten mit einer speziellen Schmierekultur behandelt. Auf die Oberfläche werden dann Goldflitter gestreut, die sich in der Rinde verkleben. Vor dem Verzehr wird die Rinde abgeschnitten. Der Teig ist elfenbeinfarben, weist eine feste kleine Lochung von max. 3mm auf und erhält durch die sorgfältige Lagerung und Behandlung sein würziges Aroma. Der Geschmack ist verführerisch, herzhaft und vollmundig. Zur leichteren Handhabung werden die Laibe für den Handel vakuum verpackt und in Vierteln geliefert.

Grana Padano (DOP)

Zu Beginn des 12. Jahrhunderts machten die Zisterziensermönche große Flächen der bis dahin sehr sumpfigen und von Malariamücken verseuchten Poebene urbar. Das schaffte Weideflächen zur Verbreiterung der Viehzucht und Ackerflächen zum Reisanbau. So kam es bald zum Milchüberfluss, der den Bedarf der noch kleinen Bevölkerung weit überstieg. So erfanden die Mönche das Rezept für die Zubereitung des Grana Padano Käses, weil man nur auf diese Weise die Überschüsse an Milch konservieren konnte.

Der so entstandene Hartkäse, der die Nährwerte der Milch auch über einen langen Reifungsprozess erhielt, verfügte darüber hinaus über einen ganz besonderen Geschmack. Die Struktur des Teigs, körnig und schuppig, unterschied sich von dem der anderen Hartkäse und führte so zu der Definition von »Grana« = körnig. Bei den Bewohnern der Lombardei hatte dieser würzige, aber nicht scharfe Käse sehr bald großen Erfolg und so entwickelte sich die Herstellung ziemlich rasch. Die gute Haltbarkeit wurde natürlich auch von den die Lombardei immer wieder kreuzenden Heeren, den nach Rom ziehenden Kaisern und in deren Gefolge die Kaufleute als Möglichkeit, damit Handel zu treiben, erkannt und so verbreitete sich der Bekanntheitsgrad dieser Käseart bald über die Grenzen der Lombardei hinaus und verhalf ihm, durch die großen Auswanderungswellen der Italiener in der Mitte des 19. Jahrhunderts auch in Amerika zu großem Ruhm.

Nachdem sich die südlicheren Regionen von Parma und Reggio Emilia schon in den 30er Jahren des 20. Jahrhunderts zum Schutz ihrer dort produzierten Grana zusammengeschlossen hatten und ihren Käse jetzt Parmigiano-Reggiano nannten (siehe dort), beschlossen auch die Regionen im Norden dieses wertvolle Produkt durch ein Konsortium zu schützen. So wurde durch ein Dekret des Präsidenten der Republik vom 30.10.1954 die Ursprungsbezeichnung GRANA PADANO für Herstellung und Ursprung geschützt und erhielt das DOP Zeichen. Die Verbraucher erhielten dadurch die Garantie, dass die mit dem vierblättrigen Kleeblatt und dem rautenförmigen Zeichen und dem immer wechselnden Schriftzug GRANA und PADANO gekennzeichneten Käse vom Ursprung und von den Herstellungsverfahren her hochwertige Originalprodukte sind.

Durch ein Dekret des Präsidenten der Republik vom 30.10.1954 wurde die Ursprungsbezeichnung GRANA PADANO für Herstellung und Ursprung geschützt

Das Konsortium umfasst heute alle Personen und Firmen, die diesen Käse produzieren, ihn reifen und lagern oder die ihn verkaufen. Das Konsortium ist dafür zuständig, den Käse nur dann mit dem eingebrannten Markenzeichen zu versehen, wenn alle strengen Vorschriften beachtet und kontrolliert wurden. Als Region, aus der die Milch für diesen Käse kommen darf, wurde die Poebene von Piemont bis nach Venezien, von Trient im Nordosten bis angrenzend an die Emilia Romagna im Süden mit insgesamt 27 Provinzen festgelegt. Es werden die Kühe streng auf Gesundheit kontrolliert, das Futter darf ausschließlich aus den Gräsern der Region, Getreidemischungen und Hülsenfrüchten bestehen.

Nach einer Lagerung von 8 Monaten wird, wenn die Käse alle Qualitätsprüfungen bestanden haben, erst das Brandzeichen eingeprägt. Zur Prüfung verwendet man spezielle Hämmerchen, mit denen man die Kaiselaibe abtastet, um die Festigkeit der Masse zu messen. »Trommeln« nennt man das, und zusätzlich wird der Laib mit einer Nadel durchbohrt. Mit den Partikeln, die an der Nadel haften bleiben, kann man den Geruch testen und eine kleine Kostprobe durchführen.

Da der GRANA PADANO aus teilentrahmter Milch hergestellt wird, gehört er in die Fettstufe der halbfetten Käse mit nur 32% Fett i.Tr., hat aber wegen der hohen Trockenmasse einen absoluten Fettgehalt von 28%. Man benötigt 15 Liter Milch um 1kg GRANA PADANO zu produzieren und 50g decken bereits 60% des Kalziumsbedarfs eines Erwachsenen. Daher eignet sich dieser Käse auch als Energiespende für Sportler und auch für schwangere Frauen und stillende Mütter.

Er wird als vielseitige Beilage für Vorspeisen serviert und verleiht jeder Hauptspeise eine delikate Würze, wobei der Eigengeschmack nicht überdeckt, sondern hervorgehoben wird.

LE GRUYÈRE® (AOC/AOP)

ausgesprochen: Löh Grüjähr

Wenn man auf der Schweizer Autobahn von Bern Richtung Genfer See fährt, dann kommt nicht weit hinter der Ausfahrt Freiburg-Fribourg eine Autobahnraststätte mit den Namen Gruyère. Von deren Terrasse hat man einen wunderbaren Ausblick auf den langgestreckten Lac de Gruyère, an dessen südlichem Ende die Stadt Bulle liegt. Nur vier Kilometer weiter, immer talaufwärts dem Fluss Hongrin entlang, sieht man schon von weitem auf einem Felsen aufragend den alten befestigten Ort Gruyères im Kanton Vaud. Eine kleine heute noch in ihren alten Mauern unversehrt erhaltene mittelalterliche Stadt. Diesem Ort und seiner Region verdankt dieser bekannte Käse seinen Namen.

Am Fuße der Stadt gibt es eine Schaukäserei, die 7 Tage die Woche fürs Publikum geöffnet ist und in der man an Schautafeln die Geschichte und Herstellungsvorgang dieses Hartkäses nachlesen kann. Viel interessanter ist es aber, wenn man rechtzeitig morgens da ist und einen ganzen Produktionsvorgang von einer verglasten Galerie von oben aus beobachtet. Am Nachmittag wird dann die zweite Charge gefahren.

Auf das Herstellungsverfahren brauche ich hier nicht näher einzugehen, da ich es bei dem gleichartigen französischen Käse Comté in diesem Buch schon beschrieben habe.

Bis vor wenigen Jahren hießen alle Bergkäse

diesseits und jenseits der Jura Grenze noch Gruyère, sodass diese Bezeichnung ein Sammelbegriff zu werden drohte. Die deutschsprachigen Schweizer nannten ihn Greyerzer, wie ihn die ältere Generation in Deutschland noch kennt. Dann konnten sich jedoch die französischsprachigen Schweizer durchsetzen und bekamen den Schutz für ihre Bezeichnung »le Gruyère«, so dass auch die Bezeichnung Greyerzer nicht mehr benutzt werden durfte. Die Franzosen haben sich auf die Verkürzung des langen Namen »Gruyere de Comté« auf COMTÈ mit den Schweizern geeinigt.

Mimolette

Die Nordküste Frankreichs gehört zum französischen Teil Flanderns. Dort wird aus pasteurisierter Milch ein kugelförmiger Käse hergestellt, der seine Ähnlichkeit in der Form mit dem holländischen Kugeledamer nicht verleugnen kann und dennoch ein ganz anderer Käse ist. Es wird vermutet, dass die Franzosen den Edamer kopierten, als der französische Minister Colbert im 17. Jahrhundert ein striktes Einfuhrverbot ausländischer Waren – darunter eben auch Käse aus Holland – verhängte.

Der Käse wird aus pasteurisierter, leicht entrahmter Milch mit 40% Fett i.Tr. hergestellt. Neben der rauhen Oberfläche unterscheidet ihn die kräftige rote Farbe des Teigs, die durch die Zugabe von Annato – der aus den südamerikanischen Baumwurzeln gewonnen Pflanzenfarbe (siehe Cheddar) – im Bruch entsteht. Es sind abgeflachte Kugeln, die einen Umfang von 18cm und eine Höhe von 15cm haben und ein Gewicht von 2,5 bis 3kg. Der Käse wird ganzjährig produziert und es gibt ihn in folgenden vier Klassen:

jung = jeune= mindesten 3 Monate gereift

mittelalt = demi vieille = mindestens 6 Monate gereift

alt = vieille = mindestens 12 Monate gereift

und uralt = très vieille = mindestens 2 Jahre alt

Der Teig ist anfangs noch halb fest und wird während der Reifung hart und trocken und bekommt dann auch manchmal Risse. Mit der Reifung verändert er auch seinen Geschmack und Kenner verzehren ihn erst dann, wenn beim uralten Mimolette die äußere Rinde von Maden so zerfurcht ist, dass man die Kriechgänge der Maden gut sehen kann. Man schabt die äußere Schicht dieser Rinde wie feinen Sand ab, bevor man dann den Käse anschneidet. Haben Sie keine Angst! Die Maden haben bei der Härte der Rinde keine Chance in den Käselaib einzudringen: Eine nicht sehr erfahrene Lebensmittelüberwachung in Deutschland hat mit allen Mitteln versucht, den Verkauf eines solchen Käses in Deutschland zu verhindern, unterlag dann jedoch bei Gericht und musste auf Grund genauer Untersuchungen einsehen, dass ihre gesundheitlichen und hygienischen Bedenken unbegründet waren.

Der Käse wird in Bröckchen gegessen, kann gerieben und zum Kochen verwendet werden.

Montasio

In der italienischen Alpenland-Region Venetien-Treviso gibt es ein »Consorzio per la Tutela de Formaggio Montasio«, welches sich am 12.12.1985 gegründet hat, um sich für den Erhalt dieser alten Bergkäse, namens »Montasio« einzusetzen. Es wird die Herkunft und die Qualität der Milch kontrolliert, die Verarbeitungs- und Reifungsmethoden, die denen von fast allen anderen Bergkäsen ähneln. Dieser Käse wurde auch für die Ernährung der italienischen Armee in hohem Umfang verwendet, zumal er auch relativ preiswert und vor allem haltbar ist. Was beweist, dass auch das Fußvolk der italienischen Armee Geschmack haben muss.

Der Montasio ist ein runder Schnittkäse, aus teilentrahmter Milch und wird sowohl mit 30% als auch mit 40% Fett i.Tr. hergestellt. Die Oberfläche ist hellbraun, der Teig mit leichter stecknadelkopfgroßer Lochung. Mindestens 60 Tage muss er gereift werden. Richtig gut wird er jedoch erst nach mindestens 6 Monaten.

Vieles, was der Mensch seinem Erfindergeist zuschreibt, verdankt er in Wirklichkeit dem Zufall. Manche Delikatesse, die Herz und Gaumen vieler Feinschmecker erfreut, gäbe es nicht, hätte nicht der Zufall oder ein vermeintlicher Fehler Pate gestanden. Da gibt es z.B. in Italien einen Käse, der von Gourmets oft als »beschwipst« bezeichnet wird. Der entstand aus der Not des ersten Weltkrieges, als man den Käse in alten Weinfässern lagern musste.

Obwaldner Schwingerkäse

Das Schwingen ist eine typische schweizerische Sportart, die in dieser Form in keinem anderen Land bekannt ist. Das Schwingen ist verwandt mit dem Ringen und hat seinen Ursprung in den Hirtenspielen des 13. und 14. Jahrhunderts. Nachdem die Obrigkeiten im 16. und 17. Jahrhundert in der strengen Sittengesetzgebung das Schwingen sogar verboten, fand die Neubelebung erst 1805 am ersten Alphirtenfest zu Unspunnen in der Nähe von Interlaken statt.

Heute ist Schwingen ein Spitzensport in der Schweiz, der von Sportlern Kraft, Beweglichkeit, Kondition, Schnelligkeit und Ausdauer verlangt. Die Schwinger treffen sich zum Kampf im so genannten Sägemehlring. Die Griffe dürfen nur an der kurzen Schwingerhose aus Leinen angewandt werden. Ziel ist es, den Gegner mit verschiedenen Schwüngen auf den Rücken und zwar ins Säge-mehl zu werfen. Aus den traditionellen Schwün-gen mit den Namen Kurz, Brienzer, Schlungg, Wyberhaken usw. sind heute an die 100 verschie-dene Schwünge ent-standen. Als Zeichen der Fairness putzt der Sieger dem Verlierer nach dem Kampf das Sägemehl vom Hemd.

Der Käsermeister in der Käserei Giswil (Kanton Obwalden) ist selbst ein ehemaliger

Hochtal bei Unspunnen in der Nähe von Interlaken

erfolgreicher Schwinger und er hat daher seine Käsesorte »Schwingerkäse« genannt. Das Dorf Giswil befindet sich zudem nur ungefähr 10km von dem berühmtesten Bergschwingfest, dem »Brünigschwinget«, entfernt. Der Schwingerkäse ist ein vollfetter Hartkäse, der aus naturbelassener Kuhmilch in traditionellen Verfahren mit natürlichem Lab und Milchbakterien, ohne irgendwelche Farb- oder chemische Zusatzstoffe, hergestellt wird. Während der Lagerung wird sein Aroma durch eine spezielle Schmierkultur verfeinert. Der milde Käse hat eine Lagerdauer von minimal 4 Monaten und wird »mit Heu« belegt. Die würzige Variante wird über 7 Monate gelagert und wird dann mit »Sägespänen« bestreut. Die runden Laibe haben einen Durchmesser von 25-28cm und eine Seitenhöhe von 7-8cm. Das Gewicht beträgt ca. 6kg. Der Teig ist elastisch, und hat eine kleine Lochung.

Parmigiano-Reggiano (DOP)

ausgesprochen: Parmijiano

Parma ist eine wunderschöne Stadt am Fuße des Appenin, 122km südlich von Mailand entfernt gelegen und Hauptort einer Provinz mit ca. 400.000 Einwohnern. Sie war die alte Residenzstadt des Herzogtums Parma, das zeitweise an das Erzhaus Österreich gekommen war und von 1815 bis zur Schaffung des Königreichs Italien in der zweiten Hälfte des 19. Jahrhunderts auch noch als eine Art Nebenland zu Österreich gehörte. So war die zweite Frau des Kaisers Napoleon I. und Mutter seines früh verstorbenen Sohnes, des Herzogs von Reichstatt und Königs von Rom, nicht von Napoleons Gnaden, sondern von ihrer Herkunft her Erzherzogin von Österreich und auch Herzogin von Parma. Und es ist zu bemerken, dass Guiseppe Verdi hier zu Hause war. Sein großes Denkmal steht inmitten der Stadt vor dem Palazzo Ducale.

Mit Parma verbindet man neben seiner großen Geschichte das gepflegte Essen und Trinken. Es gibt kaum jemanden, der noch nie von dem weltberühmten Prosciutto di Parma (Parma Schinken) hörte und kaum jemanden, der nicht den Parmigiano Käse kennt und zu schätzen weiß. Im Juni 2005 wurde der Palazzo Ducale, der Herzogspalast der Familie Farnese, als offizieller Sitz der »Europäischen Behörde für Lebensmittelsicherheit« (European Food Safety Authority, kurz EFSA) eingeweiht. Zur Eröffnung dieser EU-Behörde konnten die hohen europäischen Herrschaften mit ihren Kompetenzen für Lebensmittel, Verbraucherschutz und Gesundheit die Delikatessen Parmas kosten und genießen. Wenn ich von Parma spreche, muss ich immer an meine erste größere Geschäftsreise nach Italien im Jahre 1956 denken, wie ich auf der Rückreise von der vorzeitigen, aber glücklichen Geburt meines Sohnes erfuhr. Erlauben Sie mir diese kleine Sentimentalität.

Überall auf der Welt wurden bis vor wenigen Jahren alle möglichen Käse, die gerieben in Beuteln oder Streudosen abgepackt waren, als

Das Brandsiegel, das umlaufend außer der Bezeichnung auch Hersteller und Herstellungsdatum erkennen lässt, garantiert dem Käufer die Güte dieser Käse

»Parmesan« bezeichnet. Eine ohnehin unzutreffende Bezeichnung, zumal ein Bewohner von Parma auf französisch »Parmesan« heißt. Darüber hinaus hat der in diesen Verpackungen verkaufte Parmesan auch nichts mit der großen Köstlichkeit aus Parma, dem echten »Parmigiano Reggiano« gemeinsam.

Seit dem 11. Jahrhundert ist dieser Käse bekannt und seit vielen Jahren gesetzlich geschützt. Allerdings unter seinem Doppelnamen Parmigiano-Reggiano, den er den beiden Städten Parma und Reggio Emilia verdankt. Im Jahre 1934 haben sich die Erzeuger dieses Käse zu einem gemeinsamen Konsortium zusammengeschlossen, um ihre Spezialität als Original schützen zu können. Diese Delikatesse wurde schon immer als das Gold der Region bezeichnet und die großen Lagerhäuser, in denen dieser Käse mehr als zwei Jahre reift, mussten gleich einer Bank bewacht werden. Ein einziger Laib präsentierte den Gegenwert von etwa 450 Euro.

Für mich persönlich ist dieser Käse der beste Extra Hartkäse. Er wird aus entrahmter Kuhmilch hergestellt und hat deshalb auch nur 32% Fett i.Tr., aber bei einer Trockenmasse, die erheblich über 65% liegt, einen absoluten Fettgehalt von 26%. In der Einschätzung dieser Relation muss

242

man ein wenig vorsichtig sein, denn absolut gemessen, kann dies bei der hohen Trockenmasse mehr sein, als bei einem Weichkäse mit 70% Fett i.Tr., der noch einen Wassergehalt von 80% hat.

Bei der Herstellung, die der anderer Hartkäse gleicht, findet allerdings keine Propinsäuregärung statt und der Käse darf später keinerlei Lochbildung aufweisen. Struktur und Konsistenz werden bereits in den großen flachen Käsekesseln angelegt, in denen die Milch auf 33° bis 34° C erwärmt und mit Kalbslab dickgelegt wird. Der Teig ist strohfarben. Die Laibe haben eine Höhe von 20 bis 24cm und der Durchmesser beträgt oben wie unten ca. 35cm. Nur seine Mitte ist ca. 45cm groß. Die Seiten sind konvex nach außen gewölbt. Bis vor wenigen Jahren bekamen die Laibe nur dann ihr Brandsiegel, wenn ihre Lagerzeit mindestens zwei volle Sommer betrug (also mindestens 18 Monate). Heute werden die Brandsiegel nach strenger Qualitätskontrolle in den folgenden vier Stufen vergeben:

- Nuovo = mindestens 1 Jahr
- vecchio = mindestens 2 Jahre
- stravecchio = mindestens 3 Jahre und
- stravecchione = mindestens 4 Jahre alt

Das Brandsiegel, das umlaufend außer der Bezeichnung auch Hersteller und Herstellungsdatum erkennen lässt, garantiert dem Käufer die Güte dieser Käse.

Es gibt den echten Parmigiano-Reggiano inzwischen auch in überwachter Qualität gerieben. In Stücken vakuumverpackt, muss immer mindestens ein Stück der Rinde erkennbar sein. Kaufen Sie diesen Käse frisch vom Stück abgebrochen, reiben oder zerbröckeln Sie den Käse und essen ihn dann als köstliche Brocken zu einem Glas trockenem Weißwein oder einem prickelnden Lambrusco.

Sovrano® Grana mit Büffelmilch

Kontaktadresse:
Mauer,
Via Brescia 126
I-26013
CREMA (CR)

Crema selbst und die Region habe ich schon beim Salva beschrieben. Bei meinem letzten Besuch lernte ich dort jedoch noch etwas völlig Neues kennen, den Sovrano – Herrscher der Tafel, mit Büffelmilch hergestellt. »Deine große Liebe« – wie ihn liebevoll sein junger und sympathischer Hersteller nennt.

Geschichte der Ziegenkäse

Wie kamen die Ziegen und damit der Ziegenkäse nach Europa ? Es ist angebracht, sich einmal
in die erste Hälfte des 8. Jahrhunderts zurückzuversetzen. In der europäischen Geschichte werden
die Merowinger und die Karolinger als die Herr-
schergeschlechter dieser Zeit im »Frankenreich«
bezeichnet. Im islamischen Geschichtsunterricht
wird der Berberfürst »Tarik bin Ziad« als herausragender Held gefeiert. Er war es nämlich, der im
Jahre 711, also gerade einmal 80 Jahre nach dem
Tode Mohammeds und der Entstehung des Islam,
mit einem großen Heer von Arabern und Berbern
von Nordafrika, an der engsten Stelle über das
Mittelmeer nach Europa einfiel, und den letzten
König der Westgoten, Roderich, besiegte. Der
Felsen an dieser Meerenge heißt seit jener Zeit im
Arabischen »Dschebel al Tarik«. Aus dieser
Bezeichnung bildete sich dann der Begriff
»Gibraltar«.

Dieser militärische Erfolg machte den Weg frei
für die muslimische Eroberung Spaniens, das die
Araber dann »Andalus« nannten. Nur 2 Jahre später hatten sie bereits die Pyrenäen überwunden,
eroberten Südfrankreich und standen im Jahre 720
bereits vor Toulouse. Mit ihren Heeren und ihrem
ganzen Gefolge besetzten sie Südfrankreich. Hätte
nicht Karl Martell sie im Jahre 733 mit einem
Reichsheer in der Doppelschlacht von Tour und
Poitiers geschlagen, so wäre vermutlich ganz

Europa islamisch geworden. Zumal auch das Christentum damals nur bis zum Rhein reichte und nur wenig Widerstand gegen die Araber hätte aufbringen können. Die großen Missionare Bonifatius, Liborius und Kilian begannen zu dieser Zeit erst mit der Christianisierung Germaniens. Im Jahre 2004 wurde der 1250. Todestag des Heiligen Bonifatius, des Apostels der Deutschen, begangen.

Was hat dieser kleine geschichtliche Exkurs nun mit unserem Ziegenkäse zu tun? Sehr viel. Die Araber brachten in ihrem Gefolge die Ziegen mit, die in der arabischen Sprache »Cabri« heißen, aus dem dann im Französischen das Wort »Chèvre« wurde. Die Sarazenen verloren nach der Niederlage ihre Ziegen und ließen auch die Rezepte zur Verarbeitung von Ziegenmilch zurück. Die Ziegen passten sich hervorragend der Region an. So wurden die Regionen an der Loire und das ganze Poitou-Charentes zu den Ausgangspunkten für die Geschichte des französischen Ziegenkäses. Im Lauf der letzten 1270 Jahre bis zum heutigen Tag wurde daraus das wichtigste Produktionsgebiet der Welt für Ziegenkäse. Mehr als 110 Millionen Liter Ziegenmilch werden hier verarbeitet.

Ziegen sind zwar neugierige, manchmal auch störrische Tiere, aber in ihrer Haltung relativ genügsam und anspruchslos. Sie leben auf kargen Böden und nutzen das Futterangebot optimal aus. Eine Ziege gibt im Jahr etwa 700 Liter Milch. Weil das natürlich sehr viel weniger ist als bei einer Kuh, ist Ziegenmilch ein kostbares Produkt, das seinen Preis hat. Davon unabhängig ist Ziegenmilch sehr gesund. Viele Menschen, die allergisch gegen Kuhmilcherzeugnisse sind, können Ziegenmilch und deren Produkte sehr gut als Alternative vertragen. Es gibt wissenschaftliche Untersuchungen, welche die Eigenschaften der Ziegenmilch auf die hemmende Entwicklung von Tumoren erforschen.

Ziegenkäse in verschiedenen Formen

Etwa eine Million Ziegen leben in Frankreich und liefern ca. 350 Millionen Liter Ziegenmilch zur Verarbeitung von Ziegenkäse. Die Leidenschaft für Ziegenkäse inspiriert die Franzosen zu immer neuen leckeren Kreationen. Der Sortenreichtum ist gewaltig. Wie mögen Sie es gern ? Zahm oder zickig? Es macht Freude sich mit den »Charakteren« der einzelnen Ziegenkäse zu beschäftigen. Aber ganz im Ernst: Es gibt weit mehr als 100 Ziegenkäsesorten mit einer unendlichen Vielfalt an Geschmacksvariationen und Kombinationsmöglichkeiten. Die Formen sind so vielfältig und eigenwillig wie ihr Geschmack. Es gibt sie in Pyramiden, Rollen, Kegeln, Torten, Zylindern oder kleinen Talern, in natur, mit Pflanzenasche bestäubt, mit Edelpilz gefüllt oder überzogen und mit Gewürzen aller Art verfeinert. Besonders aromatisch sind natürlich auch die Ziegenkäse aus Rohmilch, die eine besonders sorgfältige Pflege bei Reifung und Lagerung verlangen.

Von diesen tragen inzwischen neun das AOC Siegel und dürfen nur in bestimmten Gebieten unter genau festgelegten Bedingungen hergestellt werden:

Chabichou du Poitou, Crottin de Chavignol, Picodon de la Drôme, Picodon de l'Ardèche, Pouligny Saint Pierre, Sainte-Maure de Touraine, Selles-sur-Cher, Rocamadour und Valencay

Wichtig ist, dass Sie beim Einkauf darauf achten, ob Sie »Pur Chèvre« (sprich: pür Schäwre), das sind Käse, die aus reiner Ziegenmilch hergestellt werden, oder »Mi-Chèvre« (»mi« ist die zweite Silbe des franz. Wortes »demi« und bedeutet »halb« = Halbziege) bevorzugen, denen Kuhmilch oder Sahne aus Kuhmilch beigegeben werden darf und die dementsprechend preiswerter sind. Irreführender Weise gibt es auch Sorten, auf denen zwar Ziegenkäse steht, die aber vielleicht nur 10% Ziegenmilchanteile haben. Auf solch einer Verpackung steht dann kleingedruckt: »mit Ziegenmilch«.

Die Aromen entfalten sich besser, wenn Sie diese Käse mindestens eine halbe Stunde vor dem Verzehr aus dem Kühlschrank nehmen. Es ist besser, diese Käse mit einem feuchten Tuch zu umgeben, wenn man einen Kühlschrank für die Lagerung benutzen will. Bei Kühlschranktemperaturen sollten nur die naturbelassenen und frischen Käse verzehrt werden. Generell passen Weißweine am besten zu Ziegenkäse. Ideal sind ein Sauvignon blanc, ein Sancerre oder ein Pouilly Fumé, aber auch ein kühles Bier passt gut zu Ziegenkäse. Trockene Rotweine dagegen entwickeln zuweilen in der Kombination mit Ziegenkäsen einen metallischen Geschmack.

Amalthée Ziegenbrie
Bougon - Ziegencamembert

Die Charente-Poitou ist wahrscheinlich das zur Zeit größte Ziegenmilcherzeugungsgebiet der Welt. In dieser Region werden Ziegenkäse in allen Variationen hergestellt. Der Reichtum an Ideen war ebenso groß wie bei den Kuhmilchkäsen und so gibt es Ziegenkäse auch in allen Käsegruppen. Der früher so typische Ziegengeruch und -geschmack fehlt heute fast völlig, da die Ziegen streng getrennt von den Böcken gehalten werden und heute – wie die Kühe schon sehr lange – vorwiegend künstlich befruchtet werden. Es hat langer Forschungsarbeiten bedurft und den Züchtern von Bougon gelang es als erste, diese Ergebnisse auch in die Praxis umzusetzen. Die Laktationsperiode wurde zeitlich so eingerichtet, dass heute auch ganzjährig frische Ziegenmilch für die Käseproduktion zur Verfügung steht. Vor 25 Jahren war die Produktion lediglich auf die Winter- und Frühjahrsmonate beschränkt.

Bei den Weichkäsen mit weißblühender Rinde war vor einigen Jahren die im Jahre 1806 gegründete Firma »Bougon« mit einigem Abstand Marktführerin. Da sie konsequent am Qualitäts-

Das Bild zeigt den Ziegencamembert Bougon von Amaltheé mit 180g

prinzip festgehalten hat und nur Ziegenkäse aus französischem Käsebruch herstellte, hat sie Marktanteile verloren. Denn sie konnte im Preiskampf gegen den weitaus preiswerteren Käsebruch aus Spanien nicht mithalten. Die Marke »Bougon« hat aber immer noch ihren guten Ruf behalten und wird in Frankreich als Ziegenkäse mit gutem Charakter bezeichnet. Bougon gibt es als 1kg Rolle und ist das meistverkaufte Produkt, das heute industriell in großen Mengen produziert wird. Bei nur 30° C erfolgt die Einlabung. In den Formen, »Faiselle« genannt, werden die Käse dreimal gewendet, wobei die Temperatur in der Käserei nicht unter 25° C sinken darf. Dadurch bleibt der Teig weich und die Käse werden nur trocken gesalzen. Nach dem Besprühen mit dem Penicllium Candidum erfolgt die Reifung bei 12° C Temperatur und 90° Luftfeuchtigkeit. Der weiße samtige Edelschimmel bildet sich dann innerhalb von 12 bis 14 Tagen um den Käse. Erst dann wird er etikettiert und verpackt. Bevor er seine Reise zu den Kunden antritt, wird er 2 Tage lang bei einer Temperatur von nur 2-4° C so heruntergekühlt, dass er auch den längsten Transportweg gut übersteehen kann.

Die 1kg Torte Ziegen-Brie Bougon wird aus Ziegenrohmilch hergestellt und als 2. Variante auch als runde geschachtelte Weichkäse (in Deutschland Ziegencamembert genannt) mit 180g Gewicht angeboten.

Als absolute Premium Artikel werden der Amalthée Ziegenbrie und der Amalthée Ziegencamembert nach wie vor artisanal ebenfalls aus Ziegenrohmilch hergestellt. Sie fallen sofort durch Form und Verpackung in den Theken auf. Der Amalthée-Ziegenbrie ist sechseckig und wiegt 1kg. Er wird einzeln in einer traditionellen Holzkiste verpackt und mit einem grün-goldenen Etikett versehen. Der Amalthée-Ziegencamembert wird in einer auffallend dunkelgrünen Folie mit Gold und weißem Druck ausgeliefert wird und hat 180g Gewicht. Der Geschmack dieser Sorten ist aromatisch vollwürzig.

Weinempfehlung: Ein Rotwein aus dem Poitou aber auch ein Beaujolais oder ein Côtes-du-Rhône passen gut dazu.

Banon
Raritäten aus der Provence !

In Südfrankreich liegt die herrliche »Haute Provence« in der es ständig nach Thymian und Rosmarin duftet, dort liegt auch ein kleiner Ort mit dem Namen Banon. Dort hat noch eine kleine Käserei die »Fromagerie de Banon« überlebt, die sich um diesen traditionell in Kastanienblättern eingeschlagenen und dann mit Bastfäden umwi-

Kontaktadresse:
Fromagerie de Banon, Route de Carniol
F-04159 Banon

ckelten Ziegenkäse kümmert, der hoffentlich zukünftig auch den Schutz der AOC-Gesetze bekommt. Zwischenzeitlich wurde er nämlich auch in anderen Gegenden aus Kuhmilch hergestellt und dadurch wurde das Original sehr verwässert und abgewertet.

Diese sehr zarten Weichkäse sind seit dem Jahre 1270 nachweisbar. Über die Jahrhunderte wurde der Käse ausschließlich für den eigenen familiären Verbrauch aus Ziegenrohmilch hergestellt. Das Rezept wurde von den Müttern an die Töchter weitergegeben. Die Arbeit auf den Bauernhöfen in der bergigen Region war schwer und sie beschäftigte die Frauen sieben Monate im Jahr von morgens früh bis abends spät. Sie produzierten die frischen Käse, die sie Tome frâiches nannten, für die Frauen und Kinder und die harten und kräftigeren Käse für die Männer. Vom Anfang des 17. Jahrhunderts wird berichtet, dass die Käse, die jetzt schon Banon hießen, auf den Märkten der Städte angeboten wurden. Zu Beginn des 19. Jahrhunderts machte u.a. Jules Verne diese Käse einem breiteren Publikum bekannt.

Der ursprüngliche natürliche Geschmack kommt, in den Kastanienblättern gereift, zur vollen Entfaltung

Die kleinen runden Käse werden unmittelbar nach dem Melken der Ziegen, aus der noch körperwarmen Milch, die innerhalb von drei Stunden dickgelegt wird, hergestellt. Die Dickmilch wird sofort in die Formen geschöpft und alle paar Stunden gewendet. Nach dem Ausformen werden sie gesalzen und kommen in die feuchten Reiferäume, wo sie 8 bis 10 Tage bleiben. Vielfach werden sie mit Obstwasser oder Marc betreufelt, bevor sie in vier oder fünf Kastanienblätter eingewickelt werden, in denen sie dann weitere 15 Tage bis drei Wochen weiter reifen. Sie haben 45% Fett i.Tr. und wiegen nur 100g. Der ursprüngliche natürliche Geschmack kommt, in den Kastanienblättern gereift, zur vollen Entfaltung. Packen Sie ihn aus!

Es gibt sie natürlich auch weiter ohne die Kastanienblätter als »Tome fraiche« mit Bohnenkraut, Pfeffer und anderen Kräutern bestreut oder als »Buchon de Provence« in Natur, mit Asche und mit Kräutern geliefert. Frisch und würzig einfach eine Delikatesse.

**Cabri - Caprichon - Chabi -
Chabichou du Poitou** (AOC/AOP)

ausgesprochen: Kabri - Kaprischon - Schabi und *Schabischuh dü Poatuh*

Mit dem Namen Cabri und anderen ähnlich klingenden Bezeichnungen hat es eine besondere etymologische Bewandtnis. Das Wort »Cabri« bedeutet auf Arabisch: die Ziege. Später haben sich aus »Cabri« die Namen Capra und Chevre entwickelt. Alle betiteln heute eine ganze Reihe unterschiedlicher Ziegenkäse aus Frankreich. Es han-

Kontaktadresse:
Syndicat de
defense du
Chabichu du
Poitou, BP 191
F-86000 Poitiers

Der Cabri ist ein frischer, milder Käse

delt sich um eine Käsevielfalt, die mit Asche und Schimmel erzeugt und verfeinert wird.

Der Cabri sur Feuille ist ein frischer und sehr milder Ziegenkäse aus dem Familienbetrieb von Frédéric RONGEON Poitou-Chevre. Er wird in ein Blatt gewickelt und dann in Klarsichtfolie gehüllt angeboten. Es gibt ihn in zwei Versionen, in »natur« und in »Holzkohlenasche«. Kleine runde Ziegenkäse mit dem frischen, noch leicht säuerlichen Geschmack, mit 45% Fett i.Tr. und einem Gewicht von 210g. Die idealen Käse, um die Ziegenkäseplatte zu eröffnen, da sie so mild sind und gerade auch für die Menschen geeignet sind, die dem Ziegenkäse mit einer gewissen Portion Scheu gegenübertreten.

Aus dem gleichen Teig und mit der selben Konsistenz werden im gleichen Betrieb diese Käse auch als kleine Röllchen unter der Bezeichnung »Bouchettes frisch« angeboten.

»Cabridoux« sind ebenfalls Ziegenfrischkäse in einer auffälligen sechseckigen Becherverpackung, die für die SB-Theke geschaffen wurde. Er hat 125g Gewicht und ebenfalls 45% Fett i.Tr.

»Caprichon« ist ein Weichkäse aus Ziegenmilch, der nach dem Verfahren des Reblochon hergestellt wird. Eine feste Rinde schützt den cremigen Teig. Die kleinen runden 150g schweren Käse werden in schwarzer Folie eingepackt.

»Chabi« oder auch »Chabis« sind Sammelnamen für eine Reihe von Ziegenweichkäsen mit weißblühender Rinde aus dem Anjou, der Charente, dem Poitou und der Touraine in Röllchenform.

»Chabichou du Poitou« dagegen ist einer der Ziegenkäse, der nur aus der Region Poitou kommen darf und das AOC-Zeichen mit ausdrücklichem Schutz seiner Formgebung bekommen hat. Er gehört in die Gruppe der Weichkäse und wird handgeschöpft. Er hat die Form eines oben abgeflachten Kegels, der unten 6cm und oben 5cm Durchmesser hat und insgesamt 6cm hoch ist. Er hat ein Gewicht von 150g. Er wird nur trocken gesalzen. In frischem Zustand nach 21 Tagen Reifung hat er eine hellgelbe, etwas schrumpelige Rinde und nach längerer Reifung (bis zu 6 Monaten) bildet er eine angewachsene graublaue Schimmelrinde, die man wirklich mitessen sollte. Es ist ein durch und durch lebendes Produkt. Der Geschmack ist kräftig und man kann die Ziegenmilch deutlich schmecken.

Weinempfehlung: Junge Weißweine.

Der Chabichou ist im Geschmack kräftig und kann deutlich nach Ziegenmilch schmecken

Chèvréchard und **Chèvre Chaud**

ausgesprochen: Schäwre shoh

Die Firma Chèvréchard hat sich darauf spezialisiert, die frischen Ziegenkäse in allen Variationen zu verfeinern und daraus »Convinienz Produkte« herzustellen, die sich schnell in der Küche verarbeiten oder auf einem Büfett dekorativ aufbauen lassen. So gibt es kleine 30g schwere Ziegenherzen, die mit verschiedenen Gewürzen bestreut idale fertige Häppchen zum Aperitif liefern.

Die neueste Schöpfung sind kleine Toastis mit kleinen runden Zigenfrischkäsen belegt, die dann mit drei verschiedenfarbigen aus Tang hergestellten wie Kaviar aussehenden Krümeln bestreut sind in der Art der japanischen Sushi.

Die beiden Hauptartikel sind bisher jedoch die »Buchette Charcutière«, frische 40g schwere Ziegenröllchen, die in Schinken gewickelt und an beiden Enden in Kräutern getaucht sind. Vier Röllchen sind in einer Alumiumschale, die Vacuum in Klarsichtfolie verpackt wird, die man nur entfernt, um dann die Schale so in den vorgeheizten Backofen stellen kann.

Ein Salat mit Chèvre Chaud findet sich heute in Frankreich auf fast allen Speisekarten

Die zweite Version sind runde Ziegenfrischtaler mit rohem Schinken umwickelt und mit einer Trockenpflaume dekoriert und »Prunochèvre« (sprich Prunohschäwre) heissen. Diese sind mit 6 x 45g in einer Aluschale verpackt

Ein Salat mit Chèvre Chaud findet sich heute in Frankreich auf fast allen Speisekarten gut geführter Restaurants, weil es ein wunderbares und schnell zubereitetes Zwischengericht oder eine Vorspeise ist. Deswegen verrate ich Ihnen nachstehend das Rezept:

»Salat mit Chèvre Chaud«:

Zutaten für jeweils ca. 20 Personen: 1 Kopf Eichblatt Salat, 1 Kopf grüner Blattsalat, ca. 250g Rucola Salat und 200g Radicchio Salat, 3 mittelgroße Möhren und 250g Pinienkerne.

Pro Person ein »Buchette Charcutière« oder als Ziegentaler ein »Prunochèvre«

Für die Sauce: Moutarde de Dijon, Walnussöl, Sherry Essig, 3 Eigelb, Salz, Pfeffer, Zucker, Muskat und etwas Geflügelbrühe.

Zubereitung: Als erstes Dressing herstellen: Dijonsenf mit dem Eigelb verrühren, mit Walnussöl und dem Sherryessig eine Majonäise anrühren und mit einigen Löffeln Geflügelbrühe zur gewünschten Konsistenz eines Salatdressings verlängern, mit Salz, frisch gemahlenem Pfeffer, etwas Muskat und Zucker abschmecken.

Dann die Pinienkerne in der Pfanne anrösten – Salate waschen und trocken schleudern, in Julienne schneiden und auf den Tellern verteilen, Dressing darüber geben. Im auf 180° vorgeheizten Backofen die Ziegenkäse in ihren Aluschalen ca. 10 Minuten backen bis der Schinken kross und der Käse weich geworden ist und dann die heißen Ziegenkäse mit einem Pfannenmesser entnehmen und jeweils 1 Stück oben auf dem Salat anrichten und mit einigen gerösteten Pinienkernen bestreuen. Bei einem Käse-Menü ist es die ideale Zwischenmahlzeit vor dem dritten Gang mit den Ziegen- und Schafkäsen sowie den Blauschimmelkäsen.

Crottin de Chavigonol (AOC/AOP)

ausgesprochen: Krotäng dö Schawinjoll

Wenn diese kleinen runden Ziegenkäse sehr gut gereift sind und mit einer kräftigen grüngrauen Rinde versehen sind, werden sie scherzhaft ihrer Form wegen auch »Pferdeäpfel« genannt. Dieser Ziegenkäse stammt aus der Touraine südlich der Seine und nördlich von Bourges. Sein Einzugsgebiet umfasst die Départements Cher, Loiret und Nièvre. Seine Herkunft präzise zu bestimmen, ist nicht leicht. Man weiß, dass seine Geschichte eng mit dem Wein der Region, dem Sancerre, verbunden ist und von diesem Käse seit dem 16. Jahrhundert berichtet wurde.

Als in der zweiten Hälfte des 19. Jahrhunderts das vermehrte Aufkommen der Reblaus die Weinstöcke vernichtete und damit die Existenzgrundlage der Weinbauern zerstörte, begann man mit der Produktion von Ziegenmilch und damit auch dieses Käses als neuem Wirtschaftszweig.

Durch das Gesetz vom 13.02.1976 wurden diese Ziegenkäse unter den Schutz der AOC gestellt und das Milcheinzugsgebiet streng begrenzt. Die zur Gruppe der Weichkäse zählenden Käse haben ein Gewicht von nur 60g, einen Durchmesser von 5cm und eine Höhe von 2cm. Sie werden überwiegend nackt aus der Bedienungstheke verkauft und zwar in drei Reifegraden. Frisch, mittelalt und gereift.

Die frischen Käse haben nur einen leichten weißen Außenschimmel. Sie sind noch relativ weich in der Konsistenz und noch mild im Geschmack. Die mittelalten Crottins haben bereits eine gelbe bis hellbraune Rinde mit den ersten grünen Schimmelstippen. Sie haben eine festere Konsistenz mit einem würzigen Geschmack. Die gut ausgereiften Käse sind außen grau-blau-grün und ziemlich hart. Manchmal sogar so hart, dass sie nur noch mit einem starken Messer oder einem

Der Crottin de Chavignol in seinen verschiedenen Reifestufen

Mörser zerstoßen werden können. Sie haben einen kräftigen Geschmack nach Ziegenmilch und werden oft zum Grillen verwendet oder zerstoßen zum Aperitif gereicht.

Weinempfehlung: Ein Sancerre oder ein roter Cabernet.

Pouligny-Saint-Pierre (AOC/AOP)

ausgesprochen: Puhlinji saint pjierr

Kontaktadresse:
Syndicat des
Producteurs de
Fromage de
Chèvre de
Pouligny, 7 Rue
des Cabouins,
F 36300-Pouligny-
Saint-Pierre

Diese Ziegenpyramide ist vor allem den Frauen des 19. Jahrhunderts zu verdanken. Zu dieser Zeit hatten alle Bauern im Département l'Indre, im westlichen Teil des Berry, südlich der mittleren Loire gelegen, eine kleine Ziegenherde, die ihre Milch für eine »Nebenbeschäftigung« der Frauen lieferten. Die kleine Produktion reichte gerade für den Eigenbedarf und für den lokalen Verkauf auf den umliegenden Märkten, damit die Bäuerinnen ein wenig Taschengeld hatten. Ohne Zweifel haben das sehr günstige Mikroklima dieser Region, die milden Temperaturen im Winter und der Einfluss des nahen Atlantiks, dazu beigetragen, dass sich hier eine ganz spezielle Flora entwickeln konnte, die den Anbau von Kirschen, aber auch weite Heide- und Weideflächen förderte und u.a. eine Ziegenmilch hervorbrachte, die besonders aromareich war. Wir dürfen allerdings nicht vergessen, dass Ziegenkäse zu der damaligen Zeit noch kein sehr begehrtes Produkt war. Die Herstellung blieb für die Landwirtschaft der Region von nur geringer Bedeutung. Im Jahre 1901 konnte allerdings ein diplomierter Landwirt aus Pouligny-Saint-Pierre mit seiner Ziegenpyramide auf der Pariser Landwirtschaftsmesse eine Goldmedaille erringen. Trotz dieses Erfolges stagnierte die Produktion in den nachfolgenden Jahrzehnten.

Erst im Jahre 1960 bildete sich eine Vereinigung von drei Ziegenhaltern, die von den übrigen skeptischen Landwirten »Die drei Verrückten« genannt wurden. Dieses Trio entwickelte die Zucht der Bergziegen von Pouligny, die Verbesserung der Herstellungsmethoden und sie hatten einen solchen Charme, dass sie ihren Ziegenkäsen eine Nobilität verleihen konnten. Nach zwölf Jahren spottete niemand mehr, als sie ihr Produkt mit dem Gesetz vom 14. Februar 1972 zu einem AOC Käse titulieren durften. Die Zone für die Milchgewinnung und Herstellung dieser Spezialität wurde auf nur 22 Gemeinden im Westen des Département l'Indre beschränkt.

Die Form dieses Käses erinnert an den Eiffelturm. Eine abgestumpfte Pyramide auf einer quadratischen Grundfläche von 7 bis 8cm Seitenlänge unten und nur etwa 2cm oben. Es ist ein Weichkäse mit natürlicher Schimmelbildung und 45% Fett i.Tr. Sein Gewicht beträgt ca. 250g.

Der Bruch wird handgeschöpft in die Formen gelöffelt, die rundum Löcher haben. Nach dem Ausformen wird er trocken gesalzen, auf Weidenzweigen und/oder Stroh vier bis fünf Wochen gereift. Einige Hersteller legen ihn auf Plantanen- oder Kastanienblätter. Die äußere dünne Haut setzt blaue und weiße Schimmel an, der Teig ist elfenbeinfarben und geschlossen, der Geruch leicht nach Ziege und der Geschmack leicht säuerlich. In dieser Region hält man sich besonders strikt an die Rezepturen der Vorfahren.

Beim Verzehr kommt es sehr auf das Stadium der Reifung an. Relativ frisch wird er in kleine Würfel geschnitten und mit Nussöl auf einem

Salat verteilt, oder in Scheiben geschnitten und auf einer Scheibe Weißbrot getoastet und dann mit Walnüssen belegt.

Mit einem leichten Blauschimmel überzogen bildet er den Mittelpunkt einer guten Käseplatte. Durchgereift wird er inzwischen von vielen Franzosen als Dessert vor allem im Herbst und Winter bevorzugt. Sie sollten bei diesem delikaten Käse die Rinde mitessen.

Die trockenen Weißweine der Region (Saumur, Muscadet, Sancerre) passen sehr gut zum Charakter dieses hervorragenden Käses.

Pyramide de Valencay (AOC/AOP)

ausgesprochen: Pyramid de Wallangsäh

Kontaktadresse: Comité interprofessionnel de la pyramide de Valencay, 12 rue de Talleyrand, F-36600 Valencay

Charles-Maurice, Prinz von Bénévent, besser bekannt unter dem Namen Fürst Talleyrand war der Besitzer der Domäne von Valencay, mitten im Berry, zwischen Châteauroux und Tours gelegen. Er war vernarrt in diese Ziegenkäse, die damals die Form einer spitzen Pyramide hatten. Er ließ sie sich mehrmals im Monat nach Paris liefern und servierte diese Käse auch dem Kaiser Napoléon I. Diese Käse erinnerten Napoleon I. an seine militärische Niederlage in Ägypten und aus Wut schlug er den Käsepyramiden mit seinem Säbel die Spitzen ab. Daraufhin gab Talleyrand den Befehl die Spitzen seiner Ziegenpyramiden zu kappen. Er gab dem Verwalter seiner Domäne die Order, sofort alle Formen für diesen Käse zu ändern, um seine Majestät nicht weiter zu verärgern. Dieser Brief des Fürsten an seinen Verwalter befindet sich noch heute im Archiv. Einige Zeit später ließ Talleyrand sechs abgeflachte Pyramiden in den Palast der Tuilerien liefern und Napoléon war daraufhin sehr zufrieden und wurde ebenfalls zum begeisterten Geniesser dieser Spezialität. Somit entwickelte sich der Ziegenkäse »Pyramide de Valencay« in Frankreich zu einer populären Käseköstlichkeit.

In der abgeflachten Version sind diese Käse daher sehr bekannt geworden. Der quadratische Grundfläche dieses Weichkäses mit 45% Fett i.Tr. hat 7-8cm Seitenlänge unten, 6-7cm Höhe und ein Gewicht von 250 bis 300g. Diese Pyramiden werden laktisch hergestellt, das bedeutet die Coagulationszeit beträgt zwischen 18 und 36 Stunden und die Gallerte wird handgeschöpft in die nach allen Seiten hin gelöcherten Formen gefüllt. Nach einer Ruhezeit über Nacht, werden die Käse am nächsten Morgen ausgeformt, trocken gesalzen und dann mit Holzkohle bestäubt. Die Reifezeit beträgt Minimum 8 Tage, wobei die meisten dieser Käse relativ frisch verzehrt werden.

Es gibt jedoch auch eine große Zahl Käseliebhaber, die den Valencay auch mehrere Wochen reifen lassen. Diese Ziegenpyramide Valencay wird inzwischen weit mehr als eine Million Mal im Jahr hergestellt und zählt zu den beliebtesten Ziegenkäsen Frankreichs. Es ist ein Vergnügen über die Märkte von Châteauroux, Issoudon oder Valencay zu flanieren und die verschieden gereiften Pyramiden der vielen bäuerlichen Hersteller in ihrer natürlichen grauweißen oder grauschwarzen Außenhaut zu sehen. Sein Geschmack ist fein und leicht nussig. Die besten Käse gibt es zwischen April und November, er wird aber ganzjährig geliefert und bildet einen auffälligen Blickfang auf jeder guten Käseplatte.

Weinempfehlung: Sauvignon de Reuilly oder ein leichter Sancerre rouge.

Sainte-Maure de Touraine (AOC/AOP)

ausgesprochen: saint Mohr de Tuhrähn

Kontaktadresse: Comité interprofessionnel du Sainte Maure de Touraine Chambre d'agriculture d'Indre-et-Loire. BP 139 F-37171 Chambray-les-Tours

Die Rolle und das Stroh !

Im Süden von Tours kommt man auf der Straße Richtung Poitiers nach St. Maure. Es genügt ein Ausflug in diese Gegend um zu erkennen, welch enorme Bedeutung der Ziegenkäse für die Region und für die französische Gastronomie hat – diese wird auch der Garten Frankreichs genannt. Zwischen den niedrigen Mäuerchen, die die Parzellen teilen und das charakteristische Landschaftsbild prägen, weiden die Ziegen und warten auf den nächsten Melkvorgang.

Er ist ein Käse, der schon auf die arabische Invasion zurückzuführen ist. Viele an der Schlacht um Poitiers beteiligten Kämpfer verblieben anschließend in dieser Region. Seit dem 9. Jahrhundert ist der Saint Maure-Käse nachweisbar, als das Kapitel der Abtei von Cormery dem Kaiser Karl dem Großen diesen Käse servieren ließ. Seit dem 29. Juni 1990 wurde er in die Adelsfamilie der

AOC/AOP aufgenommen, in der er sofort durch seine längliche Rollenform auffällt. Das Herstellungsgebiet wurde auf die alte Provinz Tours und die Départements d'Indre-et-Loire und einige Kreise von Loir-et-Cher und l'Indre beschränkt. Um einen Sainte-Maure herzustellen benötigt man je nach Jahreszeit zwei bis 2½ Liter frische unbehandelte Ziegenmilch, die man bei 18° bis 20° C einen ganzen Tag natürlich säuern läßt. bevor man die Gallerte in die kegelstumpfförmigen waagerecht gelagerten Formen füllt und diese öfter rollt, um einen gleichmäßigen Molkeablauf zu gewährleisten. Unmittelbar nach der Entnahme der frischen Käse aus den Formen wird ein Strohhalm in die Mitte der Käse durchgesteckt und die Käse werden sowohl nur mit Salz als auch aus einer Mischung aus Salz und gemahlener Holzkohle bestreut. Der Strohhalm hat keinerlei ästhetische Bedeutung, und ist auch im AOC/AOP Gesetz nicht zwingend vorgeschrieben. Er dient eigentlich nur zum Anfassen, um die Käse besser drehen zu können. Die Reifung erfolgt in kühlen, gut durchlüfteten und trockenen Reiferäumen, unter

Der Strohhalm dient nur zum Anfassen, um die Käse besser drehen zu können

täglichem Wenden, mindestens 10 Tage für die Liebhaber von milden, frischen Ziegenkäsen und 5-6 Wochen für die Verbraucher, die den trockenen Ziegenkäse bevorzugen.

Die wahren Fans des Sainte Maure kaufen sich

die frische Version, wickeln sie zu Hause in Wirsing-, Kohlrabi- oder Salatblätter und lagern sie drei Wochen in ihrer Gemüseschale zu Hause, nicht ohne sie auch täglich zu wenden. Es ist immer das zu Ende gehende Frühjahr, wenn der Saint Maure seine glorreichste Zeit hat. An jedem ersten Wochenende im Juni wird in Sainte-Maure das große Käsefest gefeiert, bei dem dieser hochgerühmten Rolle alle Ehren zuteil werden, die ihr gebührt.

Die Haut ist sehr fein und regelmäßig, schwarz mit weiß durchschimmerndem Milchschimmel oder gereift komplett bedeckt mit Schimmel weiß oder blau. Er hat eine Länge von 15cm bis 20cm und am dicken Ende einen Durchmesser von ca. 4,5 bis 6cm. Das Gewicht beträgt ca. 300g. Der Teig ist reinweiß und pastenartig.

Gleichartige Ziegenkäse, die dann nicht das AOC Zeichen tragen dürfen, werden etwas weiter südlich in der Charentes-Poitou, oder westlich im Anjou nach den gleichen Rezepturen hergestellt und dann Bûchette genannt und oft auch mit Gewürzen aller Art bestreut.

Weinempfehlung: Junge Weißweine oder ein Chinon.

Selles-sur-Cher (AOC/AOP)

ausgesprochen: Ssäll ssür Schähr

Der Cher ist ein kleiner Nebenfluss aus dem südlichen Einzugsgebiet der mittleren Loire. Dort gibt es einen kleinen Ort, namens Selles-sur-Cher, der zum Mittelpunkt der Herstellung dieses AOC Ziegenkäses geworden ist. Es handelt sich um einen runden Weichkäse mit 9 bis 10cm Durchmesser, 2,5 bis 3cm Höhe und 150g Gewicht. Die Gewinnung der Milch und die Produktion selbst darf nur in den Départements Loire-et-Cher, l'Indre und Cher erfolgen. Das Gesetz erging am 21. April 1975.

Die Milch wird nur mit ganz geringen Mengen Lab dick gelegt. Nachdem die frischen Käselaibe aus den Formen herausgelöst wurden, werden sie mit einer Mischung aus Salz und Pflanzenasche eingerieben und dann zwischen 14 und 21 Tagen gereift. Dadurch bekommt die schwarze Oberfläche einen bläulich-weißen Überzug. Der Teig ist weiß und fest in der Konsistenz. Der Käse wird nur nackt verkauft. Seine Herstellung ist inzwischen ganzjährig. Die bevorzugte Zeit ist jedoch von Ende Mai bis Weihnachten.

Kontaktadresse:
Groupement des Producteurs de lavallée du Cher et Syndicat de défense du fromage AOC Selles-sur-Cher
Hôtel de Ville
F-41130
Selles-sur-Cher

Der dezente Ziegengeruch ist unverkennbar und der Geschmack ist mild

Der französische Dichter Balzac verglich ihn in seiner weichen Ausdrucksweise mit der zarten Haut einer schönen, jungen Frau. Der dezente Ziegengeruch ist unverkennbar und der Geschmack ist angenehm mild, wird aber mit zunehmender Reifung intensiver. Der Käse wird mit seinem dekorativen Äußeren fast ausschließlich als Dessert zum Abschluss eines Menüs gereicht. Entfernen Sie bitte auf keinen Fall die aromareiche Rinde.

Weinempfehlung: Fruchtige Rotweine wie z.B. den Chinon oder einen Reuilly.

Schafkäse

Vielerorts liest man in Büchern, Zeitungen und Zeitschriften fälschlicherweise von »Schafskäse«. So wenig wir Kuhs- oder Ziegenskäse sagen, so sollten wir wenigstens korrekt auch von Schafkäse reden und schreiben.

Wo Kühe keine Ernährungsgrundlage mehr finden, hat das viel anspruchslosere Schaf immer noch eine Überlebenschance. Und so schenken uns diese Tiere seit Jahrtausenden nicht nur ihre Wolle für die Kleidung, sondern auch ihr wunderbares Fleisch zur Nahrung und ihre Milch zur Herstellung von Käse. Schafmilch ist süßer als Kuhmilch, was sich vor allem bei längerer Reifezeit auch bemerkbar macht. Auch hier beträgt die Zahl der unterschiedlichen Käse mehrere 100 Sorten, die – wenn man sich im Detail damit befasst – ein ganzes Buch füllen könnten. Deshalb finden Sie hier nur die wichtigsten Schafkäse, wobei ich den bekanntesten Schafkäse, den Roquefort, unter die Blauschimmelkäse eingeordnet habe.

Feta - Käse
(urheberrechtlich geschützt)

»Feta« wurden fast alle rindenlosen Frischkäse, die in Salzlake eingelegt waren, genannt, bis Griechenland 1992 begann sich zu wehren und diesen Begriff für seine Käse, die im Original nur aus Schafmilch, in Ausnahmefällen auch aus

Feta darf nicht mehr aus Kuhmilch produziert werden. Der Name Feta soll in Zukunft ausschließlich dem Erzeugerland Griechenland vorbehalten sein. (Abb.: Fetros aus Frankreich)

Schafmilch mit einem Anteil Ziegenmilch hergestellt werden, reklamierte. Diese Käse wurden überall, und in den letzten Jahrzehnten immer mehr, vor allem als wunderbare frische Eiweißspender zu sommerlichen Salaten verwendet, schließlich fragte kaum noch ein Verbraucher, ob sie aus Kuh-, Ziegen- oder Schafmilch produziert worden waren. Und auch das Herkunftsland interessierte kaum. Gleich ob sie aus Dänemark, Deutschland, Holland, Frankreich, Bulgarien, der Türkei oder arabischen Ländern kamen, nur die doch beachtlichen Preisunterschiede hätten die Verbraucher stutzig machen müssen. Zu den beiden grössten Produktionsländern waren Dänemark und Deutschland aufgestiegen, die dieses Produkt in riesigen Mengen aus Kuhmilch durch Ultrafiltration im industriellen Stil herstellten und sehr preiswert verkauften und sogar nach Griechenland exportierten, von wo manche Charge umettiketiert als »Griechischer Feta« dann wieder in seine Ursprungsländer reimportiert wurde.

Feta herzustellen ist eines der einfachsten Verfahren. Wenn die Hirten mit ihren Schafen von einem Weideplatz zum anderen zogen, mussten sie die Milch ihrer Tiere haltbar machen. Zu Beginn geschah das dadurch, in dem man die Käse in die gereinigten Mägen der geschlachteten Lämmer

270

füllte und die dann geronnene Milch in Tücher schlug, sie zum Trocknen aufhängte und dann stark salzte. Der griechische Dichter Homer, beschreibt bereits in seiner »Odyssee« wie dieser Käse hergestellt wurde. Da dies der älteste schriftliche Nachweis ist, muss nach meinem Gerechtigkeitsgefühl Griechenland sein Verfahren vor dem Europäischen Gerichtshof gewinnen.

An der Rezeptur hat sich im Laufe der über 2000 Jahre nicht viel geändert. Wenn die durch Lab dick gelegte Milch nach dem Ablaufen der Molke zu einer feuchten klumpigen Käsemasse geworden ist, wird sie gepresst und man lässt sie noch einige Stunden an der Luft trocknen. Wenn sie dann fest genug geworden ist, wird sie in rechteckige oder quadratische Blöcke geschnitten und in reichlich Salz gewälzt. Je mehr Salz der Käse aufnimmt, desto mehr Molke gibt er noch ab und desto fester wird er. Wieder lässt man diese Blöcke 24 Stunden trocknen, um sie dann in Kunststoffkanister (früher in Holzfässer oder in Weißblechkanister) zu packen und mit einer ca. 15%-igen Salzlake zu bedecken. Damit ist dieser Käse praktisch unbegrenzt haltbar geworden und kann über weite Strecken auch in heißen Ländern, notfalls sogar ohne Kühlung, transportiert werden.

Manchen Menschen schreckt der starke Salzgeschmack des Feta, der jedoch auf Salaten sogar als angenehm empfunden wird. Salz dient nur als Konservierungsmittel und überdeckt nicht den eigentlichen Geschmack der Schafmilch. Wem der Salzgehalt zu stark ist, der kann seine Scheiben, die er sich im Laden vom Block hat schneiden lassen, oder die er bereits als fertig vorverpackte Scheibe gekauft hat, für einige Minuten in Milch oder kaltes Wasser legen, bevor er den Käse in Würfel schneidet und zum Verzehr anbietet.

Insgesamt war es ein riesiges Karussell. Kein Wunder, dass heftig darum gestritten wurde bis der Europäische Gerichtshof im Urteil 1107/96 zu Gunsten Griechenlands entschieden hat. Gegen dieses Urteil wurde von Dänemark, Frankreich und Deutschland im Dezember 1996 Widerspruch eingelegt. Am 25.07.1997 erging dann ein Urteil, nach dem alle akzeptiert haben, dass es in Zukunft keine Feta mehr aus Kuhmilch geben darf, und die Hersteller, die bis 1997 diesen Käse so hergestellt und verkauft haben, bekamen eine 10-jährige Übergangsfrist bis zum 15.10.2007 zugestanden. Aber es ging weiter um die Ursprungsbezeichnung.

Gegen das dann ergangene Urteil der Kommission vom 14.10.2002 AZ 1829/2002, den Namen »Feta« nur für in Griechenland hergestellte Käse, die aus Schafmilch oder einer Mischung aus Schaf- und Ziegenmilch produziert werden, zu schützen, wurde, diesmal von einer Reihe privater Firmen, Berufung eingelegt, die – interessanter Weise – diesmal von Grossbritannien unterstützt werden. Jetzt geht es nur noch darum, darf Griechenland – wie in der Entscheidung der Kommission – den Namen allein für sich behalten, oder dürfen auch andere Lander, wenn sie die Herstellungsvorschriften beachten, diesen Namen ebenfalls führen. Der europäische Staatsanwalt hat am 10.05.2005 dem Gericht empfohlen, es bei dem auf Griechenland beschränkten Schutz zu belassen, die Berufung also zurückzuweisen. Das endgültige Urteil über diese Berufung wird noch für den Herbst 2005 erwartet.

Idiazabal (AOC/AOP)

Der Schafkäse aus dem spanischen Baskenland
Dieser Schafkäse ist das klassische Produkt der baskischen Provinzen Alava, Navarra und Guipuzcoa. Es ist eine Mittelgebirgslandschaft im Nordwesten Spaniens mit dem Hauptort Oridizia, auf baskisch Ordiziako Udala. Der Name des Käses entstammt aus der baskischen Sprache, auf deren Erhaltung und Gebrauch die Menschen der Region ungemein großen Wert legen. Andere Bezeichnungen lauten Aralar, Urbia und Urbasa. Später hat man sich auf den Namen Idiazabal als Sammelbegriff geinigt, um den Schutz der DOP zu bekommen. Der Käse wird vorwiegend auf den einzelnen Gehöften der Region vor Ort hergestellt. Die Gehöfte besitzen etwa 400 bis 1000 Schafe der Rassen Latxa und Carranzana. Dieser Käse ist aus 100%-iger natürlich belassener Schafmilch. Er gehört zur Gruppe der Hartkäse, der meistens auch noch mit Buchen- oder Weißdornspänen geräuchert wird. Der Idiazabal hat je nach Jahreszeit zwischen 50 und 53% Fett i.Tr.; das bedeutet einen absoluten Fettgehalt von ca. 29%.

Es sind kleine zylindrische Laibe mit 16 bis 25 cm Durchmesser, 8 bis 12cm Höhe und einem Gewicht von 1,2 bis 2kg. Der Teig ist spröde bis

Kontaktadresse:
Quesos Aldanondo,
Carretera No.1.
E-20212
OLBERRIA
(Guiouzkoa)

hart. Er ist elfenbeinfarbig. Die Rinde ist meistens natur, manchmal aber auch gewachst; hellgelb wenn er Natur ist oder rotorange bis braun bei der geräucherten Variante. Mindestreifezeit 1 Monat, wobei einige Liebhaber ihn bis zu einem Jahr reifen lassen.

Der Geschmack ist herb und ganz typisch für Schafmilch. Der Käse wird vorwiegend nach dem Essen als Dessert gereicht. Diesen Käse als Brotbelag zu nehmen, wäre für seine Erzeuger eine Sünde.

Weinempfehlung: Rioja Rotweine.

Peccorino (DOP)

Die italienischen und sardischen Schafkäse werden unter den verschiedensten Zusatzbezeichnungen, die ihre regionale Herkunft verdeutlichen sollen, angeboten. Der Name »Pecorino« (der Schafkäse) kommt vom italienischen Wort Pecora (auf deutsch: das Schaf). Der bekannteste ist der »Pecorino Romano«, der auch den Schutz des DOP genießt. Es sind große 30-35kg schwere Zylinder, die umlaufend schräg von links unten nach rechts oben ihren Namen eingeprägt in der Rinde tragen. Die Rinde ist natur-weiß, oft aber auch mit Öl, Talg oder Ton eingerieben. Manchmal ist sie sogar mit einer Lebensmittelfarbe schwarz gestrichen. Frühestens nach 5 Monaten, meistens jedoch erst nach 8 Monaten darf der Pecorino seine Reiferäume verlassen. Dann ist sein strohfarbener Teig sehr fest bis hart geworden und die Textur ist meistens schuppig. Bei sehr alten Käsen entstehen die typischen, winzigen »Kristalle« und vereinzelt kleine Löcher, in denen sich manchmal auch Reifungsflüssigkeit zeigt, die die Italiener »lacrima« nennen. Auch beim Comté und beim Emmentaler bezeichnen wir diese Flüssigkeit als »Tränen«.

Mehr als 60% aller Pecorino Sorten kommen jedoch aus Sardinien, wo allein mehr als sieben Millionen Schafe gehalten werden. Entsprechend heißen auch diese Varianten »Pecorino-Sardo DOP« oder »Fiore Sardo DOP« (die sardinische Blume). Sie sind jedoch bedeutend kleiner, wiegen zwischen 1,5 und 4kg, haben einen leicht gewölbten Rand und auf den Oberflächen sieht man den Abdruck der Formen.

Man muss hier noch den »Pecorino Pepato«, eine besonders würzige Variante mit schwarzen ganzen Pfefferkörnern im Teig, den »Pecorino Toscano« und den »Pecorino Siciliano« erwähnen, der ebenfalls ein DOP Siegel besitzt.

Gemeinsam ist allen die Verwendung von entrahmter Schafmilch und das Dicklegen der Milch mit Lammlab, die bis zu 39° C thermisiert wird. Der Bruch wird erst mit Käseharfen geteilt, dann gerührt und auf 48° C erwärmt. Dadurch entsteht ein Bruch von Reiskorngröße, der dann in Formen gefüllt und gepresst wird.

Die Käse haben, weil die Milch entrahmt wird, auch einen unterschiedlich hohen Fettgehalt zwischen 35% und 40% Fett i.Tr. Die Käse werden oft zum Reiben benutzt und auf vielfältige Weise in der italienischen Küche verwendet.

Die Rezepte sind so zahlreich, dass ich Sie auf ein Kochbuch, das auf italienische Rezepte spezialisiert ist, verweisen muss.

Ossau-Iraty (AOC)

ausgesprochen: Ossoh iratie

Dieser etwas schwer auszusprechende Name kommt aus der baskischen Sprache. Leider trug der Terror in Spanien mehr zur Bekanntheit des Baskenlandes bei als seine landschaftliche Vielfalt und Schönheit. Ein baskischer Landesteil gehört heute zu Frankreich. Seit der ersten Hälfte des 20. Jahrhunderts assoziierte man die Baskenmütze als typische Kopfbedeckung der Franzosen.

Vom Golf von Biskaya bis zur spanischen Grenze erstreckt sich die Region und weiter entlang auf dem Kamm der westlichen Pyrenäen um die Gegend um Tarne und Lourdes und im Näheren um die Regionen Béarn und Baskenland. Dort gibt es auch das Tal von Ossau und die Hochebene von Iraty, von denen der Name dieses Käse stammt. Dort leben die »Mancheg Schafe«, die eine ganz besondere Rasse sind. Zu den strengen Bestimmungen des AOC-Ursprungsschutzes gehört es, dass die Milch der Mancheg Schafe nur aus dieser Gegend stammen darf.

Die Laibe dieses seit Jahrhunderten hergestellten Hartkäses aus 100%-iger reiner, roh belassener Schafmilch haben einen Durchmesser von 18 bis 28cm, eine Höhe von 7 bis 15cm und je nach ihrer

Größe ein Gewicht zwischen 2 und 7kg. Da sie aus der vollen Milch produziert werden, haben sie immer ca. 50% Fett i.Tr. Nur wenige mittlere Käsereien liefern einen stets gleich großen Käse, der mindestens 3 Monate, aber auch bis zu 1½ Jahren gereift werden kann. Der feste Teig mit allenfalls kleiner porengroßer

Lochung ist weiß bis hellelfenbeinfarbig. Der Geschmack ist sauber, angenehm würzig und nussartig. Einfach ein toller Käse. Die Rinde ist relativ dick und reicht von gelb-orange bis grau und zeigt auch öfter rote und dunkelbraune Flecken.

Der Matocq ist neben den ganzen und halben Laiben in 200g Portionen verpackt und in einigen Geschäften erhältlich. Zahlreiche andere durchaus wohlschmeckende und ähnlich aussehende Käse aus den Pyrenäen, die den AOC Bestimmungen nicht genügen, heißen »Fromage de Brebis« (reine Schafkäse) oder »Fromage des Pyrénées« (aus einer Milchmixtur von Kühen und Schafen). Der schwarz gewachste und meistens viel zu junge so genannte »Pyrenäenkäse« hat mit den wunderbaren Käsen, die aus dem Baskenland kommen, nichts gemein. Er ist fast ausschließlich für den Export hergestellt.

Wegen des schwer auszusprechenden Namens werden diese Käse oft auch nur Pyrenäenkäse »Matocq« oder »Ostari« genannt.

Schäferstündchen®

Seit einigen Jahren kommt aus Südfrankreich der Brebis Blanche (weißer Schafkäse) unter der geschützten Bezeichnung »Schäferstündchen« zu uns nach Deutschland. Er ist erhältlich als 8kg Kanister, 2kg Block in weißer, in Blow-ups-rot bedruckter Folie oder vorverpackt als Scheibe in 200g Portionen. Er ist unter Garantie aus 100% Schafmilch hergestellt und hat sich auf Grund seiner herausragenden Qualität einen guten Namen gemacht. Fragen Sie bei Ihrem nächsten Einkauf nach diesem »Schäferstündchen«.

»Schäferstündchen« ist in Deutschland sehr beliebt. Dieses Foto zeigt ihn als 200g Portion mit Verpackung

Blauschimmelkäse

Blau- oder Edelschimmelkäse gibt es sowohl aus Kuhmilch als auch aus Ziegen- und Schafmilch und ich habe sie deshalb hier unter einer gesonderten Kategorie zusammengefasst. Die meisten Blauschimmelkäse werden weder gekocht noch gepresst, jedoch wird der Bruch sehr zerkleinert, damit möglichst viel Molke abfließen kann. Der Blauschimmel ist entweder »Penicillium Glaucum« oder »Penicillium Roqueforti«, also Schimmelsporen, die der Milch vor der Labzugabe in kleinsten Spuren zugesetzt werden. Diese Pilzkulturen können sich jedoch nur unter Sauerstoffeinfluss entwickeln. Aus diesem Grunde werden die Blauschimmelkäse pikiert, d.h. mit Stichkanälen versehen, aus denen heraus sich die Pilzsporen in der noch weichen Rohkäsemasse ausbreiten können und die herrliche Marmorierung hervorrufen. Die Käse werden überwiegend in Folie verpackt geliefert. Deshalb sammelt sich unter dieser Folie auf der Rinde oft Restfeuchtigkeit. Wischen Sie diese Restmolke mit einem Küchenkrepp weg.

Cambozola®

Kempten liegt im Allgäu und ist über 2000 Jahre alt. Um den Titel der ältesten Stadt Deutschlands diskutiert Kempten bis heute mit Trier. Als der gesamte süddeutsche Raum vom Jahre 15 vor Christus bis zum Jahre 488 nach Christus zum Römischen Reich gehörte, war die keltische

Kontaktadresse:
Käserei Champ.
Hofmeister
GmbH & Co. KG
Kemptener Str. 17
D-87493 Lauben
Allgäu

279

Der fein-cremige
und mild-würzi-
ge Cambozola ist
perfekt geeignet
für den puren
Genuss mit
Baguette oder
frischen Früch-
ten der Saison

Siedlung Cambodonum – das heutige Kempten – bereits ein bedeutender Handels- und Produktionsstandort, in dem auch die Kunst des Käsens gepflegt wurde. Nach den Römern kamen die Alemannen; ein Volksstamm, der die Region bis heute besiedelt. Die Mönche von St. Gallen gründeten in Kempten das erste Kloster Deutschlands und verfeinerten die Kunst der Käseherstellung in der ganzen Region. Ab 1289 wurde Kempten sogar »Freie Reichsstadt«. Seit 1802/03 gehört Kempten unter Verlust seiner Eigenstaatlichkeit zu Bayern.

Die Käserei Champignon in Lauben, die bereits in der 3. Generation von der Inhaberfamilie Hofmeister geführt wird, wurde durch den immer stärker werdenden Wettbewerb der französischen Käse, die nach der Aufhebung der Zölle ungehindert nach Deutschland strömen konnten, zu Innovationen geradezu gezwungen. Im Jahre 1980 wurde der »Cambozola« geschaffen und die Käsemeister konnten nicht ahnen, welch großes Meisterstück sie mit diesem Weichkäse schufen, der die fein-cremige Konsistenz des Camemberts mit dem mild würzigen Blauschimmel vereinigte. Seit 1987 ist Cambozola der Marktführer in diesem Segment, und so kann dieser Käse im Jahre 2005 sein 25-jähriges Jubiläum feiern.

Fast schon eine Generation lang ist der Name Cambozola bei vielen Käseliebhabern ein fester

Begriff. Mit seiner mild-pikanten Note hat er viele neue Verwender dem Blauschimmel-Weichkäsen zugeführt. Ein eigenständiger Zweig im Stammbaum der »Blaublütigen« der heute weltweit in über 50 Nationen – auch nach Frankreich – geliefert wird. Es gibt ihn in runden Torten in der Käsetheke und in Kleinpackungen im Selbstbedienungsregal.

So schmeckts am besten! Weichkäse mag's gern frisch, aber nicht zu kalt. Sie bewahren ihn am besten eingewickelt in ein feuchtes Tuch im Gemüsefach des Kühlschranks auf. Auf keinen Fall sollten Sie ihn in luftdicht schließende Behälter (z.B. Tupperdosen) legen. Der Käse ist ein lebendes Produkt, er muss atmen können, um sein Aroma zu entwickeln. Immer eine Stunde vor dem Verzehr herausnehmen, damit sich der feine Geschmack richtig entfalten kann. Der fein-cremige und mild-würzige Cambozola ist perfekt geeignet für den puren Genuss mit Baguette oder frischen Früchten der Saison und die ideale Zutat für die köstlich-frische Kreativküche.

Bleu de Bresse

Die Bresse ist eine sehr fruchtbare Flussebene inmitten des linken Ufers der Sâone in Höhe von Macon bis hinüber Richtung Osten nach Bourg en Bresse zur Rhône und dann nach Süden bis zum Zusammenfluss der beiden Flüsse bei Lyon. Man nennt die Ebene das Departement Ain. Von dort kommen nicht nur die berühmten »Bresshühner«

her, sondern auch französische Käseköstlichkeiten wie der »France-Bresse«, der »Bleu d'azur« und der »Bibress«. Die Bekanntschaft dieser Köstlichkeiten bildete den Beginn meiner näheren und professionellen Beschäftigung mit diesen Delikatessen.

Ich war seit einem Jahr als selbstständiger Handelsvertreter in der Lebensmittelbranche in Frankfurt am Main tätig und wollte mich nach dem Abschluss der römischen Verträge zur Gründung der EWG – wie die heutige EU damals noch hieß – um eine Käsevertretung bewerben. Da ich schon einige Jahre in der Molkereibranche gearbeitet hatte, war ich mit dieser Branche gut vertraut. Durch Vermittlung der französischen Handelsmission erhielt ich die Adresse der Laiterie Coopérative de Grièges in der Bresse, die damals einen hervorragenden Ruf in Frankreich besaß. Ich fuhr also im Frühjahr dorthin. Der Generaldirektor Paul David war eine im ganzen Land geachtete Persönlichkeit. Zu der damaligen Zeit war er ca. 60 Jahre alt. Ich wurde sehr freundlich empfangen. M. David zeigte mir persönlich den ganzen Betrieb, führte mir die dort hergestellten Produkte vor und bot sie mir zur Verkostung an. Ich war von all dem begeistert und wollte die Vertretung für das Rhein-Main-Gebiet gerne übernehmen.

Paul David sah mich an und sagte sinngemäß freundlich aber bestimmt:

»Junger Mann, Sie gefallen mir, und ich bin bereit mit Ihnen zusammenzuarbeiten. Aber eines muss klar sein: Entweder übernehmen Sie die Verantwortung für ganz Deutschland oder gar nicht. Ich habe keine Lust und keine administrativen

Voraussetzungen dafür, mich mit ca. 20 Handelsvertretern und vielleicht 1000 Kunden in Deutschland zu befassen. Wie Sie sich in Deutschland organisieren, ist Ihre Sache. Sie werden nur nach Erfolg bezahlt und entscheidend für mich ist, dass Sie bis zum Ende des kommenden Jahres fünf Tonnen Käse aus unserem Herstellungsprogramm zu den von uns vorgegebenen Preisen pro Woche in Deutschland verkaufen ! Exklusivität gilt beiderseitig.«

Ehrlich gesagt, hatte ich damals keine Ahnung, auf was genau ich mich da einlassen würde. Aber es war der Beginn einer wunderbaren, sehr erfolgreichen Zusammenarbeit. Die ersten 5 Tonnen Wochenumsatz waren unter hartem Einsatz bereits 4 Monate früher als vorgegeben im September 1962 erreicht. Ich hatte glücklicher Weise hervorragende Produkte anzubieten und es gab kaum einen Einkäufer, der mir nach Verkostung meiner Muster nicht einen Auftrag erteilt hätte. Von Hamburg bis München, von Aachen bis Berlin war ich meistens 7 Tage die Woche unterwegs. Das Handicap waren die zum großen Teil in Deutschland noch fehlenden Kühlmöbel in den Läden und der völlig fehlende innerdeutsche Kühltransport. Die molkereieigene Spedition fuhr von Grièges mit ihrem Kühlwagen nur über die Grenze nach Kehl am Rhein und von dort aus musste ich in den ersten Jahren den Weitertransport per Bahnexpress organisieren. Es war ein schwerer Start, aber es machte Spaß, solche Spitzenprodukte französischer Käsekunst verkaufen zu dürfen. Dieser Besuch hat mein ganzes Leben verändert und auch geprägt. Diese Vertretung war auch der Grund für die Zusammenarbeit und spätere Freundschaft mit Pierre Androuet und M. Pajolec, denen ich viel zu verdanken habe.

Leider ging M. David dann Mitte der 70er Jahre in den wohlverdienten Ruhestand. Seine Nachfolger beendeten infolge von Misswirtschaft 1978 die Zusammenarbeit mit mir, zur großen Freude der Wettbewerber. Ein Umstand, der dem Unternehmen keine glückliche Entwicklung verlieh. Heute gehört der Betrieb zur großen Familie der Bongrain Betriebe.

Zurück zum Bleu. Zur großen Familie der Edelpilz- oder Schimmelkäse zählt man alle Käse mit Innenschimmel, in denen im inneren Teig ein Schimmel wächst. Sie werden aus verschiedenen Milcharten und in den unterschiedlichsten Formen und Oberflächen hergestellt. Es gibt sie in mehreren Gruppen Weichkäse. Die meisten gehören jedoch zur Gruppe der halb festen Schnittkäse. Der bekannteste Bleu ist der Roquefort (siehe dort).

Im Gegensatz zum Roquefort wurde der Bleu de Bresse als Weichkäse aus Kuhmilch in der Rahmstufe hergestellt. Es gibt ihn in kleinen runden Laiben mit 125g, 250g und 500g Gewicht und dann gab es ihn noch in kleinen länglichen Rollen als Bleu d'Azur in 125g und 220g. Er war einfach in der Konsistenz cremiger und im Geschmack bedeutend milder als alle anderen bis dahin auf dem Markt befindlichen Edelpilze. Er reifte nur 3 bis 4 Wochen und hatte im cremig gelben Teig eine wundervolle blaue Marmorierung, eine graublaue Außenrinde mit einem ausgeprägt milderen

Geschmack als die übrigen französischen Bleus.

Leider gibt es ihn nicht mehr auf dem deutschen Markt auf Grund der oben erwähnten Misswirtschaft.

Bleu de Causses (AOC/AOP)

Der Bleu des Causses kommt aus dem südlichen Massif Central in der Provinz Languedoc und entstammt ursprünglich aus der Region um St. Affrique und Millau. Er wird in runden Laiben – wie der Roquefort – allerdings nur aus Kuhmilch hergestellt und meistens in senkrecht geteilten halben Laiben verkauft. Er dürfte die erste Imitation des Roquefort Käses gewesen sein und gehört zur Gruppe der halb festen Schnittkäse. Seit dem 21. Mai 1970 darf er das AOC Zeichen tragen. Er wird industriell und in Genossenschaften hergestellt. Seine Milch kommt von Kühen und hat 45% Fett i.Tr. Die Laibe haben einen Durchmesser von 18 bis 20cm und eine Höhe von 9 bis 10cm, sowie ein Gewicht von 2,2 bis 2,5kg. Die Reifung erfolgt in feuchten Höhlen, die in den Fels gehauen wurden. Der Geschmack ist streng bis sehr streng. Er wird als Dessert gereicht und vielfach in der Küche für Appetithäppchen, Canapees oder Soßen verarbeitet.

Bleu Sassenage oder **Bleu du Vercors**

ausgesprochen: Blöh Sassenahsch oder *Blöh düh Werkohr*

Das Massiv von Vercors südöstlich von Grenoble ist eine Zitadelle aus Kalkstein. Weil der Boden so wasserdurchlässig ist, bildete sich eine durch tiefe Schluchten zerfurchte und wilde Gegend. Sie ist schwer zugänglich, reich an Vegetation und von Menschen bewohnt, die einen sehr ausgeprägten Freiheits- und Selbstbehauptungswillen besitzen.

Das schwer begehbare Relief ihrer Heimat und das raue Klima der Alpen erlaubte es den Bauern nicht, die von ihnen gewonnene Milch über längere Entfernungen zu transportieren. Deshalb stellten bereits die Bauern der Region im Mittelalter einen Edelpilzkäse her, den sie »Bleu de Sassenage« nach einem Berg ihrer Heimat nannten. Dieser Weichkäse, bei dem der Käsebruch nicht erhitzt und auch nicht gepresst wurde, blieb bis zu Beginn des 20. Jahrhunderts auf die bäuerliche Herstellung beschränkt. Er wird nur aus Milch der Montbéliard Kühe oder der Abondance Rasse hergestellt und ist der einzige Käse, der tatsächlich aus einer Mischung von alter und frischer Milch produziert wird. Seit 1996 besitzt er den Schutz der AOC. Die Jahresproduktion ist klein und beträgt nur ca. 145 Tonnen.

Die frische Milch wird erwärmt und wieder gekühlt. Der Milch vom Vortag wird die körperwarme und frisch gemolkene Rohmilch (36° C) im Verhältnis 30% zu 50% zugefügt. Die Rohmilch wirkt wie ein Ferment und kommt so zum Gerinnen.

Die Molkereien haben dieses alte Rezept der Bauern beibehalten und verwenden es noch heute. Nach drei Wochen Reifezeit, in der die Käse regelmäßig piquiert (gestochen) werden, um Sauerstoffkanäle für eine gute gleichmäßige Entwicklung der Blauschimmelkulturen zu erreichen, ist dieser Bleu perfekt gereift. Der Teig ist geschmeidig und der Geschmack ist mild.

Weinempfehlung: Ein süßer Weißwein wie der Barsac oder der Banjuls.

Bleu de Gex (AOC/AOP)

ausgesprochen: Blöh dö jex

Ein halbfester Schnittkäse mit Blauschimmel
Als AOC Produkt aus dem Hohen Jura wird der Bleu de Gex auch »Bleu du Haut Jura« genannt. Seit dem Dekret vom 20.09.1977 steht er unter dem Schutz der AOC. Er wird nur von vier kleinen Käsereien auf den Hochebenen von Combes, St. Claude und in den kleinen Orten Moussières und Bouchoux hergestellt. GEX ist eine kleine Stadt, die nur 17 km von Genf entfernt liegt. Die Milch darf – wie bei allen AOC Produkten – nur aus einem genau festgelegten geographischen Gebiet in den Departements Ain und Jura kommen, das eine durchschnittliche Höhenlage von 1000 über N/N hat. Es handelt sich hierbei also um einen echten Bergkäse. Die Milch wird von den robusten braun-weiß gescheckten Montbéliard-Kühen gewonnen, die

ausschließlich ihr Futter von diesen Weiden bekommen. Silage und Kraftfutter sind streng verboten.

Die Rezeptur und die Geschichte dieses Käses stammt bereits aus dem 15. Jahrhundert. Es soll der Lieblingskäse Karls des Kühnen, Herzog von Burgund, gewesen sein. Die Produktion beginnt Sommer wie Winter allmorgendlich um 5:30 Uhr mit dem Einlassen der Milch in etwa 3m lange nach unten halbkreisrunde Käsefertiger bei einer Temperatur von nur 27° C. Es darf nur frische, rohe Milch verarbeitet werden. In die Milch wird sowohl das Lab als auch das Penicllium Glaucum in flüssiger Form zugegeben und gut vermischt. Nach 35 bis 40 Minuten ist die Gallerte entstanden und wird mit großen Käseharfen einmal längs und mehrfach quer zwei Stunden lang mit der Hand geschnitten. Dann wird in die Mitte der Käsewannen eine Molkenablaufrinne eingesetzt, in der sich die Molke sammelt und von der sie abgeleitet wird. Am späten Vormittag wird dann der Bruch einzeln aus der Käsewanne in mit Tüchern ausgeschlagene Formen gehoben und diese Formen auf einen Ablauftisch gesetzt, damit weiter Molke abtropfen kann. Es erfolgt keine mechanische Pressung. Ab 14:30 Uhr werden dann die Formen gewendet, wobei zuvor in den Boden der neuen Formen der aus Plastik bestehende Namenszug »GEX« eingelegt wird, der sich dann in die Oberfläche des noch weichen Käseteigs eindrückt. Am nächsten Tag hat sich der Käse soweit gefestigt, dass er in unperforierte Plastikformen ohne Tücher umgefüllt wird und das Namensschild wieder entfernt werden kann. Dabei wird der Käse zum ersten Mal trocken gesalzen, was sich während der folgenden vier Tage täglich beim allmorgendlichen Wenden der Formen wiederholt. Die immer noch austretende Molke bildet mit dem Salz eine Lake, in welcher der Käse bei einer Temperatur von

17-19° C schwimmt. Nach 5 bis 6 Tagen haben die runden Laibe ihre endgültige Form gefunden und kommen dann in die Reifekeller, wo sie bei einer Temperatur von 6 bis 14° C und einer Luftfeuchtigkeit von maximal 80% trocknen. In diesen Reifekellern wird der Käse jeden 3. Tag gewendet. Zwischen dem 12. und dem 15. Tag erfolgt dann – wie bei allen Blauschimmelkäsen – der Pikiervorgang, damit sich in den so geschaffenen Luftkanälen das Penicillium im Käse frei entwickeln und die wunderbare Marmorierung bilden kann.

Frühestens nach 21 Tagen Reifung sind dann die Käse, die in die Gruppe der halb festen Schnittkäse einzuordnen sind, reif für den Versand. Die Laibe haben einen Durchmesser von 30cm, eine Höhe von 10 bis 11cm und ein Gewicht von 5-6kg. Er hat, da er aus unbehandelter Vollmilch hergestellt wird, 48 bis 51% Fett i.Tr. und eine Trockenmasse von 58%. Die Gesamtproduktion dieser Spezialität beträgt nur 500 bis 600

Die Rezeptur und die Geschichte des Bleu de Gex stammt bereits aus dem 15. Jahrhundert. Es soll der Lieblingskäse Karls des Kühnen, Herzog von Burgund, gewesen sein

Tonnen pro Jahr. Er ist und bleibt eine Rarität mit einem Aroma nach Champignons und Wald. Der Geschmack ist für einen Blauschimmelkäse relativ mild. Die Konsistenz ist trocken, der Teig hellgelb mit der blaugrauen Maserung, die Rinde graublau.

Fourme d'Ambert (AOC/AOP)

ausgesprochen: Furm dambähr

Der Fourme d'Ambert ist für mich persönlich der wohlschmeckendste reine Blauschimmelkäse aus Kuhmilch. Seinen Namen erhielt er aus einem Dorf in der Auvergne namens Ambert. Es gibt ihn schon seit über 1000 Jahren. Seine Form entspricht einer dicken Käserolle, die ein bisschen wie ein Baumstamm aussieht.

Der Fourme wird meistens schräg angeschnitten, damit seine wunderbar volle Maserung gut zur Geltung kommt

In Frankreich gibt es auch unter dem Namen Fourme de Montbrison einen ähnlichen Käse, der seit 2002 ein eigenes AOC Siegel bekommen hat. Das Wort »Fourme« stammt aus dem lateinischen »forma«. Heute wird die Produktion laut AOC Gesetz vom 6.2.1976 auf die Départements Loire, Puy-de-Dôme und auf fünf Kantone des Départements Cantal beschränkt. Auf den ersten Blick unterscheidet er sich durch seine Form von allen anderen Blauschimmelkäse, denn mit seiner Höhe von 22cm ist er doppelt so hoch wie sein Durchmesser von 11cm. Eine Rolle hat ein Gewicht von etwa 2,2kg. Auf der weiß-grauen Naturrinde bilden sich rote und blaue Flecken. Der Fourme wird meistens schräg angeschnitten, damit seine wunderbar volle Maserung optisch gut zur Geltung kommt. Der Teig ist geschmeidig und das Aroma würzig. Probieren Sie den Unterschied zwischen diesem Käse und einem echten Roquefort; Sie werden beide danach niemals mehr verwechseln. Die frische Milch wird erwärmt und mit Blauschimmelkulturen versetzt; dann erst wird Lab zugegeben. Der Bruch wird geschnitten und per Hand in die Formen gefüllt. Wenn die Rolle fest genug geworden ist, um sie auszuformen, erfolgt unter Wenden die Trockensalzung. Dann werden die Käse für die Luftkanäle piquiert (gestochen). In der Reifezeit von drei Wochen werden die Käse regelmäßig überwacht, um sicherzustellen, dass die Sauerstoffkanäle für eine gleichmäßige Entwicklung der Blauschimmelkulturen gut sorgen können. Dann beginnt die Marmorierung und nach 28-30 Tagen ist sie meistens soweit gediehen, dass der dann in Alufolie verpackte Käse seinen Weg in den Handel antreten kann. Die Reifezeit des Rohmilch-Fourme beträgt meistens 3 bis 4 Monate. Der Geschmack ist wunderbar mild. Es gibt ihn in zwei Versionen: Entweder aus Rohmilch oder aus pasteurisierter Milch. Der Rohmilch Fourme (L'Or des Dôme) hat eine leicht weiß-gelbe Farbe und ist in Konsistenz und dem Geschmack von Nüssen und Pilzen der pasteurisierten Version überlegen. Er ist ideal geeignet, um Würfel aus einer ca. 2cm dicken Scheibe zu schneiden, sie mit blauen Trauben durch einen kleinen Spieß zu stecken und sie zum Aperitif zu reichen. Immer ein guter Blickfang auf einem kalten Buffet. Ich darf auch an dieser Stelle nochmals darauf hinweisen, dass diese Blauschimmel für die Magen- und Darmflora als sehr gesund gelten.

Weinempfehlung: Ein süßer Weißwein wie der Barsac oder eine Riesling Spätlese.

Gorgonzola (DOP)

Die Geschichte berichtet uns, dass der Gorgonzola vor dem Jahre 1000 in einem kleinen Dorf etwa 20km von Mailand geboren wurde. Der Legende nach verdankt er seine Entstehung einem Hirtenjungen, der in das Dorf kam und kein rechtes Gerät besaß, die Milch dieser reichen Po-Ebene verarbeiten zu können. Aus der Not heraus ließ er die Milch vom ersten Tag in seinem Gefäß stehen und goss dann die Milch vom zweiten Tag dazu. So reifte die Milch auf natürliche Weise (laktische Produktion) durch die Milchsäurebakterien. Die Dickmilch schöpfte er dann in ein Tuch, welches wiederum in eine runde Form gepackt wurde. Das Ergebnis war nach einiger Reifezeit ein köstlicher Käse, der innen eine grünliche Äderung aufwies. Er wurde bald auch von den anderen Hirten geschätzt und sie begannen ihn in dieser Gegend ebenfalls herzustellen.

Das Dorf hieß damals wie heute: Gorgonzola. Es wurde der Mittelpunkt für die Herstellung dieses wunderbaren Blauschimmelkäses und verlieh ihm seinen Namen.

Heute liegt der Schwerpunkt der Gorgonzola Produktion in der Gegend von Novara, westlich von Mailand. Der Gorgonzola zählt unbestritten zu den besten Käsen der Welt. Man unterscheidet zwei Grundsorten:

- Gorgonzola DOLCE mit seiner sahnigen, weichen Konsistenz, seinem milden, leicht pikanten Geschmack.
- Gorgonzola NATURALE, der bedeutend fester im Teig ist und einen kräftigeren Geschmack hat.

Einheitlich haben beide Sorten eine raue rötliche Rinde. Der Teig ist weiß bis strohgelb und weist im Inneren die typische blaugrüne Äderung auf.

Über die Echtheit der Herstellung und der Herkunft der Milch wacht seit 1970 die Vereinigung zum Schutz des Gorgonzolas mit dem Sitz in Novara. Sie allein hat das Recht das Markenzeichen — dieses typische »g« – in den Käselaib zu prägen und vergibt die Rechte zur Anbrin-

Die ganzen Laibe sind ca. 12kg schwer; meistens werden sie jedoch waagerecht geteilt und dann nochmals geviertelt

293

gung des Zeichens auf der Verpackungsfolie. Die ganzen Laibe sind ca. 12kg schwer; meistens werden sie jedoch waagerecht geteilt und dann nochmals geviertelt, sodass solche Achtellaibe (fälschlich werden sie meistens vom Handel Viertellaibe genannt) ein Gewicht von ca. 1,5kg haben.

Blue Stilton

Stilton ist einer der bekanntesten Blauschimmelkäse der Welt, bedingt durch die lange Herrschaft Großbritanniens über viele Länder der Erde. Für die Briten ist er der »König der Käse«. Seit Jahrhunderten wurde der Stilton auf den großen Gütern in Leicestershire und den Grafschaften Nottinghamshire und Derbyshire aus roher Kuhmilch hergestellt. Seit Mitte des 18. Jahrhunderts wurde er auch durch die Kurfürsten von Hannover, die zwischenzeitlich in Personalunion Könige von England geworden waren, und die viele mitteleuropäische Künstler an den englischen Hof geholt hatten, weltberühmt. Auch heute noch liegt das Zentrum der Herstellung in dem benannten Gebiet.

Stiltontöpfchen werden in der Vorweihnachtszeit gerne verschenkt

Auch bei diesem Käse kommt es auf die Kuhrasse (Stilton Kühe) und das Weidegras dieser Region an, um die exakt richtige Milch für die Herstellung des

besten Stilton mit seinem charakteristischen und unverwechselbaren Geschmack zu erhalten.

Überwiegend aus pasteurisierter Milch mit 48% Fett i.Tr. hergestellt, reift dieser Käse wie alle anderen Blauschimmelkäse auch von Innen nach Außen. Seine braune mit graublauen Flecken durchsetzte Naturrinde ist oft gefurcht. Seine Reifezeit beträgt 6 Monate. Dann weist er eine weiß-cremefarbige Änderung auf. In einer anderen Version hat er einen hellweißen Teig und im Inneren ist die Äderung typisch blaugrün oder sogar dunkelblau. Er gehört in die Gruppe der Schnittkäse. Ein Zylinder wiegt ca. 8kg. Heute wird er meistens in einer Viertelscheibe mit ca. 2kg Gewicht in einer Blisterpackung geliefert. Viele unterschiedliche Keramiktöpfe werden mit dem Stilton vollgestrichen, mit einer Wachsplatte oben wie ein Korken verschlossen und dann wie ein Präsent in alle Welt verschickt. Manche Luftfahrtgesellschaft reicht ein solches Stiltontöpfchen während der Vorweihnachtszeit ihren Passagieren als Geschenk.

Stilton wird gern als Dessert zu Portwein genossen. Viele Menschen lieben ihn auch in der getränkten Weise mit Portwein oder Madeira. In zahlreichen englischen Familien verschenkt man zum Weihnachtsfest ganze Laibe Stilton, die dann in der Familie in besonders dekorierten Käseglocken aufbewahrt werden. Die obere Rinde wird abgeschnitten und mit einem Löffel in der Mitte des runden Käses eine Vertiefung geschaffen, in die man dann ein Glas Portwein gießt. Das lässt man ein bis zwei Tage ziehen und löffelt dann die vom Portwein durchzogene obere Schicht aus und wiederholt diesen ganzen Vorgang über mehrere Wochen, bis der ganze Käse von Innen heraus ausgehöhlt worden ist. Wahrhaft eine Delikatesse, denn diese Kombination von der Würze des Käses mit der Süße des Weins ist ein außergewöhnlicher Genuss. Die Marke »Cropwell Bishop« ist eine der besten und traditionsreichsten.

Roquefort (AOC/AOP)

Wenn man auf der Autobahn Nr. 75 von Clermont Ferrand Richtung Mittelmeer zum Golf du Lion nach Süden fährt, passiert man das Zentral-Massiv und kommt weiter südlich dann vor den Cevennen an die überwältigend schöne Schlucht des Flusses Tarn (Die Gorges du Tarn), den französischen Grand Canyon. Diese Schlucht wird seit Herbst 2004 in der Nähe von Millau von der höchsten Autobahnbrücke der Welt überspannt. Ein spektakuläres Bauwerk, eine einmalige Sehenswürdigkeit. Mehr als eine Million Touristen pro Jahr besuchten bisher schon dieses ca. 20.000 Einwohner zählende Kreisstädtchen Millau und diese Region, die alte Provinz Rouergue, die durch ihren Roquefort-Käse weltbekannt geworden ist. Durch die neue Attraktion werden es sicher bald noch mehr werden, zumal durch die Schließung dieser Lücke die Autobahnfahrt nach Spanien um ca. 45 Minuten verkürzt wird.

Der Roquefort ist die älteste Käseköstlichkeit, über die schriftliche Unterlagen existieren. Schon

bei Lukull, dem Leib-
koch des Kaisers Tibe-
rius, wurde festgehalten,
dass aus der damaligen
römischen Provinz Gal-
lien der Edelpilzkäse mit
seiner wunderbaren
blauen Maserung regel-
mäßig an den kaiser-
lichen Hof nach Capri
geliefert wurde und von

diesem berühmten Koch – wir sprechen noch
heute von lukullischen Genüssen – vielfältig in der
Küche des Kaisers Tiberius verwendet wurde.
Plinius erwähnte ihn in einem seiner Bücher im
Jahre 79 unserer Zeitrechnung. Karl der Große
ließ sich diesen Käse an seinen kaiserlichen Hof
nach Aachen liefern. Der französische König
Charles VI. gewährte bereits im Jahre 1407 und
danach nochmals 1411 den armen Einwohnern
des Dorfes Roquefort das Privileg, dass nur ihre
Käse, die in den Höhlen des Berges Combalou
gereift wurden, den Namen ihres Dorfes tragen
dürfen. 1439 wurde durch eine Charta Charles
VII. dieses Patent bestätigt. Der Name war bereits
so berühmt, dass Nachahmungen schon in der
damaligen Zeit üblich waren.

Auf der Hochebene von Larzac ist kein
Ackerbau möglich, aber auf den kargen, mageren
Böden wachsen einige vielschichtige Kräuter und
Gräser, die allerdings nur ausreichen, um
Weidewirtschaft mit den anspruchslosen Schafen
durchführen zu können und so die Produktion

König Charles VI.
gewährte bereits
im Jahre 1407 und
danach nochmals
1411 den armen
Einwohnern des
Dorfes Roquefort
das Privileg, dass
nur ihre Käse, die
in den Höhlen des
Berges Combalou
gereift wurden,
den Namen ihres
Dorfes tragen
dürfen

einer betörend guten Schafmilch zu ermöglichen. Weil die Gegend von Roquefort so arm ist, war der Schutz dieser einmaligen Erwerbsmöglichkeit für die Bevölkerung dieser Region zur damaligen Zeit sehr wichtig und man kann diese Schutzausspre- chung als eine große soziale Tat bezeichnen. Dieses Patent wurde über die Jahrhunderte von den verschiedenen französischen Königen 1518 von François I. und 1607 von dem Parlament von Toulouse, ständig bestätigt, konnte dann aber erst durch das Gesetz Mitte der 20er Jahre des 20. Jahrhunderts als das erste AOC Prädikat Frank- reichs auch international durchgesetzt werden. Sein Ehrentitel ist »l'Empereur des Fromages« = Kaiser der Käse. Es gibt wohl nichts an Vergleich- barem.

Nicht jeder Blauschimmelkäse ist also ein Roquefort, sondern ein echter Roquefort ist ein Edelpilz-Käse, der folgende Kriterien erfüllen muss:

- Nach einem neuen Gesetz vom 17.5.2005 wurde die Produktion einer betörend guten Schafmilch stark eingeschränkt, nämlich auf die Gemeinden, die in Teilen der nachfol- genden Départements liegen.
- Die Départements heissen: l'Aude, l'Aveyron, la Lozère, du Gard, l'Herault, la Lozère und du Tarn.
- Der daraus hergestellte Käse darf nur in den Höhlen des Berges Combalou, an dessen Hang das heute nur noch 300 Einwohner zählende Dorf Roquefort liegt, gereift wer- den.

Über die Jahrhunderte hat sich die Produktion der Schafmilchgewinnung für die Produktion des Roquefort Käses in dieser Region entwickelt und perfektioniert. Mit Ausdauer und Beharrlichkeit haben die Menschen von Roquefort daran gearbeitet, die Qualität ihres Käses stetig zu perfektionieren und den Schutz ihrer Marke zu verteidigen.

Die Schafmilch darf frühestens 20 Tage nach der Geburt der Lämmer für die Käseproduktion verwendet werden und die Verarbeitung mit Labzugabe muss spätestens 48 Stunden nach dem Melkvorgang erfolgen. Die Penicillium-Roqueforti Kulturen müssen mit Schimmelpilzsporen aus dem Mikroklima der vorgeschriebenen Höhlen, in denen das »Penicillium Roqueforti« von Natur aus angesiedelt ist, gewonnen werden. Die Produktion der Käselaibe erfolgt ausschließlich in den Monaten Ende November bis Ende Juni in den verschiedenen kleinen Käsereien der Region. Die Milch wird auf Körpertemperatur erwärmt und dick gelegt und die Schimmelsporen werden der Kesselmilch zugegeben.

Der in Würfeln geschnittene Käsebruch wird per Hand in die Formen gepresst, um so die Molke zu extrahieren. Dann werden die Formen gewendet und nach dem Ausformen die Käse, die einen Durchmesser von 20cm und eine Höhe von

Der Roquefort erhielt das erste AOC Prädikat

10cm haben, trocken gesalzen. Erst dann werden die Käselaibe nach Roquefort gebracht und dort beginnt die wichtigste Phase der Produktion, nach der Pikierung (Einstechen von Luftkanälen in den Käselaib) die Reifung in den Höhlen des Berges Combalou. In diesem einmaligen Milieu, mit seinen großen Spalten und kaminartigen Rissen – fleurines genannt – haben sich Höhlen gebildet, die Sommer wie Winter für eine stets gleichbleibende Temperatur und hohe Luftfeuchtigkeit sorgen. Die Luft erneuert sich drei- bis fünfmal pro Stunde und sorgt so auf natürliche Weise für die Verbreitung der Samen des Penicilliums. Die Reifekeller in der Mitte des Berges Combalou lassen einen qualitativ höher wertigen Käse zu, als die Höhlen, die am Rande liegen. Die Reifung dauert mindestens zwanzig bis fünfundzwanzig Tage, bis sich durch die Luftkanäle der Edelpilz im Käselaib ausbreitet. Der Roquefort muss jedoch mindestens drei Monate in den vom Gesetz vorgeschriebenen Höhlen gelagert sein. Beim jungen Käse ist der Schimmel noch blass und grünlich. Mit fortschreitender Reife färbt er sich blau und schließlich grau. Jeder Hersteller führt ein genaues Protokoll, das den Kontrollgremien jederzeit zugänglich sein muss. Verfeinerung, Pflege und auch die Verpackung der Roquefort Käse dürfen ausschließlich in der Gemeinde Roquefort erfolgen.

Die Käselaibe werden dann bis zu ihrer Versandverpackung in hauchdünn ausgewalzte Zinnblätter gewickelt, die den Käse fast luftdicht abschließen und ermöglichen, dass die Reifung kontrolliert gesteuert werden kann und der Käse auch ganzjährig ausgeliefert werden kann. Die meist verkaufte Einheit sind heute senkrecht geteilte halbe Laibe (ca. 1,25kg) oder für die Selbstbedienung vacuum verpackte 100g Portionen. Die Trockenmasse beträgt ca. 59% und der absolute Fettgehalt ca. 32%. Der Käse ist reich an Mineralstoffen, Phosphor, Kalzium und an Vitaminen der Gruppe B.

Heute reifen in dem Dorf Roquefort-sur-Soulzon – so heißt der kleine Ort mit vollem Namen – jährlich rund 3,3 Millionen Laibe Roquefort, die je ein Gewicht von ca. 2,5kg haben, und in mehr als 90 Länder exportiert werden.

Über Jahrzehnte war der Inhaber der privaten Käserei Crouzat-Constans, Monsieur Crouzat, der Bürgermeister dieses kleinen Ortes. Die Familie produzierte seit Generationen diese Köstlichkeit mit dem aus Brot gewonnenen natürlichem Penicillium und reift sie in ihren eigenen Kellern, die zu den besten im Berge Combalou gerechnet werden. Der Roquefort steht gemeinsam mit dem englischen Stilton und dem italienischen Gorgonzola weltweit an der Spitze der großen Blauschimmelkäse der Erde. Er ist würzig, gehaltvoll und pikant. Der feuchte, leicht krümelige Teig zergeht auf der Zunge und hinterläßt einen eigenwilligen Pilzgeschmack und das Aroma der Schafmilch. Der Käse wird am besten mit einem Schluck Haute Sauternes, einem Muscat de Rivesaltes oder einer Beerenauslese zum Abschluß einer Mahlzeit serviert. Empfehlenswert dazu ist auch ein Stück Rosinen- oder Früchtebrot.

Allgemeine Bezugsquellen

- **Kirchhof Agrar KG** An der Kirche 6 D-36211 **Alheim-Oberellenbach**
- **Galeria Kaufhof** Aachen Adalbertstraße 20-30 D-52062 **Aachen**
  Tel.:0241-4767400-401
- **Käsespezialitäten Jansen** Münsterstraße 257b D-52076 **Aachen**
  Tel.: 0241-522514 E-Mail: buero@kaesejansen.de
- **Delikatessen Boy** GmbH Manhagener Allee 8 D-22926 **Ahrensburg**
  Tel.: 04102-52390 E-Mail: info@delikatessen-boy.de
- **Streich Feinkost** Bahnhofstraße 28 D-72458 **Albstadt**
  Tel.: 07431-2489 E-Mail: feinkost.streich@t-online.de
- **Mosen & Löhndorf** OHG Erfurter Straße 4-6 D-56626 **Andernach**
  Tel.: 02632-44041
- **Böma Feinkost** Promenade 14 D-91522 **Ansbach**
  Tel.: 0981-5626
- **Fromagerie Geiß** Frohsinnstraße 19 D-63739 **Aschaffenburg**
- **Matthes, Jochen** Schneeberger Straße 21 D-08280 **Aue**
  Tel.:03771-22672 E-Mail: feinkosthaus-matthes@freenet.de
- **Lautenschläger** GmbH Louisenstraße 50 D-61348 **Bad Homburg**
  Tel.: 06172-60059-0 E-Mail: feinkost-lautenschlaeger@t-online.de
- **Münnich fromage *** GmbH & Co. Grabengasse 3a D-61350 **Bad Homburg**
  Tel.: 06172-8963-60 E-Mail: info@kaeseland.de
- **Münnich-Reinhardt**, Grabengasse 3 D-61350 **Bad Homburg**
  Tel.: 06172-896360 Fax: 06172-896363 E-Mail: info@kaeseland.de
- **Faber, Bernd GmbH** Obere Marktstraße 11 D-97688 **Bad Kissingen**
  Tel.: 0971-1051
- **Sambeth am Markt** Burgstraße 1 D-97980 **Bad Mergentheim**
  Tel.: 07931-51001
- **Gröppel**, Hans-Jürgen Pholmannstraße 3 D-32105 **Bad Salzuflen**
  Tel.: 0522-10376
- **Gueth, Ursula & Servais** Heidelberger Straße 16 D-76669 **Bad Schoenborn**
  Tel.: 07253-32083
- **Zach, Raphael** Auf der Weide 30 D-65812 **Bad Soden**
  Tel.: 06196-9996372
- **Hofmann, Wolfgang** Königsdorfer Straße 22g D-83646 **Bad Tölz**
  Tel.: 08041-9427
- **Tölzer Kasladen GmbH** Königsdorfer Straße 22g D-83646 **Bad Tölz**
  Tel.: 08041-9427 Fax: 08041-4658 auch Versand
- **Tölzer Kasladen GmbH** Königsdorfer Straße 22g D-83646 **Bad Tölz**
  Tel.: 08041-9427 Fax: 08041-4658 auch Versand

- **Funken, Angelika** Freihausstraße D-83707 **Bad Wiessee**
  Tel.: 08022-98360
- **Fritz Feinkost GmbH** Luisenstr. 20 D-76530 **Baden-Baden**
  Tel.: 07221-29212 E-Mail: info@feinkost-fritz.de
- **Pöppel, Bernd Dietmar** Rilkeweg 2 D-88255 **Baienfurt**
  Tel.: 0751-52379 Fax:0751-52379
- **Delikatessen Haupt GmbH** Schloßstraße 26 D-51429 **Bergisch Gladbach**
  Tel.: 02204-56667 E-Mail: knutdemmrich@delikatessenhaupt.de
- **Butter-Lindner** Ostpreußendamm 90-92 D-12207 **Berlin**
  Tel.: 030-71091120 E-Mail: sekretariat@butter-lindner.de
- **Delikatessen | BRIGANTI** Wielandstraße 15 D-10629 **Berlin**
  Tel.: 030-3235362 E-Mail: info@ibriganti.de
- **Galeria Kaufhof Berlin - Alex** Alexanderplatz 9 D-10178 **Berlin**
  Tel.: 030-24743217-19-262
- **Kaaswinkel Öko. Käse und Wein** Dunckerstraße 2a D-10437 **Berlin**
  Tel.: 030-440974 E-Mail: milchweg@t-online.de
- **Kaaswinkel Öko. Käse und Wein** Schönhauser Straße 28-34 D-13127 **Berlin**
  Tel.: 030-474868-0 E-Mail: milchweg@t-online.de
- **Kaaswinkel Öko. Käse u. Wein** Tegelcenter Gorkistr. 13-17 D-13507 **Berlin**
  Tel.: 030-43604850 E-Mail: milchweg@t-online.de
- **Kaaswinkel Öko. Käse-Wein** Wilmersdorf Prager Platz 1-3 D-10779 **Berlin**
  Tel.: 030-21969588 E-Mail: milchweg@t-online.de
- **KaDeWe Berlin Gourmet Etage** D-10772 **Berlin**
- **Kropp, H. u. M. GmbH** Karl-Marx-Straße 82 D-12043 **Berlin**
  Tel.: 030-6231090 E-Mail: info@kropp-feinkost.de
- **Petite Fromagerie** Marheinekeplatz 15 D-10961 **Berlin**
  Tel.: 030-6919200
- **Galeria Kaufhof** Koppenstr. 8-9 D-10243 **Berlin-Friedrichshain**
  Tel.: 030-24540210
- **Klötzer GmbH & Co. KG** Niedernstraße 41 D-33602 **Bielefeld**
  Tel.: 0521-96775-0 E-Mail: Ekloetzer-delikatessen@t-online.de
- **Hieber's Frische Center** Kanderweg 21 D-79589 **Binzen**
- **Bauer Feinkost** Meckenheimer Allee 65 D-53115 **Bonn**
  Tel.: 0228-637171
- **Feinkost Schüller** Konstantinstr. 4-6 D-53179 **Bonn**
  Tel.: 0228-363893 E-Mail: feinkost-schueller@t-online.de
- **Galeria Kaufhof Bonn** Remigiusstraße. 20-24 D-53008 **Bonn**
  Tel.: 0228-516211-14 Abtl.-690
- **Käse Klemmer** Packhofpassage 12a D-38100 **Braunschweig**
- **Käse Rothe** Burgpassage D-38100 **Braunschweig**

- **Antjes Kaaswinkel** Pappelstraße 98 D-28199 **Bremen**
  Tel.: 0421-501851
- **Atrium-Feinkost** Vor dem Steintor 34 D-28203 **Bremen**
  Tel.: 0421-702323 E-Mail: barbara.zeck@atrium-bremen.de
- **Die Blöchliger** Fedelhören 11D-28203 **Bremen**
  Tel.: 0421-870067 E-Mail: info@die-bloechliger.de
- **Feinkost-Delikatessen** Alte Havenstraße 15 D-28757 **Bremen**
  Tel.: 0421-662363 E-Mail: JHG-Scharringhausen@t-online.de
- **Grashoff Nachf.**GmbH & Co. KG Contrescarpe 80 D-28195 **Bremen**
  Tel.: 0421-14749 E-Mail: info@grashoff.de E-Mail: os@grashoff.de
- **GUSTO bei Jacques'** Borgfelder Land Straße 26 D-28357 **Bremen**
  Tel.: 0421-2070170 E-Mail: Gilbert & Lambrecht GBR
- **Nußbaum Rohmilchkäse** Am Waller Freihafen 1 D-28217 **Bremen**
  Tel.: 0421-6167644 E-Mail: nussbaum.rohmilchkaese@gmx.de
- **Delikatessen Moss** Dammstraße 10 D-30938 **Burgwedel**
  Tel.: 05139-4909 E-Mail: info@moss-delikatessen.de
- **Galeria Kaufhof Chemnitz** Am Rathaus 1 D-9111 **Chemnitz**
  Tel.: 0371-6663-150-1
- **Müller & Müller** Mühlstraße 60 D-64283 **Darmstadt**
  Tel.: 06151-153863 E-Mail: manfred@mueller-und-mueller.de
- **Koehler's Cafe Strickmann** Wißstraße 26-28 D-44137 **Dortmund**
  Tel.: 0231-571915 E-Mail: info@koehlers-feinkost.de
- **Pfunds Molkerei** Bautzener Straße 79 D-01099 **Dresden**
- **Altgassen-Feinkost** Tonhallenpassage D-47051 **Duisburg**
  Tel.: 0203-24545
- **Galeria Kaufhof Düsseldorf** Berliner Allee 52 D-40212 **Düsseldorf**
  Tel.: 0211-8301302-3
- **Galeria Kaufhof Düsseldorf** Königsallee 1-9 D-40212 **Düsseldorf**
  Tel.: 0211-1391190-335
- **Galeria Kaufhof Düsseldorf** Am Wehrhahn 1D-40211 **Düsseldorf**
  Tel.: 0211-1603300-804
- **Münstermann-Delikatessen** Hohe Straße 11 D-40213 **Düsseldorf**
  Tel.: 0211-13004-0 E-Mail: info@muenstermann-delikatessen.de
- **Vossing, Rolf** Cheryskerstraße 105 D-40545 **Düsseldorf**
- **Frischmarkt Wilhelm** Am Marktplatz 16D-35085 **Ebsdorfergrund**
  Tel.: 06424-1235
- **Heine Delikatessen Versand** Sauerstraße 17 D-24340 **Eckernförde**
- **Bauer Markt** Goethestraße 42 und Rückerstraße 14 D-63820 **Elsenfeld-Main**
- **Kaas Kate** Hufergasse 2 D-45239 **Essen**
  Tel.: 0201-492626 E-Mail: v.kloecker@t-online.de

- **Feinkost Jochen Hüls** Heckstraße 4 D-45239 **Essen-Werden**
- **Aktiv-Markt Gebauer** Raiffeisenstraße 23 D-70794 **Filderstadt-Bonlanden**
- **Wissmann, Gerhard** D-67227 **Frankenthal**
- **Plöger OHG** Große Bockenheimer Straße 30 D-60313 **Frankfurt a.M.**
  Tel.: 069-1387110
- **Galeria Kaufhof** D-60313 **Frankfurt a.M.**
  Tel.: 069-2191435-437
- **Inter. Käsespez. &. A. Happel** Hasselhorstweg 17 D-60599 **Frankfurt a.M.**
  Tel.: 069-682899 Handy: 01772542573
- **Käse Becker** Schweizer Straße 66 D-60594 **Frankfurt a.M.**
- **Münnich, Johannes** Am Auweg 24 D-60437 **Frankfurt a.M.**
  Tel.: 06101-541010 Fax: 06101-541011 E-Mail: muennich@kaesepapst.de
- **Plöger, Frank** Grosse Bockenheimer Straße 30 D-60313 **Frankfurt a.M.**
  Tel.: 069-1387110
- **Marczoch, Klaus** Leipziger Straße 34 D-60487 **Frankfurt-Bockenheim**
  Tel.: 06196-9996372 Fax: 06994-974484
- **Rücker, Hans-Joachim** Münster Platz 16 D-79098 **Freiburg im Brsg.**
  Tel.: 0761-382460
- **Galeria Kaufhof Fulda (Kerber)** Rabannusstraße 19 D-36037 **Fulda**
  Tel.: 0661-2940
- **Aktiv-Markt Gebauer** Heidenheimerstraße 139 D-73312 **Geislingen**
  Tel.: 07331-953233
- **Feinkost Hedtstück** Mittelstraße 52 D-58285 **Gevelsberg**
  Tel.: 02332-2964 E-Mail: mail@feinkost-hedtstueck.de
- **Aktiv-Markt Gebauer** Dieselstarße 13 D-73037 **Göppingen**
  Tel.: 07161-674188 Fax: 9888677 E-Mail: rolf.drohmann@gebauer-markt.de
- **Bock Käsespezialitäten** Charley Jacob Straße 8 D-38640 **Goslar**
  Fax: 05321-394188
- **Käse-Boucoiran** Kurze Straße 3 D-37073 **Göttingen**
  Tel.: 0551-5075515 Fax: 0551-5075527
- **Alles Käse-Nussbaumer** Paradeisgasse 1 AT-8010 **Graz**
  Tel.: 043316-829162
- **Delikatessen von Lintel** Merschstraße 20 D-48599 **Gronau**
  Tel.: 02565-1564
- **Delikatessen Klein** Bismarckstraße 1D-51643 **Gummersbach**
  Tel.: 02261-22328 E-Mail: klein-delikatessen@t-online.de
- **Feinkost Schenke** Rhedaer Straße 43 D-33330 **Gütersloh**
  Tel.: 05241-95130 E-Mail: info@schenke.de
- **Feinkost Steinbach** Unternehmerstraße 17 D-58119 **Hagen**
  Tel.: 02334-2579 E-Mail: steinbach.weine@t-online.de

- **Galeria Kaufhof** Markt 20 D-6108 **Halle**
  Tel.: 0345-7749-300 oder 147
- **Party- und Veranstaltungsservice** Reilstraße 7 D-06114 **Halle-Saale**
- **Behrmann Feinkost & Buffets** Siemersplatz 5 D-22529 **Hamburg**
  Tel.: 040-564213 E-Mail: torsten.henck@email.de
- **Broder's Figlio & Culinarium** Mittelweg 172 D-20148 **Hamburg**
  Tel.: 040-4107105 E-Mail: figlio@t-online.de
- **DAVINI Feinkost** Tibarg 39d D-22459 **Hamburg**
  Tel.: 040-5892530 E-Mail: davinifeinkost@aol.com
- **Feinkost Kruizenga** Maria-Louisen-Straße 11-13 D-22301 **Hamburg**
  Tel.: 040-4609970 E-Mail: service@kruizenga.de
- **Feinkost Schulte** Georg-Bonne-Straße 100-102 D-22609 **Hamburg**
  Tel.: 040-824145
- **Galeria Kaufhof Hamburg** Mönckebergstraße 3 D-20095 **Hamburg**
  Tel.: 040-33307130 oder 140
- **Genussvoll Bergedorf** Alte Holstenstraße 64 D-21029 **Hamburg**
  Tel.: 040-72104257 E-Mail: info@genussvoll-bergedorf.de
- **Käse Belitz im A E Z** Heegbarg 31 D-22391 **Hamburg**
  Tel.: 040-6063435
- **Käsekeller Altona** Max Brauer Allle 192 D- **Hamburg**
- **Kretschmer, Willy** Alter Zollweg 1D-22147 **Hamburg**
  Tel.: 040-6476005
- **Galeria Kaufhof Hannover** Ernst-August-Platz 5 D-30159 **Hannover**
  Tel.: 0511-3601266-267
- **Käse Beddies** Soltauer Straße 33 D-27386 **Hemslingen**
  Tel.: 04266-1055 E-Mail: hdbeddies@aol.com
- **Thiele Käsespezialitäten** Heidekoppel 8 D-24558 **Henstedt-Ulzburg**
- **Biermann Delikatessenhaus** Neuer Markt 2 D-32052 **Herford**
  Tel.: 05221-15687
- **Umhau, German** Itzlings 331-4 D-88145 **Hergatz**
  Tel.: 08385-1851
- **Arkade-erlesene Spezialitäten** Schloßstraße 25 D-45701 **Herten-Westerholt**
  Tel.: 0209-62417 E-Mail: brinkmann-arkade@t-online.de
- **Buch, Heinz GmbH** Hauptstraße 73 D-65719 **Hofheim**
  Tel.: 06192-9630 E-Mail: markus.buch@buch-der-markt.de
- **Platzeck-Hofmann, K.R.** Am Wickerbach 53 D-65719 **Hofheim a.Ts.**
  Tel.: 06122-8625
- **Hieber, Bettina** Am Hergottsfeld 14 D-89438 **Holzheim**
  Tel.: 09075-91185

- **Käse Hütte Isny** Wassertorstraße 7 D-88316 **Isny**
  Tel.: 07562-8119 Fax: 07562-905915 E-Mail: info@baldauf-kaese.de
- **Feinkost Schindele** Waldstraße 75-77 D- **Karlsruhe**
- **Galeria Kaufhof Kassel** Obere Königstraße 31 D-34117 **Kassel**
  Tel.: 0561-7896236-237
- **Schilcher Käsehandel** Am Bachfeld D-86981 **Kinsau**
  Tel.: 08869-92092 08869-92093
- **Hoss an der Oper GmbH** Breite Straße 25-27 D-50667 **Köln**
  Tel.: 0221-2577393 E-Mail: hoss.delikatessen@t-online.de
- **Galeria Kaufhof Köln** Hohe Straße 41-53 D-50667 **Köln**
  Tel.: 0221-22543-92 oder 94-95
- **Galeria Kaufhof Köln-Weiden** Bunzlauer Straße 6 D-50858 **Köln-Weiden**
  Tel.: 02234-4066207
- **Franken GmbH & Co.KG** Königstraße 123 D-47798 **Krefeld**
  Tel.: 02151-20957 E-Mail: info@delikatessen-franken.de
- **Galeria Kaufhof Leipzig** Neunmarkt 1 D-4109 **Leipzig**
  Tel.: 0341-2245-140 oder 141
- **Gebr. Baldauf GmbH & Co. KG** Goßholz 5 D-88161 **Lindenberg-Allgäu**
  Tel.: 08381-8902-0 Fax: 08381-890255 E-Mail: info@baldauf-kaese.de
- **Galeria Kaufhof Lüdenscheid** Altenaer Straße 4 D-58507 **Lüdenscheid**
  Tel.: 02351-905550-51
- **Delikatessen Kaempff-Kohler** 18, place Guillaume L-1648 **Luxemburg**
  Tel.: 0352-474747-1 E-Mail: info@kaempff-kohler.lu
- **Burku**, Samuel Adlingen, Silverstraße 16 CH-6006 **Luzern**
- **Delikatessen Suffner** Heidelbergerfassgasse 12 D- **Mainz**
- **Delikatessenkontor GmbH** Speyerer Straße 63 D-68199 **Mannheim**
  Tel.: 0621-126710
- **Galeria Kaufhof Mannheim** P1 P 1,1 D-68161 **Mannheim**
  Tel.: 0621-1805220-221
- **Glandorf**, Käte Bellenstraße 4-10 D-68163 **Mannheim**
- **Fleischerei Nagel & Delikatessenstube** Fleischergasse 1 D-01662 **Meißen**
  Tel.: 03521-453595 E-Mail: fleischerei.nagel@delikat.de
- **Galeria Kaufhof** Hindenburgstraße 125-133 D-41061 **Mönchengladbach**
  Tel.: 02161-278336
- **Dallmayr**, Alois Dienerstraße 14-15 D-8033 **München**
- **Euro Käs** Keferloher Straße 101c D-80807 **München**
- **Feinkost Käfer** Prinzregentenstraße 73 D-81675 **München**
  Tel.: 4168310 Fax:.4168622 Feinkostladen@feinkost-kaefer.de

- **Feinkost Marks** Kufsteiner Platz 3 D-81679 **München**
  Tel.: 089-984784
- **Galeria Kaufhof** München-Marienplatz Kaufinger Str. 1 D-80331 **München**
- **Galeria Kaufhof** - RotkreuzplatzDonnersberger Strasse D-80634 **München**
  Tel.: 089-13077229
- **Galeria Kaufhof** München-Stachus Karlsplatz 21-24 D-80335 **München**
  Tel.: 089-5125-229 oder 293
- **Hofmann, Susanne** Viktualienmarkt Abt. I, Stand 4 D-80331 **München**
  Tel.: 089-226322
- **Tölzer Kasladen** GmbH Viktualienmarkt Abt. I. Stand 4 D-80331 **München**
  Tel.: 089-226322 Fax: 089-226322 E-Mail: info@toelzer-kasladen.de
- **Abt Günther**, Bäckerstraße 7 D-81241 **München-Pasing**
  Tel.: 089-883313 E-Mail: info@kaese-abt.de
- **Butterhandlung Holstein** Bogenstraße 9 D-48143 **Münster**
  Tel.: 0251-44944 E-Mail: info@butterhandlung-holstein.de
- **Feinkost Kümmerle** Bahnhofstraße 8-10 D-63263 **Neu-Isenburg**
  Tel.: 06102-22397
- **Das Kontor** Große Neustraße 8-9 D-26506 **Norden**
  Tel.: 04931-168733 E-Mail: das-kontor@t-online.de
- **nur Gutes** Hagenstraße 22-24 D-48529 **Nordhorn**
  Tel.: 05921-302790 E-Mail: nurgutes@uhlenbusch.de
- **Delikatessen Engelbrecht** Karolinenstraße 13 D **Nürnberg**
- **Wallnöfer, Roland** Moscherroschweg 5 D-77704 **Oberkirch**
  Tel.: 07802-1269
- **Hürlimann's Staufer Käse-Kuche** Bahnhofstraße 6 D-87534 **Oberstaufen**
  Tel.: 08386-7209 Fax: 08386-962663 E-Mail: info@baldauf-kaese.de
- **Feinkost Klöter** Herbartgang D-26122 **Oldenburg**
  Tel.: 0441-12986
- **Delikatessen Dorn** Rathausplatz 9 D-33098 **Paderborn**
  Tel.: 05251-296677 E-Mail: mail@delikatessen-dorn.de
- **De fiene Laden** GbR Bergstraße 1 D-18375 **Prerow**
  Tel.: 038-23369330
- **Joela Molkereiprodukte *** Friedrich List Straße 1 D-25451 **Quickborn**
  Tel.: 04106-799650 Fax 04106-75410 E-Mail: kreft@joela.de
- **Feinkost-Arkade** Casparsgäßchen 4 D-45657 **Recklinghausen**
  Tel.: 02361-186793 E-Mail: andreas.gruenreich@t-online.de
- **Witt**, Harald Ernst-Behrens-Straße 10 D-25462 **Rellingen**
  Tel.: 04101 24 162
- **Käse Halbach** Weststraße 19 D-42857 **Remscheid**
  Tel.: 02191-293869 E-Mail: khalbach@freenet.de

- **Wegerich, Frank** Tomberger Straße 31 D-53359 **Rheinbach**
  Tel.: 02225-17841
- **Käse Wolf *** Benzstraße 11 D-63110 **Rodgau**
  Tel: 06106-733995 Fax: 06106-733991 E-Mail: klaus.wolf@kaese-wolf.de
- **Galeria Kaufhof** Saarbrücken Passagestraße D-66111 **Saarbrücken**
  Tel.: 0681-3035 -105 oder -106
- **Aktiv-Markt Gebauer** Eislinger 60 D-73084 **Salach**
  Tel.: 07162-944425
- **Feinkost Münchow** Freiheitstraße 23 D-78224 **Singen**
  Tel.: 07731-947100
- **Schreier Fromager** Ekkehardstraße 29 D-78224 **Singen**
  Tel.: 07731-67266 E-Mail: salut@kaesereich-frankreich.de
- **Feinkost Schindler Delikatessen** Maximilianstraße 1 D-82319 **Starnberg**
  Tel.: 08151-12415 E-Mail: schindler1934@aol.com
- **Dreikäse Hoch** Kirchstraße 25 D- **Steyerberg**
- **Ammer Feinkost** Schlesische Straße 78a D-94315 **Straubing**
  Tel.: 09421-71885 E-Mail: info@ammer.de
- **Feinkost Böhm** GmbH Kesselstraße 13 D-70327 **Stuttgart**
  Tel.: 0711-40100 Geschäftsleitung
- **Fritz Delikatessen** Kirchheimer Straße 71 D-70619 **Stuttgart**
  Tel.: 0711-45999030 E-Mail: fritz@fritz-delikatessen.de
- **Galeria Kaufhof Stuttgart** Königstraße 6 D-70173 **Stuttgart**
  Tel.: 0711-2036-244 oder -245
- **Fritz Delikatessen** Kirchheimer Straße 71 D-70619 **Stuttgart-Sillenbuch**
  Tel.: 0711-45999030 E-Mail: fritz@fritz-delikatessen.de
- **Aktiv-Markt Gebauer** Bühlstraße 23 D-73079 **Süssen**
  Tel.: 07162 94320
- **Edeka Neukauf Wolff** Gertrud-Noch-Straße 2 D-20525 **Uelzen**
- **Jäckle Frische-Partner** GmbH Schleifäcker 79 D-89081 **Ulm-Lehr**
  Tel.: 0731-60754 E-Mail: fj@jaeckle-ulm.de
- **Kellermann, Dieter** Kapellenstraße 8 D-82008 **Unterharching**
  Tel.: 08961-14534
- **Käse Widmann, Waiblingen**
  Tel.: 07151-34089
- **Abt, Günther** Christian Buck Straße 12 D-82362 **Weilheim**
  Tel.: 0881-5115
- **Abt, Günther** (Zentrale) Am Wehr 9 D-82362 **Weilheim**
  Tel.: 0881-1414 Fax: 0881-41432 E-Mail: info@kaese-abt.de
- **Frischkost Hauffe** Kaufstraße 9-11 D-99423 **Weimar**
  Tel.: 03643-517314 E-Mail: info@frischkost.de

309

- **Friedhelm Dornseifer** Industriegebiet Ost D-57482 **Wenden-Hünsborn**
- **Mönchmeier Feinkost** Lange Straße 22 D-33378 **Wiedenbrück**
  Tel.: 05242-5230
- **Olschewski, Ulrich** Karl-Hermann-Zahn-Straße 31a D-69168 **Wiesloch**
  Tel.: 06222-75862
- **Bungert** GmbH & Co.KG Friedrich Straße 59 D-54516 **Wittlich**
  Tel.: 06571-6960
- **Loicht, Helmut** Eschenweg 4 D-87877 **Wolfertschwend**
  Tel.: 08334-259767
- **Delikatessen Brüssermann** Calvinstraße 22 D-42103 **Wuppertal**
  Tel.: 0202 45 39 63 E-Mail: delikatessen@bruessermann.de
- **Galeria Kaufhof** Würzburg Schönbornstraße 3 D-97070 **Würzburg**
  Tel.: 0931-3088120 -121

* Diese Firmen geben gerne Auskunft über besondere
Bezugsquellen in ihrem Einzugsbereich

Corpus Culinario Bezugsquellen

- **Alles Käse-Nussbaumer** Paradeisgasse 1 AT-8010 Graz
  Tel.: 04331-6829162 Fax: 829163 E-Mail: brinkmann-arkade@t-online.de
- **Altgassen-Feinkost** Tonhallenpassage D-47051 Duisburg
  Tel.: 0203-24545 Fax: 0203-288434
- **Ammer Feinkost** Schlesische Straße 78 A D-94315 Straubing
  Tel.: 09421-71885 Fax: 09421-62800 E-Mail: info@ammer.de
- **Arkade erlesene Spezialitäten** Schloßstraße 25 D-45701Herten-Westerholt
  Tel.: 0209-62417 Fax: 0209-1773461 E-Mail: brinkmann-arkade@t-online.de
- **Atrium-Feinkost** Vor dem Steintor 34 D-28203 Bremen
  Tel.: 0421-702323 Fax: 0421-702328 E-Mail: barbara.zeck@atrium-bremen.de
- **Bauer Feinkost** Meckenheimer Allee 65 D-53115 Bonn
  Tel.: 0228-637171 Fax: 0228-697389
- **Behrmann Feinkost & Buffets** Siemersplatz 5 D-22529 Hamburg
  Tel.: 040-564213 Fax: 40-56060663 E-mail: torsten.henck@email.de
- **Biermann Delikatessenhaus** Neuer Markt 2 D-32052 Herford
  Tel.: 05221-15687 Fax: 05221-529281
- **Böma Feinkost** Promenade 14 D-91522 Ansbach
  Tel.: 0981-5626 Fax: 0981-15385
- **Broder's Figlio & Culinarium** Mittelweg 172 D-20148 Hamburg
  Tel.: 040-4107105 Fax: 44-506427 E-Mail: figlio@t-online.de
- **Buch, Heinz GmbH** Hauptstraße 73 D-65719 Hofheim
  Tel.: 06192-9630 Fax: 06192-1234 E-Mail: markus.buch@buch-der-markt.de
- **Bungert GmbH & Co.KG** Friedrich Straße 59 D-54516 Wittlich
  Tel.: 06571-6960 Fax: 06571-696200
- **Butterhandlung Holstein** Bogenstraße 9 D-48143 Münster
  Tel.: 0251-44944 Fax: 0251-56766 E-Mail: info@butterhandlung-holstein.de
- **Butter-Lindner** Ostpreußendamm 90-92 D-12207 Berlin
  Tel.: 030-71091-120 Fax: 030-71091295 E-Mail: sekretariat@butter-lindner.de
- **Das Kontor** Große Neustraße 8-9 D-26506 Norden
  Tel.: 04931-168733 Fax: 167408 E-Mail: das-kontor@t-online.de
- **DAVINI Feinkost** Tibarg 39 D D-22459 Hamburg
  Tel.: 040-5892530 Fax: 40-5892514 E-Mail: davinifeinkost@aol.com
- **De fiene Laden GbR** Bergstraße 1 D-18375 Prerow
  Tel.: 038233-69330 Fax:038233-69331
- **Delikatessen Brüssermann** Calvinstraße 22 D-42103 Wuppertal
  Tel.: 0202-453963 Fax: 0202-455383 E-Mail: delikatessen@bruessermann.de

- **Delikatessen Boy GmbH** Manhagener Allee 8 D-22926 Ahrensburg
  Tel.: 04102-52390 Fax: 04102-821635 E-Mail: info@delikatessen-boy.de
- **Delikatessen Dorn** Rathausplatz 9 D-33098 Paderborn
  Tel.: 05251-296677 Fax: 05251-296628 E-Mail: mail@delikatessen-dorn.de
- **Delikatessen Haupt GmbH** Schloßstraße 26 D-51429 Bergisch Gladbach
  Tel.: 02204-56667 Fax: 54295 E-Mail: knutdemmrich@delikatessenhaupt.de
- **Delikatessen | BRIGANTI** Wielandstr. 15 D-10629 Berlin
  Tel.: 030-3235362 Fax: 030-32703415 E-Mail: info@ibriganti.de
- **Delikatessen Kaempff-Kohler s.a.r.l.** 18, place Guillaume L-1648 Luxemburg
  Tel.: 0352-4747471 Fax: 00352-474746 E-Mail: info@kaempff-kohler.lu
- **Delikatessen Klein** Bismarckstr. 1 D-51643 Gummersbach
  Tel.: 02261-22328 Fax: 02261-64949 E-Mail: klein-delikatessen@t-online.de
- **Delikatessen Moss** Dammstraße 10 D-30938 Burgwedel
  Tel.: 05139-4909 Fax: 05139-1349 E-Mail: info@moss-delikatessen.de
- **Delikatessen Schindler** Maximilianstraße 1 D-82319 Starnberg
  Tel.: 08151-12415 Fax: 08151-78748 E-Mail: schindler1934@aol.com
- **Delikatessen von Lintel** Merschstraße 20 D-48599 Gronau
  Tel.: 02565-1564 Fax: 02565-1564
- **Delikatessenkontor GmbH** Speyerer Straße 63 D-68199 Mannheim
  Tel.: 0621-126710 Fax: 0621-1267120
- **Die Blöchliger** Fedelhören 11 D-28203 Bremen
  Tel.: 0421-870067 Fax: 0421-870080 E-Mail: info@die-bloechliger.de
- **Faber, Bernd GmbH** Obere Marktstr. 11 D-97688 Bad Kissingen
  Tel.: 0971-1051Fax: 0971-67925
- **Feinkost-Arkade** Casparsgäßchen 4 D-45657 Recklinghausen
  Tel.: 02361-186793 Fax: 186884 E-Mail: andreas.gruenreich@t-online.de
- **Feinkost-Delikatessen** Alte Havenstr. 15 D-28757 Bremen
  Tel.: 0421-662363 Fax: 653788 E-Mail: JHG-Scharringhausen@t-online.de
- **Feinkost Böhm GmbH** Kesselstraße 13 D-70327 Stuttgart
  Tel.: 0711-40100 Fax: 0711-4010202
- **Feinkost Hedtstück** Mittelstraße 52 D-58285 Gevelsberg
  Tel.: 02332-2964 Fax: 02332-2963 E-Mail: mail@feinkost-hedtstueck.de
- **Feinkost Klöter** Herbartgang D-26122 Oldenburg
  Tel: 0441-12986 Fax: 0441-2488129
- **Feinkost Kruizenga** Maria-Louisen-Straße 11-13 D-22301 Hamburg
  Tel.: 040-4609970 Fax: 04-046099747 E-Mail: service@kruizenga.de
- **Feinkost Kümmerle** Bahnhofstraße 8-10 D-63263 Neu-Isenburg
  Tel.: 06102-22397 Fax: 06102-22397

- **Feinkost Marks** Kufsteiner Platz 3 D-81679 München
  Tel.: 089-984784 Fax: 089-9810207
- **Feinkost Münchow** Freiheitstraße 23 D-78224 Singen
  Tel.: 07731-947100 Fax: 07731-947101
- **Feinkost Schenke** Rhedaer Straße 43 D-33330 Gütersloh
  Tel.: 05241-95130 Fax: 05241-951330 E-Mail: info@schenke.de
- **Feinkost Schüller** Konstantinstraße 4-6 D-53179 Bonn
  Tel.: 0228-363893 Fax: 364783 E-Mail: feinkost-schueller@t-online.de
- **Feinkost Schulte** Georg-Bonne-Straße 100-102 D-22609 Hamburg
  Tel.: 040-824145 Fax: 040-823752
- **Feinkost Steinbach** Unternehmerstraße 17 D-58119 Hagen
  Tel.: 02334-2579 Fax: 02334-1765 E-Mail: steinbach.weine@t-online.de
- **Fleischerei Nagel & Delikatessenstube** Fleischergasse 1 D-01662 Meißen
  Tel.: 03521-453595 Fax: 03521-452141 E-Mail: fleischerei.nagel@delikat.de
- **Franken GmbH & Co.KG** Königstraße 123 D-47798 Krefeld
  Tel: 02151-20957 Fax: 02151-24780 E-Mail: info@delikatessen-franken.de
- **Frischkost Hauffe** Kaufstraße 9-11 D-99423 Weimar
  Tel.: 03643-517314 Fax: 03643-517315 E-Mail: info@frischkost.de
- **Frischmarkt Wilhelm** Am Marktplatz 16 D-35085 Ebsdorfergrund
  Tel.: 06424-1235 Fax: 06424-5483
- **Fritz Delikat'essen GmbH** Kirchheimer Str. 71 D-70619 Stuttgart-Sillenbuch
  Tel.: 0711-45999030 Fax: 0711-45999055 E-Mail: fritz@fritz-delikatessen.de
- **Fritz Feinkost GmbH** Luisenstr.aße 20 D-76530 Baden-Baden
  Tel.: 07221-29212 Fax: 07221- 2921-8 E-Mail: info@feinkost-fritz.de
- **Grashoff Nachf. GmbH & Co. KG** Contrescarpe 80 D-28195 Bremen
  Tel.: 0421-14749 Fax: 0421-302040 E-Mail: info@grashoff.de
- **GUSTO bei Jacques'** Borgfelder Land Straße 26 D-28357 Bremen
  Tel.: 0421-2070170 Fax: 0421-2769257
- **Hoss an der Oper GmbH** Breite Straße 25-27 D-50667 Köln
  Tel.: 0221-2577393 Fax: 0221-2577422 E-Mail: hoss.delikatessen@t-online.de
- **Klötzer GmbH & Co. KG** Niederstraße 41 D-33602 Bielefeld
  Tel.: 0521-967750 Fax: 9677510 E-Mail: kloetzer-delikatessen@t-online.de
- **Koehler's Cafe Strickmann** Wißstraße 26-28 D-44137 Dortmund
  Tel.: 0231-571915/140015 Fax: 5580885 E-Mail: info@koehlers-feinkost.de
- **Kropp, H.** u. **M. GmbH** Karl-Marx-Straße 82 D-12043 Berlin
  Tel.: 030-6231090 Fax: 030-6232053 E-Mail: info@kropp-feinkost.de
- **Lautenschläger GmbH** Louisenstraße 50 D-61348 Bad Homburg
  Tel.: 06172-600590 Fax: 60059-9 E-Mail: feinkost-lautenschlaeger@t-online.de

- **Matthes, Jochen** Schneeberger Straße 21 D-08280 Aue
  Tel.: 03771-22672 Fax: 22923 E-Mail: feinkosthaus-matthes@freenet.de
- **Mönchmeier Feinkost** Lange Straße 22 D-33378 Wiedenbrück
  Tel.: 05242-5230 Fax: 05242-90483
- **Mosen & Löhndorf OHG** Erfurter Straße 4-6 D-56626 Andernach
  Tel.: 02632-44041 Fax: 02632-491792
- **Müller & Müller** Mühlstraße 60 D-64283 Darmstadt
  Tel.: 06151-153863 Fax: 153864 E-Mail: manfred@mueller-und-mueller.de
- **Münstermann-Delikatessen** Hohe Straße 11 D-40213 Düsseldorf
  Tel.: 0211-130040 Fax: 1300450 E-Mail: info@muenstermann-delikatessen.de
- **Nur Gutes** Hagenstr. 22-24 D-48529 Nordhorn
  Tel.: 05921-302790 Fax: 05921-302791 E-Mail: nurgutes@uhlenbusch.de
- **Plöger OHG** Große Bockenheimer Str.aße 30 D-60313 Frankfurt
  Tel.: 069-1387110 Fax: 069-13871125
- **Sambeth am Markt** Burgstraße 1 D-97980 Bad Mergentheim
  Tel.: 07931-51001 Fax: 07931-8455
- **Streich Feinkost** Bahnhofstraße 28 D-72458 Albstadt
  Tel.: 07431-2489 Fax: 07431-56798 E-Mail: feinkost.streich@t-online.de

Guilde des Fromagers Bezugsquellen

- **Abt Günther Wochenmärkte** (Zentrale) Am Wehr 9 D-82362 Weilheim
  Tel.: 0881-1414 Fax: 0881-41432 E-Mail: info@kaese-abt.de
- **Aktiv-Markt Gebauer** Raiffeisenstraße. 23 D-70794 Filderstadt-Bonlanden
- **Aktiv-Markt Gebauer** Bühlstr. 23 D-73079 Süssen
  Tel.: 07162-94320
- **Aktiv-Markt Gebauer** Eislinger 60 D-73084 Salach
  Tel.: 07162-944425
- **Aktiv-Markt Gebauer** Heidenheimerstraße 139 D-73312 Geislingen
  Tel.: 07331-953233
- **Aktiv-Markt Gebauer** Dieselstarße 13 D-73037 Göppingen
  Tel.: 07161-674188 Fax: 9888677 E-Mail: rolf.drohmann@gebauer-markt.de
- **Antjes Kaaswinkel** Pappelstraße 98 D-28199 Bremen
- **Feinkost Schindler Delikatessen** Maximilianstraße 1 D-82319 Starnberg
  Tel.: 08151-12415 E-Mail: schindler1934@aol.com
- **Fritz Delikatessen** Kirchheimer Straße 71 D-70619 Stuttgart
  Tel.: 0711-45999030 E-Mail: fritz@fritz-delikatessen.de
- **Gebr. Baldauf GmbH & Co. KG** Goßholz 5 D-88161 Lindenberg-Allgäu
  Tel.: 08381-89020 Fax 08381-890255 E-Mail: info@baldauf-kaese.de
- **Genussvoll Bergedorf** Alte Holstenstraße 64 D-21029 Hamburg
  Tel.: 040-72104257 E-Mail: info@genussvoll-bergedorf.de
- **Hürlimann's Staufer Käs-Kuche** Bahnhofstr. 6 D-87534 Oberstaufen
  Tel.: 08386-7209 Fax: 08386-962663 E-Mail: info@baldauf-kaese.de
- **Jäckle Frische-Partner GmbH** Schleifäcker 79 D-89081 Ulm-Lehr
  Tel.: 0731-60754 E-Mail: fj@jaeckle-ulm.de
- **Joela Molkereiprodukte GmbH** Friedrich List Str. 1 D-25451 Quickborn
  Tel.: 04106-799650 Fax: 04106-75410 E-Mail: kreft@joela.de
- **Kaas Kate** Hufergasse 2 D-45239 Essen
  Tel.: 0201-492626 E-Mail: v.kloecker@t-online.de
- **Kaaswinkel Öko. Käse u. Wein** Dunckerstraße 2a D-10437 Berlin
  Tel.: 030-4409746 E-Mail: milchweg@t-online.de
- **Kaaswinkel Öko. Käse u. Wein** Schönhauser Straße 28-34 D-13127 Berlin
  Tel.: 030-4748680 E-Mail: milchweg@t-online.de
- **Kaaswinkel Öko. Käse und Wein** Gorkistraße 13-17 D-13507 Berlin
  Tel.: 030-43604850 E-Mail: milchweg@t-online.de
- **Kaaswinkel Öko. Käse und Wein** Wilmersdorf Prager Platz 1-3 D-Berlin
  Tel.: 030-21969588 E-Mail: milchweg@t-online.de

- **Käse Beddies** Soltauer Straße 33 D-27386 Hemslingen
  Tel.: 04266-1055 E-Mail: hdbeddies@aol.com
- **Käse Belitz im A E Z** Heegbarg 31 D-22391 Hamburg
  Tel.: 040-6063435
- **Käse Halbach** Weststraße 19 D-42857 Remscheid
  Tel.: 02191-293869 E-Mail: khalbach@freenet.de
- **Käse Hütte Isny** Wassertorstraße 7 D-88316 Isny
  Tel.: 07562-8119 Fax 07562-905915 E-Mail: info@baldauf-kaese.de
- **Käsespezialitäten Jansen** Münsterstraße 257b D-52076 Aachen
  Tel.: 0241-522514 E-Mail: buero@kaesejansen.de
- **Loicht, Helmut** Eschenweg 4 D-87877 Wolfertsschwend
  Tel.: 08334-259767
- **Münnich fromage GmbH & Co** Grabengasse 3a D-61350 Bad Homburg
  Tel.: 06172-896360 E-Mail: info@kaeseland.de
- **Nußbaum Rohmilchkäse** Am Waller Freihafen 1 D-28217 Bremen
  Tel.: 0421-6167644 E-Mail: nussbaum.rohmilchkaese@gmx.de
- **Petite Fromagerie** Marheinekeplatz 15 D-10961 Berlin
  Tel.: 030-6919200
- **Pöppel** Rilkeweg 2 D-88255 Baienfurt
  Tel.: 0751-52379 Fax: 0751-52379
- **Schreier Fromager** Ekkehardstraße 29 D-78224 Singen
  Tel.: 07731-67266 E-Mail: salut@kaesereich-frankreich.de
- **Tölzer Kasladen GmbH** Viktualienmarkt Stand 4 D-80331 München
  Tel.: 089-226322 Fax: 089-226322 E-Mail: info@toelzer-kasladen.de
- **Tölzer Kasladen GmbH** Königsdorfer Straße 22g D-83646 Bad Tölz
  Tel.: 08041-9427 Fax 08041-4658 auch Versand

Taste-Fromage Bezugsquellen

- **Abt, Günther** Christian Buck Str. 12 D-82362 Weilheim
  Tel.: 0881-5115
- **Burku, Samuel** Adlingen, Silverstraße 16 CH-6006 Luzern
- **Funken, Angelika** Freihausstraße. D-83707 Bad Wiessee
  Tel.: 08022-98360
- **Glandorf, Käte** Bellenstraße 4-10 D-68163 Mannheim
- **Gueth, Ursula & Servais** Heidelberger Str. 16 D-76669 Bad Schoenborn
- **Hieber, Bettina** Am Hergottsfeld 14 D-89438 Holzheim
  Tel.: 09075-91185
- **Hofmann, Susanne** Viktualienmarkt Abt. I, Stand 4 D-80331 München
  Tel.: 089-226322
- **Hofmann, Wolfgang** Königsdorfer Str. 22G D-83646 Bad Tölz
  Tel.: 08041-9427
- **Kellermann, Dieter** Kapellenstr. 8 D-82008 Unterharching
  Tel.: 089-6114534
- **Kretschmer, Willy** Alter Zollweg 1 D-22147 Hamburg
  Tel.: 040-6476005
- **Küssner, Cornelia** Bäckergasse 10 D-82288 Kottgeisering
  Tel.: 08144-1454 Fax: 08144-1444 E-Mail: Cornelia.Kuessner@jsp-film.de
- **Loicht, Helmut** Eschenweg 4 D-87877 Wolfertschwend
  Tel.: 08334-259767
- **Marczoch, Klaus** Käseladen Leipziger 34 D-60487 Frankfurt-Bockenheim
  Tel.: 06196-9996372 Fax: 069-94974484
- **Münnich, Johannes** Am Auweg 24 D-60437 Frankfurt a.M
  Tel.: 06101-541010 Fax: 06101-541011 E-Mail: muennich@kaesepapst.de
- **Münnich-Reinhardt** Grabengasse 3 D-61350 Bad Homburg
  Tel.: 06172-896360 Fax: 06172-896363 E-Mail: info@kaeseland.de
- **Olschewski, Ulrich** Karl-Hermann-Zahn-Str.aße 31a D-69168 Wiesloch
  Tel.: 06222-75862
- **Platzeck-Hofmann, K.R.** Am Wickerbach 53 D-65719 Hofheim a.Ts.
  Tel.: 06122-8625
- **Plöger, Frank** Grosse Bockenheimer Straße 30 D-60313 Frankfurt a.M.
  Tel.: 069-1387110
- **Rücker, Hans-Joachim** Münster Platz 16 D-79098 Freiburg im Brsg.
  Tel.: 0761-382460

- **Umhau**, **German** Itzlings 33 1-4 D-88145 Hergatz
  Tel.: 08385-1851
- **Vossing, Rolf** Cheryskerstraße. 105 D-40545 Düsseldorf
- **Wallnöfer**, **Roland** Moscherroschweg 5 D-77704 Oberkirch
  Tel.: 07802-1269
- **Wegerich**, **Frank** Tomberger Straße 31 D-53359 Rheinbach
  Tel.: 02225-17841
- **Witt**, **Harald** Ernst-Behrens-Straße. 10 D-25462 Rellingen
  Tel.: 04101-24162
- **Zach, Raphael** Auf der Weide 30 D-65812 Bad Soden
  Tel.: 06196-9996372

Ausgewählte Literatur

Pierre Androuet: **Le Livre d'Or du Fromage**, Paris 1984

Pierre Androuet: – Yes Chabot – Gerard Bernini
Le Brie, Histoire et Légendes, Paris 1997

Ecole Nationale d'Industrie Laitière de Besancon Mamirolle:
Les Fromages de la connaissance à la passion, Mamirolle 1996

Kazuko Masui und Tomoko Yamada:
Französischer Käse, München 1999

Jean-Pierre Pernaut – Pascal Bataille – Laurent Fontaine
Les 100 meilleurs Fromages de France, Paris 1995

Monique Roque: **Auvergne, terre de Fromages** 1996

Sopexa: **Käse aus Frankreich**, Tipps, Rezepte, Wissenswertes, Düsseldorf

Andrea Bonat: **Atlante die Prodotti Tipici – I Formaggi**, Rom 2001

Consorzio per la Tutela del Formaggio Taleggio:
Ministerio per la Risorse Agricole
Taleggio-Käse Rezepte, Milano 1999

Consorzio per la Tutela del Formaggio Mozzarella die Bufala Campana:
Mozzarella di Bufala Campana, Caserta

Giuliano Oldrati-Silvano Gherdi:
Latte e formaggi, Prodotti bergamaschi di qualita
Provincia di Bergamo 1999

Giorgio Fini-Bernd, Neuner-Duttenhofer:
Zu Tisch mit dem König der Käse, I.C.E. Düsseldorf und Consorzio del
formaggio Parmigiano Reggiano, Regggio Emilia 1988

Batzar Nagusia: **Idiazabal**, Comité Plenier Fromages mit Ministerio de
Agricultura, Madrid 2005

Jacqueline Amstutz: **Schweizer Käsespezialitäten** – Cheese the smile of the alps SGWH, CH 6373 Ennetbürgen 2004

Heinrich Mair-Waldburg:
Handbuch der Käse – Käse der Welt von A-Z, Kempten (Allgäu) 1974

Dieter Tomczak: **Käse verkaufen macht Spaß**, München 1980

Gerhard Kielwein-Hans Kurt Luh:
Internationale Käse Kunde, Essen 1979

Heide Hartner: **Roquefort, Stilton & Co.**, Düsseldorf 1989

Claudius Janner: **Sennalpen**, Initiative Allgäuer Sennalpen und Gästeamt Immenstadt 1999

Odette Teubner und andere:
Das grosse Buch vom Käse, München 2004

Juliet Harbutt – Roz Denny:
Das große Buch des feinen Geschmacks Käse, Augsburg
Übersetzung aus der englischen Originalausgabe, London 1998

Anne Iburg: **Dumonts Kleines Käse Lexikon**, Köln 2003

Gerhart Waltmann: **Lexikon vom Käse**, Köln

Käsename	Land	Käsegruppe	Milch	Seite
Abondance (AOC)	F	Hartkäse	Kuh	204
Affidelice	F	Weichkäse	Kuh	122
Aisy Cendré	F	Weichkäse	Kuh	124
Allgäuer Bergkäse (GUB)	D	Hartkäse	Kuh	208
Allgäuer Emmentaler (GUB)	D	Hartkäse	Kuh	208
Alpkäse und Alpkäsle	D	Hartkäse	Kuh	211
Alpentilsiter Switzerland	CH	Schnittkäse	Kuh	166
Altenburger Ziegenkäse	D	Weichkäse	Kuh + Ziege	120
Amalthée	D	Weichkäse	Ziege	249
Appenzeller	CH	Schnittkäse	Kuh	169
Banon	F	Weichkäse	Ziege	251
Beaufort (AOC)	F	Hartkäse	Kuh	215
Bleu de Bresse	F	Blauschimmelkäse	Kuh	281
Bleu de Causses (AOC)	F	Blauschimmelkäse	Kuh	285
Bleu de Gex (AOC)	F	Schnittkäse m. Edelpilz	Kuh	287
Bleu de Sassenage	F	Blauschimmelkäse	Kuh	286
Bleu de Vercors	F	Blauschimmelkäse	Kuh	286
Bougon	F	Weichkäse	Ziege	249
Boursault	F	Weichkäse	Kuh	84
Boursin	F	Weichkäse	Kuh	81
Brie de Meaux (AOC)	F	Weichkäse	Kuh	94
Brie de Melun (AOC)	F	Weichkäse	Kuh	98
Brillat Savarin	F	Frischkäse	Kuh	84
Büffelmozzarella	I	Weichkäse	Büffel	92
Cabri frisch mit Asche und Chevrot	F	Weichkäse	Ziege	253
Caprichon	F	Weichkäse	Ziege	253
Cambozola	D	Weichkäse	Kuh	279
Camembert (AOC)	F	Weichkäse	Kuh	102
Cantal (AOC) tunnelgereift	F	Hartkäse	Kuh	218
Carré de l'Est	F	Weichkäse	Kuh	107
Chabi	F	Weichkäse	Ziege	253
Chabichou du Poitou (AOC)	F	Weichkäse	Ziege	253
Chaource (AOC)	F	Weichkäse	Kuh	108
Chartreux	F	Schnittkäse	Kuh	172
Chèvréchard	F	Weichkäse	Ziege	255
Cendré	F	Weichkäse	Kuh	115
Cheddar	GB	Schnittkäse	Kuh	173
Comté (AOC)	F	Hartkäse	Kuh	224
Coulommiers	F	Weichkäse	Kuh	110
Crottin de Chavignol (AOC)	F	Weichkäse	Ziege	258
Emmentaler (AOC)	A CH D F	Hartkäse	Kuh	229
Entlebucher Goldwäscherkäes	CH	Hartkäse	Kuh	230
Epoisses (AOC)	F	Weichkäse	Kuh	125
Erguel Jura	CH	Schnittkäse	Kuh	174
Farmhousecheddar	GB	Schnittkäse	Kuh	173
Feta	GR	Frischkäse	Schaf + Ziege	269
Fontina (DOP)	I	Halbfest. Schnittkäse	Kuh	150

Fourme d'Ambert (AOC)	F	Blauschimmelkäse	Kuh	290
Fromage Battu	F	Frischkäse	Kuh	86
Gaiser Bergraclette	CH	Schnittkäse	Kuh	176
Gaperon	F	Weichkäse	Kuh	113
Gloucester	GB	Schnittkäse	Kuh	173
Gorgonzola (DOP)	I	Blauschimmelkäse	Kuh	292
Gouda	NL	Schnittkäse	Kuh	177
Grain d'Orge	F	Weichkäse	Kuh	144
Grana Padano (DOP)	I	Hartkäse	Kuh	232
Gruyère	CH	Hartkäse	Kuh	235
Hervé	B	Weichkäse	Kuh	128
Idiazabal (AOC)	E	Hartkäse	Schaf	273
Jean de Brie	F	Frischkäse	Kuh	89
Laguiole (AOC)	F	Hartkäse	Kuh	218
L'ami du Chambertin	F	Weichkäse	Kuh	131
Langres (AOC)	F	Weichkäse	Kuh	132
Leicester	GB	Schnittkäse	Kuh	173
Lindenberger Weinkäse	D	Schnittkäse	Kuh	179
Lingot d'Or	F	Halbfest. Schnittkäse	Kuh	155
Livarot (AOC)	F	Weichkäse	Kuh	133
Maroilles (AOC)	F	Weichkäse	Kuh	135
Mimolettes	F	Hartkäse	Kuh	236
Montasio	I	Hartkäse	Kuh	238
Mont-D'OR (AOC)	F	Weichkäse	Kuh	137
Mont-Soleil	CH	Schnittkäse	Kuh	180
Morbier (AOC)	F	Halbfest. Schnittkäse	Kuh	156
Munster (AOC)	F	Weichkäse	Kuh	139
Neufchâtel (AOC)	F	Weichkäse	Kuh	114
Obwaldner Bratkäse	CH	Halbfest. Schnittkäse	Kuh	158
Obwaldner Schwingerkäse	CH	Hartkäse	Kuh	239
Olivet Heu und mit Asche	F	Weichkäse	Kuh	115
Ossau-Iraty (AOC) Ostari	F	Schnittkäse	Schaf	276
Parmigiano Reggiano (DOP)	I	Hartkäse	Kuh	240
Pasturin Schafraclette	F	Schnittkäse	Schaf	184
Pavé D'Auge	F	Weichkäse	Kuh	143
Peccorino (DOP)	I	Hartkäse	Schaf	274
Pont l'Evêque (AOC)	F	Weichkäse	Kuh	143
Pouiligny-Saint-Pierre	F	Weichkäse	Ziege	260
Pyramide de Valencay (AOC)	F	Weichkäse	Kuh	262
Raclette	F	Schnittkäse	Kuh	181
Reblochon de Savoie (AOC)	F	Halbfest. Schnittkäse	Ziege	160
Robiola	I	Weichkäse	Kuh	145
Roquefort (AOC)	F	Blauschimmelkäse	Schaf	296
Saint Florentin	F	Frischkäse	Kuh	90
Saint Nectaire (AOC)	F	Halbfest. Schnittkäse	Kuh	161
Sainte Maure (AOC)	F	Weichkäse	Ziege	264
Saint Olivier (siehe Jean de Brie)	F	Frischkäse	Kuh	89
Salers (AOC)	F	Hartkäse	Kuh	218
Salva Cremasco	I	Weichkäse	Kuh	116
Savogniner	CH	Schnittkäse	Kuh	188

Schäferstündchen	F	Frischkäse	Schaf	278
Schmidthauser Ziegenraclette	F	Schnittkäse	Ziege	181
Selles-sur-Cher (AOC)	F	Weichkäse	Ziege	267
Soumaintrain	F	Weichkäse	Kuh	147
Sovrano	I	Hartkäse	Kuh+Büffel	244
Stilton	GB	Blauschimmelkäse	Kuh	294
Strada de Gusto	I	Weichkäse	Kuh	116
Taleggio	I	Weichkäse	Kuh	145
Tamié	F	Halbfest. Schnittkäse	Kuh	163
Tête des Moines (AOC)	CH	Schnittkäse	Kuh	190
Tomme de Savoie (AOC)	F	Schnittkäse	Kuh	193
Ubriaco	I	Schnittkäse	Kuh	195
Urchiger Entlebucher	CH	Schnittkäse	Kuh	197
Urchrüter Chäs	CH	Schnittkäse	Kuh	198
Urschwyzer Holzerkäse	CH	Weichkäse	Kuh	200
Vacherin Fribourgeois	CH	Schnittkäse	Kuh	202
Vacherin Mont d'Or (AOC)	CH	Weichkäse	Kuh	148
Villebarou	F	Frischkäse	Kuh	90
Weißlacker	D	Weichkäse	Kuh	119